吳璵　注譯
張孝裕　注音

新譯尚書讀本

三民書局

國家圖書館出版品預行編目資料

新譯尚書讀本／吳璵注譯; 張孝裕注音.－－二版五刷.－－臺北市：三民，2022
面； 公分.－－(古籍今注新譯叢書)

ISBN 978-957-14-0727-2 （平裝）
1. 書經－注釋

621.112 80001491

古籍今注新譯叢書

新譯尚書讀本

注譯者 吳　璵
注音者 張孝裕

發行人 劉振強
出版者 三民書局股份有限公司
地　址 臺北市復興北路 386 號 (復北門市)
臺北市重慶南路一段 61 號 (重南門市)
電　話 (02)25006600
網　址 三民網路書店 https://www.sanmin.com.tw

出版日期 初版一刷 1977 年 11 月
初版九刷 2001 年 8 月
二版一刷 2007 年 9 月
二版五刷 2022 年 1 月
書籍編號 S030200
ISBN 978-957-14-0727-2

三民書局

刊印古籍今注新譯叢書緣起

劉振強

人類歷史發展，每至偏執一端，往而不返的關頭，總有一股新興的反本運動繼起，要求回顧過往的源頭，從中汲取新生的創造力量。孔子所謂的述而不作，溫故知新，以及西方文藝復興所強調的再生精神，都體現了創造源頭這股日新不竭的力量。古典之所以重要，古籍之所以不可不讀，正在這層尋本與啟示的意義上。處於現代世界而倡言讀古書，並不是迷信傳統，更不是故步自封；而是當我們愈懂得聆聽來自根源的聲音，我們就愈懂得如何向歷史追問，也就愈能夠清醒正對當世的苦厄。要擴大心量，冥契古今心靈，會通宇宙精神，不能不由學會讀古書這一層根本的工夫做起。

基於這樣的想法，本局自草創以來，即懷著注譯傳統重要典籍的理想，由第一部的四書做起，希望藉由文字障礙的掃除，幫助有心的讀者，打開禁錮於古老話語中的豐沛寶藏。我們工作的原則是「兼取諸家，直注明解」。一方面熔鑄眾說，擇善而從；一方面也力求明白可喻，達到學術普及化的要求。叢書自陸續出刊以來，頗受各界的喜愛，使我們得到很大的鼓勵，也有信心繼續推廣這項工作。隨著海峽兩岸的交流，我們注譯的成員，也由臺灣各大學的教授，擴及大陸各有專長的學者。陣容的充實，使我們有更多的資源，整理更多樣化的古籍。兼採經、史、子、集四部的要典，重拾對通才器識的重視，將是我們進一步工作的目標。

古籍的注譯，固然是一件繁難的工作，但其實也只是整個工作的開端而已，最後的完成與意義的賦予，全賴讀者的閱讀與自得自證。我們期望這項工作能有助於為世界文化的未來匯流，注入一股源頭活水；也希望各界博雅君子不吝指正，讓我們的步伐能夠更堅穩地走下去。

序

《尚書》是我國最早的一本散文書，內容都是有關唐虞三代的事，什麼典、謨、訓、誥、誓、命等等，不是在發布政府的號令，就是有關王道正義的宣言。由於時代久遠，字蹟奇古，文辭艱深，很難讀得通。再加上有些制度的難以考徵，解釋訓詁也跟後世方言不一樣，也難怪就連韓文公都有「周誥殷盤，佶屈聱牙」之歎了！

但，今天由於山川效靈，甲骨、金文和許多古器物的相繼發現，以及近代訓詁方法的進步，以前不可考的制度，如今已大部可考；以前不可解的文辭，今日也多已可解。不僅如此，如能仔細玩味，還能欣賞體會出它的文章美來。

由於它是本最古老的書，是先民文化的實錄，我們想要了解先民生活背景，古老政治體系，古人用人行政的精神以及做人處事應有的態度等，不從這些素材中去尋求是不易奏效的。

今天我們大力倡導復興固有文化，筆者忝為文化界一分子，也就不顧自己的淺陋，也想盡點棉力，所以就試著把這近似天書的《尚書》，詳加注釋，並譯成白話，揭開它神秘的蓋頭，讓大家能多認識它、親近它、研究它，近而加以發揚光大。

我真的不敢說是在幫助別人，實在是想借這機會來磨練自己，讓自己多讀點書，多用點功。但由於才疏學淺，功力不夠，不能圓通的地方，那是在所難免的，還望海內外博雅君子，多多給我指正。

六十六年秋吳璵序於成大禮賢樓

新譯尚書讀本　目次

商書

周書

導讀

一、釋名

《尚書》之名說者有三：

一、緯書〈璿璣鈐〉云：「尚者，上也。尚書猶天書，尊而重之之辭也。」鄭玄書贊本之。

二、《論衡・須頌篇》云：「尚書者，上所為下所書也。」王肅書注承用之。

三、馬融書注謂「上古有虞之書，故曰尚書」，此說劉熙《釋名》及《偽孔傳》，孔穎達《正義》述之。

按《尚書》為古記言之史，記言必資於筆，故書字從聿，《說文》云：「聿，所以書也。」秦謂之筆，是書之釋義以今語言之即為筆。據此，則上述三說以《論衡》之說近是。然考《尚書》，古但曰《書》，先秦經籍中，無稱之曰《尚書》者，雖《墨子・明鬼》篇云：「故尚書夏書，其次商周之書。」然此「尚書」之含意與今之「尚書」不同，乃謂上古之書也，係泛語，非專稱。至於書字用為書籍之泛稱，始見於《左傳》昭公二年韓宣子來聘「觀書於大史氏」，由是則馬季長謂尚書為上古之書則更貼切。

至於今名之《尚書》，乃始於漢初之伏生。《偽孔傳・序》云：「濟南伏生，年過九十，失其本經，口以傳授，裁二十餘篇，以其上古之書，謂之《尚書》。」自伏生著《尚書大傳》後，董仲舒之《春秋繁露》，太史公之《史記》多見《尚書》之名。是則名書曰《尚書》者，實始自伏生也。

二、尚書之編集

舊謂《尚書》為孔子所編定。《史記・孔子世家》云：「孔子序《書》，上紀唐虞之際，下至秦繆，編次其事。」又《漢書・藝文志》云：「《書》之所起遠矣，至孔子纂焉，上斷于堯，下訖于秦，凡百篇，而為之序，言其作意。」凡此皆謂《書》為孔子所編。

按《尚書》內容，幾皆為誥命等公文，古蓋藏諸王官，猶後世所謂之檔案，初未必編集成書，流布民間，自亦無固定之篇數。自孔子設科授徒，以《詩》《書》為教本。夫以所謂之檔案為教材，則取捨編次，亦自然之事。由是，則《史記》《漢書》等謂孔子纂《書》之說，雖未可盡信，而其中部分經孔子編次，殆無可疑。

然而二十八篇《今文尚書》中，尚有著成於孔子之後者，若〈堯典〉、〈皐陶謨〉、〈湯誓〉等篇，已充分運用修身齊家治國平天下之學說，及弔民伐罪之大義，純為儒家思想下之產物。以此驗之，則《尚書》者，乃初編集於孔子，其後儒家者流又有所增益也。

《尚書》之編集，既不出於一手，復不成於一時，則不該有孔子刪《書》之說。然緯書〈璿璣鈐〉云：「孔子求書，得黃帝玄孫帝魁之書，迄於秦穆公，凡三千二百四十篇，斷遠取近，定可以為世法者百二十篇，以百二為《尚書》，十八篇為《中候》，去三千一百二十篇。」則謂《書》經孔子刪定。考緯書出哀平間，本多謬悠之說。此謂孔子刪《書》，蓋仿《史記・孔子世家》「古者《詩》三千餘篇，及至孔子，去其重……為三百五篇」之語而杜撰之。又因張霸有百兩篇《尚書》，故復造「以百二為《尚書》」之語，其實皆無稽之談也。

三、今文尚書

今文者，謂其文字乃漢隸所書。古文者，謂其文字為先秦古篆也。言經學者，有今古之別，此不獨《尚書》為然，《易》、《詩》、《禮》、《論語》等各經，亦無不皆然。不獨文字為然，即解說經義，亦分今古兩派。

《今文尚書》傳自伏生。《史記・儒林列傳》云：「伏生者，濟南人也，故為秦博士。孝文帝時，欲求能治《尚書》者，天下無有，乃聞伏生能治，欲召之。是時，伏生年九十餘，老不能行，於是乃詔太常使掌故朝錯往受之。秦時焚書，伏生壁藏之，其後，兵大起，流亡，漢定，伏生求其書亡數十篇，獨得二十九篇，即以教於齊魯之間，學者由是頗能言《尚書》。」據王先謙《尚書孔傳參正》之說，則二十九篇之目為：「〈堯典〉一（并〈舜典〉在內）、〈皐陶謨〉二（并〈益稷〉在內）、〈禹貢〉三、〈甘誓〉四、〈湯誓〉五、〈盤庚〉六、〈高宗肜日〉七、〈西伯戡黎〉八、〈微子〉九、〈坶（今作牧）誓〉十、〈洪範〉十一、〈大誥〉十二、〈金縢〉十三、〈康誥〉十四、〈酒誥〉十五、〈梓材〉十六、〈召誥〉十七、〈雒誥〉十八、〈多士〉十九、〈無佚〉二十、〈君奭〉二十一、〈多方〉二十二、〈立政〉二十三、〈顧命〉二十四、〈康王之誥〉二十五、〈柴誓〉二十六、〈甫刑〉二十七、〈文侯之命〉二十八、〈秦誓〉二十九。」《隋書・經籍志》謂伏生口傳二十八篇者，乃篇目分合之不同也。《史記・周本紀》云：「作〈顧命〉，作〈康誥〉。」王氏據此，謂伏生本分為兩篇，故為二十九篇。伏生後，傳其學者，若歐陽，若大小夏侯，皆以〈康王之誥〉合於〈顧命〉為一篇，則為二十八篇，今通行之《今文尚書》二十九篇（或合則為二十八篇）本，即伏生所傳，是今本《尚書》中真正出自先秦者也。

四、古文尚書

《古文尚書》者，謂其為先秦古文所寫之《尚書》也。其書有二：其一為河間獻王所藏。

《漢書・景十三王傳》云：「獻王所得書，皆古文先秦舊書，《周官》、《尚書》、《禮》、《禮記》、《孟子》、《老子》之屬，皆經傳說記，七十子之徒所論。」惟其書未聞傳習，則漢代已亡矣。其二為出於孔宅者。劉歆《移太常博士書》云：「及魯恭王壞孔子宅，欲以為宮，而得古文於壞壁之中，《逸禮》有三十九，《書》十六篇，天漢之末，孔安國獻之，遭巫蠱倉卒之難，未及施行。」《漢書・藝文志》亦云：「《古文尚書》者，出孔子壁中。武帝末，魯共王壞孔子宅，欲以廣其宮，而得《古文尚書》及《禮記》、《論語》、《孝經》凡數十篇，皆古字也。共王往入其宅，聞鼓琴瑟鐘磬之音，於是懼，乃止不壞。孔安國者，孔子後世，悉得其書，以考二十九篇，得多十六篇，安國獻之，遭巫蠱事，未列於學官。」據此可知，出孔壁之《古文尚書》，較二十九篇之《今文尚書》，得多十六篇矣。其篇目依《尚書正義・堯典》篇引鄭注書序云：「〈舜典〉一、〈汩作〉二、〈九共〉九篇十一、〈大禹謨〉十二、〈益稷〉十三、〈五子之歌〉十四、〈胤征〉十五、〈湯誥〉十六、〈咸有一德〉十七、〈典寶〉十八、〈伊訓〉十九、〈肆命〉二十、〈原命〉二十一、〈武成〉二十二、〈旅獒〉二十三、〈冏命〉二十四。以此二十四為十六卷，以〈九共〉九篇共卷，除八篇故為十六。」此十六篇乃真古文。今傳《偽孔傳》本，與此同篇名者雖有多篇，然皆東晉以後所偽造。

十六篇《古文尚書》雖出自孔壁，然得書之時非為武帝之末，而獻書亦非孔安國。《漢書・景十三王傳》謂魯恭王以孝景前三年徙王魯，二十八年薨。又云：「恭王初好治宮室，壞孔子宅，以廣其宮。」是壞孔宅得書，事在恭王初年。《論衡・正說篇》以為當景帝之世者，是也。不當在武帝末。至於孔安國獻書之說，閻若璩氏《尚書古文疏證》述之甚詳。彼謂：「按〈孔子世家〉：安國為今皇帝博士，至淮臨太守蚤卒。司馬遷親與安國遊，記其早卒應不誤。然考之《漢書》，又煞有可疑者。〈兒寬傳〉：寬以郡國選詣博士，受業孔安國，補廷尉文學卒史，時張湯為廷尉。案湯為廷尉在武帝元朔三年乙卯。〈楚元王傳〉：天漢後，孔安國獻古文書，遭巫蠱之難未施行。案巫蠱難在武帝征和元年乙丑，二年庚寅，相距凡三十五六年。漢制擇民年十八以上儀狀端正者，補博士弟子，則為之師者，年又長於弟子，安國為博士時年最少如賈誼，亦應二十餘歲矣。以二十餘歲之博士，越三十五六年始獻書，即獻書而即死，其年已五十七八，且望六矣，安得為蚤卒乎？」又云：「讀荀悅《漢紀・成帝紀》云：魯恭王壞孔子宅得《古文尚書》，多十六篇。武帝時，孔安國家獻之，會巫蠱事，未列於學官，於安國下增一家字，足補《漢書》之漏，益自信此心此理之同。」閻氏所論甚諦，知《古文尚書》之獻，乃由安國之後人，非安國自身也。

《古文尚書》非安國所獻，則孔安國於《古文尚書》曾否作傳，雖迄無定論，然於此亦稍可知矣。考《古文尚書》除於平帝時曾一度置博士外，自餘東西兩漢，皆未立於學官。《古文尚書》漢時既不為朝廷所尚，故民間亦少重之。以是當建武間即亡〈武成〉一篇（見《尚書正義・武成》篇引鄭康成說）。至永嘉之亂，而其餘十五篇，竟全部亡失。是今日所見者皆為偽《古文尚書》。

五、偽古文尚書

《古文尚書》之偽本有二：其一為西漢張霸所造之百兩篇。《論衡・正說篇》云：「至孝成皇帝時，徵為《古文尚書》學，東海張霸，案百篇之序，空造百兩之篇，獻之成帝，帝出祕書百篇以校之，皆不相應。於是下霸於吏，吏白霸罪當至死。成帝高其才而不誅，亦惜其文而不滅，故百兩之篇傳在世間。傳見之人，則謂《尚書》有百兩篇矣。」然旋即被黜，早已亡佚不傳。

其二為東晉梅賾偽造之二十五篇。即今本《尚書》中之一部分。《隋書・經籍志》云：「晉世祕府所存者《古文尚書》經文，今無有傳者。及永嘉之亂，歐陽大小夏侯《尚書》並亡。至東晉豫章內史梅賾，始得安國之傳奏之。時又闕〈舜典〉一篇，齊建武中吳興姚方興於大航頭得其書奏上，比馬鄭所注多二十八字，於是列國學。」此所云「安國之傳」者，即今通行之《尚書孔傳》。所云「比馬鄭注多二十八字」者，乃自舊本〈堯典〉「慎徽五典」以下列為〈舜典〉。而於其上加「曰若稽古帝舜，曰重華，協于帝。濬哲文明，溫恭允塞。玄德升聞，乃命以位」二十八字也。

今所傳之《偽孔傳》，凡五十八篇。蓋析伏生之二十九篇為三十三篇（自〈堯典〉析出〈舜典〉，自〈臯陶謨〉析出〈益稷〉、〈盤庚〉分而為三）。又偽造〈大禹謨〉、〈五子之歌〉、

〈胤征〉、〈仲虺之誥〉、〈湯誥〉、〈伊訓〉、〈太甲〉（三篇）、〈咸有一德〉、〈說命〉（三篇）、〈秦誓〉（三篇）、〈武成〉、〈旅獒〉、〈微子之命〉、〈蔡仲之命〉、〈周官〉、〈君陳〉、〈畢命〉、〈君牙〉、〈冏命〉等二十五篇也。

此二十五篇自宋吳棫、朱熹、蔡沈，及元胡澄、明梅鷟等皆疑之。至清閻若璩《古文尚書疏證》及惠棟《古文尚書考》兩書成後，其為偽造，遂成定案。今本《尚書》經文五十八篇，偽者二十有五，既如上述。至所謂《孔氏傳》則全部偽託者也。（閻、惠以來學者，辨之甚詳。）

至於今所傳之《偽孔傳》，實第二次之偽本。其一為曹魏中葉王肅所作。其書曾為何晏《論語集解》所引。此說發自《尚書餘論》作者丁晏。惟丁氏以為王肅所偽作者即今本《偽孔傳》，其說非是。蓋劉師培於《尚書源流考》一書中證知王肅另有偽本，今已佚而不傳，其說可信。

六、歷代尚書學之演變

《尚書》編自孔子，為之作傳則始於伏生。伏生始傳《尚書》於秦火之後，其徒錄其遺說以為《尚書大傳》，此乃《尚書》最古之傳注，今傳本以陳壽祺所輯《尚書大傳輯校》最為完善。

漢武帝時，以歐陽高為《尚書》博士，是為《尚書》立學官之始。《漢書・儒林傳》云：「歐陽生，字和伯，千乘人也，事伏生，授兒寬……寬授歐陽生子，世世相傳，至曾孫高子陽為博士。」則高所傳即伏生學，其所傳之本，即世所謂歐陽《尚書》也。漢宣帝時，夏侯勝、夏侯建叔侄皆為《尚書》博士。《漢書・儒林傳》云：「勝事同郡簡卿，簡卿者，兒寬門人。勝傳從兄子建，建又事歐陽高。」兒寬事歐陽容，容事伏生。是二氏亦皆傳伏生之學也。世稱勝為大夏侯、建為小夏侯。

故漢世言《尚書》者，雖有歐陽及大小夏侯之分，實皆伏生一家之學，即今文一派之學也。考今文家說經，率皆借經論政，而不注重訓詁，且雜以陰陽五行迂誕可怪之論，其說《尚書》，亦不例外。而《尚書》中〈洪範〉一篇，尤為陰陽五行說之總匯。漢世雖以今文立於學官，然漢末至魏晉間，鄭玄注及王肅注盛行，今文家說漸微。於是歐陽、大小夏侯之學並亡於永嘉之亂。

《古文尚書》學之命運猶不如今文。孔安國雖傳古文，而彼實以《今文尚書》為博士，故於《古文尚書》有否作傳注殊難斷言。且《古文尚書》僅平帝時一度立於學官，傳述究不如今文之盛。漢末迄魏，惟馬融書傳多用古文家言。鄭玄及王肅書注，兼採今古之說，三家又皆注今文諸篇，不及古文。鄭學盛於漢末，王學盛於晉初。西晉學者則或申王駁鄭，或申鄭駁王。東晉以還，北朝則尚鄭注，南朝尚《偽孔傳》。隋時，鄭注與《偽孔傳》並行，然鄭學甚微。至唐太宗時，孔穎達等據《偽孔傳》撰《尚書正義》，於是《偽孔傳》定於一尊，而馬鄭王三家之書尋亦亡佚。

唐至宋初，《尚書》之學，率守《偽孔》及《正義》之說。慶曆以還，經學漸變，立論皆大異舊說，不滿昔日之傳注。自吳棫始，更漸疑二十五篇經文之偽，爾後說《尚書》者，亦多疑之。其間能獨抒所見，不泥舊說，且影響後世最大，至奪注疏之席而代之者，則蔡沈之《書集傳》也。元仁宗延祐年間定科舉法，遂取以為課士之定本，迄清六百餘年不變，其影響之大，可以想見。

元明兩代，說《書》者大率本蔡氏《集傳》。清初，學者漸厭宋學之空疏，漢學因以復興。自閻、惠書出，《古文尚書》之偽遂成定案。爾後王鳴盛之《尚書後案》，雖專鄭氏，亦兼取馬融之說。孫星衍輯《古文尚書馬鄭注》十二卷，於馬鄭遺說，蒐集略備。孫氏又撰《尚書今古文注疏》三十卷，就伏生所傳經文，益以故書中所引之真太誓殘文，集漢代今古文家之說以為注，而為之疏。就經文言，已去偽存真。就義訓言，亦遠勝於前人。嘉、道以後，學者又輕東漢而尊西漢，亦即薄古文而尚今文。於是魏源《書古微》，陳喬樅《今文尚書經說考》，《尚書歐陽、夏侯遺說考》，陳壽祺《尚書大傳輯校》等書，相繼而出。《尚書》今文家既墜之緒，乃稍稍可尋，皮錫瑞《今文尚書考證》最後出，尤後來居上也。

清末迄今，由於鐘鼎彝器及甲骨文字大量出土，原始材料既多，學者又不復為家法門戶等見所囿，於是說《尚書》者頗多創獲，孫詒讓之《尚書駢枝》，于省吾之《雙劍誃尚書新證》，皆不乏卓然可信之說。至於近年授《尚書》之魯師實先、屈師翼鵬，則尤多創見。學者如能博採清儒及近人之說，益以甲骨文字及鐘鼎銘文，破除家法門戶之見，作深入之比較研究，成就當有可以超越前修者。

虞夏書

堯典

【題解】堯，釋文引馬融云：「堯，謚也。」按：《逸周書・謚法解》云：「謚法之興起於周公。」又《史記・秦始皇本紀》謂：「太古有號無謚，中古有號，死而以行為謚。」是謚法之起甚晚，馬說非也。然考之金文，知成、康、昭、穆、共諸王，皆生前之號，非所謂謚號也，是謚法於春秋中葉猶未普遍奉行。今由甲文因方立號推證之，則堯當係因方立號也。

典，《說文》云：「五帝之書也，从眾冊在丌上，尊閣之也，莊都說，大冊也。」按：古書多書於竹簡，集眾簡而為冊，是則冊非必五帝之書也。當以「大冊」為本意。〈多士〉篇云：「惟殷先人，有冊有典。」是典乃冊之類，非五帝之書也明矣。

〈堯典〉者，乃記帝堯事類之書也。《孟子・萬章上》篇引述本篇即曰〈堯典〉，《禮記・大學》篇則曰〈帝典〉。

伏生所傳《尚書》，自首句「曰若稽古帝堯」起，至末句「陟方乃死」止，統合一篇為〈堯典〉。《孟子・萬章上》引「二十有八載，放勳乃徂落，百姓如喪考妣，三年，四海遏密八音」等五句，而曰：「〈堯典〉曰」，是孟子所見之〈堯典〉，篇幅與伏生相同。然《偽古文》則將〈堯典〉一分為二，自「曰若稽古帝堯」至「帝曰欽哉」，謂之〈堯典〉。然後於「慎徽五典」之上杜撰「曰若稽古帝舜曰重華，協于帝，濬哲文明，溫恭允塞，玄德升聞，乃命以位」二十八字，至於篇末「陟方乃死」，謂之〈舜典〉。今通行之五十八篇本《尚書》，皆據《偽古文尚書》，從中分為〈堯典〉、

〈舜典〉兩篇。

本篇文辭平易，不似〈周誥〉之佶屈聱牙，當係後人述古之作。顧頡剛《古史辨》謂為漢代所作。然就內容所述：命羲和居四方觀日事，與述舜四時巡守四方事，皆以四方配四時。此皆戰國以來之習慣，是本篇最早亦不得前於戰國時代。又書中首段述堯之德之文，正與《禮記・大學》篇：修身、齊家、治國、平天下之系統一般。是知此篇必成於孔子後之儒者手筆。而《孟子・萬章》篇引述之，可知其著成時代，當在孔子之後，孟子之前也。

曰若稽古帝堯曰放勳[1]，欽明文思安安[2]，允恭克讓[3]，光被四表[4]，格于上下[5]。克明俊德[6]，以親九族[7]；九族既睦[8]，平章百姓[9]；百姓昭明[10]，協和萬邦[11]。黎民於變時雍[12]。

乃命羲和[13]，欽若昊天[14]；歷象日月星辰[15]，敬授人時[16]。分命羲仲[17]，宅嵎夷，曰暘谷[18]，寅賓出日[19]，平秩東作[20]；日中、星鳥[21]，以殷仲春[22]。厥民析[23]；鳥獸孳尾[24]。申命羲叔[25]，宅南交[26]。平秩南訛[27]；敬致[28]。日永、星火[29]，以正仲夏。厥民因[30]；鳥獸希革[31]。分命和仲，宅西，曰昧谷[32]。寅餞納日[33]，平秩西成[34]；宵中、星虛[35]，以殷仲秋。厥民夷[36]；

鳥獸毛毨[37]。申命和叔，宅朔方，曰幽都[38]。平在朔易[39]；日短、星昴[40]，以正仲冬。厥民隩[41]；鳥獸氄毛[42]。帝曰：「咨[43]！汝羲暨和[44]。朞三百有六旬有六日[45]，以閏月定四時成歲[46]。」允釐百工[47]，庶績咸熙[48]。

帝曰：「疇咨！若時登庸[49]？」放齊[50]曰：「胤子朱啟明[51]。」帝曰：「吁！嚚訟可乎[52]！」帝曰：「疇咨！若予采[53]？」驩兜[54]曰：「都！共工方鳩僝功[55]。」帝曰：「吁！靜言庸違[56]，象恭、滔天[57]。」帝曰：「咨！四岳[58]。湯湯洪水方割[59]，蕩蕩懷山襄陵[60]，浩浩滔天[61]。下民其咨。有能俾乂[62]？」僉曰：「於！鯀哉[63]！」帝曰：「吁！咈哉！方命圮族[64]。」岳曰：「异哉。試可，乃已[65]。」帝曰：「往，欽哉[66]！」九載，績用[67]弗成。

帝曰：「咨！四岳。朕在位七十載，汝能庸命，巽朕位[68]。」岳曰：「否德忝帝位[69]。」曰：「明明揚側陋[70]。」師錫帝曰[71]：「有鰥在下[72]，曰虞舜。」帝曰：「俞，予聞；如何？」岳曰：「瞽子，父頑，母嚚，象傲[73]；克諧以孝，烝烝乂不格姦[74]。」帝曰：「我其試哉[75]。」女，于時觀厥刑于二女[76]。釐降二女于媯汭[77]，嬪于虞。帝曰：「欽哉！」[78]

慎徽五典[79]，五典克從[80]；納于百揆，百揆時敘[81]；賓于四門，四門穆穆[82]；納于大麓，烈風雷雨弗迷[83]。帝曰：「格汝舜！詢事考言，乃言厎可績，三載，汝陟帝位[84]。」舜讓于德，弗嗣[85]。

正月上日[86]，受終于文祖[87]。在璿璣玉衡，以齊七政[88]，肆類于上帝[89]，禋于六宗[90]，望于山川，徧于群神[91]。輯五瑞[92]，既月乃日[93]，覲四岳群牧，班瑞于群后[94]。歲二月，東巡守，至于岱宗，柴[95]；望秩于山川[96]。肆覲東后[97]。協時、月，正日[98]；同律、度、量、衡[99]。修五禮，五玉，三帛，二生，一死，贄[100]。如五器，卒乃復[101]。五月，南巡守，至于南岳，如岱禮[102]。八月，西巡守，至于西岳[103]，如初。十有一月，朔巡守，至于北岳[104]，如西禮[105]。歸，格于藝祖，用特[106]。五載一巡守，群后四朝[107]；敷奏以言，明試以功，車服以庸[108]。

肇十有二州(109)，封十有二山，濬川(110)。象以典刑。流宥五刑(111)。鞭作官刑，扑作教刑，金作贖刑(112)。眚災肆赦，怙終賊刑(113)。「欽哉，欽哉！惟刑之恤(114)哉！」流共工于幽洲(115)，放驩兜于崇山(116)，竄三苗于三危(117)，殛鯀于羽山(118)；四罪而天下咸服。二十有八載，帝乃殂落(119)，百姓如喪考妣，三載，四海遏密八音(120)。

月正元日(121)，舜格于文祖(122)。詢于四岳，闢四門，明四目，達四聰(123)。咨十有二牧，曰：「食哉(124)，惟時(125)，柔遠能邇(126)，惇德允元(127)，而難任人(128)，蠻夷率(129)服。」

舜曰：「咨！四岳。有能奮庸，熙帝之載(130)，使宅百揆，亮采惠疇(131)？」僉曰：「伯禹作司空(132)。」帝曰：「俞咨！禹，汝平水土；惟時懋哉(133)！」禹拜稽首(134)，讓于稷、契、暨皋陶。帝曰：「俞，汝往哉！」帝曰：「棄！黎民阻飢(135)。汝后稷，播時百穀(136)。」帝曰：「契，百姓不親，五品不遜(137)。汝作司徒，敬敷五教，在寬(138)。」帝曰：「皋陶！蠻夷猾(139)夏，寇賊姦宄[140]。汝作士[141]，五刑有服，五服三就[142]；五流有宅，五宅三居[143]；惟明克允[144]。」帝曰：「疇！若予工[145]？」僉曰：「垂哉。」帝曰：「俞咨！垂，汝共工[146]。」垂拜稽首，讓于殳斨暨伯與[147]。帝曰：「俞，往哉；汝諧[148]。」帝曰：「疇若予上下[149]草木鳥獸？」僉曰：「益哉！」帝曰：「俞咨！益，汝作朕虞[150]。」益拜稽首，讓于朱虎熊羆[151]。帝曰：「俞，往哉！汝諧。」帝曰：「咨，四岳，有能典朕三禮[152]？」僉曰：「伯夷。」帝曰：「俞咨！伯[153]，汝作秩宗[154]。夙夜惟寅，直哉惟清[155]。」伯拜稽首，讓于夔、龍[156]。帝曰：「俞，往欽哉！」帝曰：「夔，命汝典樂，教胄子[157]。直而溫，寬而栗，剛而無虐，簡而無傲[158]，詩言志，歌永言[159]，聲依永，律和聲[160]；八音克諧，無相奪倫[161]；神人以和。」夔曰：「於！予擊石拊石，百獸率舞[162]。」帝曰：「龍，朕堲讒說殄行，震驚朕師[163]。命汝作納言[164]，夙夜出納朕命，惟允[165]。」帝曰：「咨！汝二十有二人[166]，欽哉！惟時亮天功[167]。」

三載考績[168]；三考，黜陟幽明[169]！庶績咸熙[170]。分北三苗[171]。

舜生三十徵庸[172]，三十在位[173]，五十載，陟方[174]乃死。

【注釋】❶曰若稽古帝堯曰放勳　曰若，蔡沈《集注》謂語詞，是也。此猶〈召誥〉之「越若」；《逸周書．世俘》篇之「越若」；〈逸武成〉篇（《漢書．律曆志》引）之「粵若」；金文小盂鼎之「雩若」。稽古，稽，本當作卟，考也。古，故也。即考察古代。放勳，《史記》及馬融皆以為堯名，蔡沈《集注》以為狀詞，曾運乾《尚書正讀》云：「字也」，皆欠貼切。按：此乃後世所加之美號。猶舜曰重華，禹曰文命。放，至也。勳，《說文》云：「能成王功也。」（功，《說文》云：以勞定國也。）是放勳者，勳之至極也，故夫子謂蕩蕩焉民無能名。❷欽明文思安安　欽，敬也。明，謂明達。文，典法也（《國語》注）。文思，謂有典法合理之思想。安安，第一安為動詞，第二安為名詞；謂能安其所應安之人（此正合儒家思想。〈大學〉云：唯仁人放流之，迸諸四夷，不與同中國。此謂：「唯仁人能愛人，能惡人。」《論語》云：修己以安百姓也）。❸允恭克讓　允，誠也（〈釋詁〉）。恭，恭敬。克，能也。讓，謙讓也。即真能敬事而且謙讓。❹光被四表　光，王引之《經義述聞》以為與「廣」同義。被，覆蓋也。表，《廣雅》云：方，表也；四表，猶四方（說見吳汝綸《尚書故》）。鄭玄則謂：言堯德光耀及四海之外，至于天地。所謂大人與天地合其德，與日月齊其明也。❺格于上下　格，假之借字，《說文》云：假，至也。上，指天神言，即上天。下，指地祇言，即下地。上下，猶甲骨文屢見之：「下上弗若」之「下上」。❻克明俊德　明，發也，即發揚。俊，與駿通，大也（〈釋詁〉）。即能夠發揚偉大的美德。❼九族　馬融、鄭玄皆謂：從高祖至玄孫凡九，皆同姓。即高祖、曾祖、祖、父、己身、子、孫、曾孫、玄孫九代也。夏侯、歐陽則謂：父族四、母族三、妻族二，皆據異姓有服者。按：馬、鄭之說迂曲，蓋九代不可同堂也，當據夏侯、歐陽之說。❽睦　《說文》云：目順也，一曰敬和也。鄭玄云：親也。即親和。❾平章百姓　平，

《尚書大傳》作「辨」，《史記・五帝本紀》作「便」，《後漢書・劉愷傳》作「辯」。按：平乃采之譌（參見篆文）。采，《說文》云：辨別也。故：作采是本字，作平是古字（其譌久矣），作辨、辯，乃後起字，作便乃叚借字。章，同彰，明也。百姓，乃指百官。按：西周以前，以生地為姓，以封地為氏，平民無封地者無姓氏，故「民」字之構形當為从毋从氏（《說文》說非。見魯師《說文正補》）。此謂明察百官也。所謂「明察百官」者，即：一謂官祿必須才德相稱；次謂黜陟必須考績相符也。❿昭明　昭，亦明也。⓫協和萬邦　協，合也。和，相應也。萬邦，指諸侯言。⓬黎民於變時雍　黎民，秦曰黔首，周謂黎民，宋元曰蒼頭；即老百姓。《偽孔傳》據〈釋詁〉釋黎為眾，義未貼切，蔡沈《集注》訓黎為黑，義亦未顯。於，此處乃作接續詞用，於是也。變，變化，即感化也。時，是也。雍，和也。以上為第一段，在總述堯帝之德，仔細玩味，頗近儒家思想，與「大學」之系統一般。⓭羲和　謂羲氏、和氏。《國語・楚語》謂二氏世掌天地四時之官，出於重、黎之後。按：重為少皞氏之後，黎則顓頊之後，至堯時復典舊職。⓮欽若昊天　欽，敬也，即謹慎。若，順也。昊天，猶今之老天。⓯歷象日月星辰　歷，《說文》云：「過也。」即以次步算也。象，天象也。星辰，謂金、木、水、火、土五星。即以次步算日月星辰之行度數，亦即依照日月星辰行動度數，來步算曆法，訂定時令節氣也。⓰人時　人，《尚書大傳》、〈五帝本紀〉皆作民，凡漢人作品所引亦皆作民。唐天寶年間為避李世民諱，遂改作人字。時，四時月令也。⓱羲仲　人名，與下文羲叔同屬羲氏。⓲宅嵎夷曰暘谷　宅，居住也。嵎夷或作堣夷，《史記》作郁夷，馬融謂在中國之東濱海之地。暘谷，或作崵谷，《淮南子》作湯谷；《偽孔傳》曰：「日出于谷而天下明」，故稱「暘谷」；曾運乾謂為首陽山谷，地在今遼陽縣境（《尚書正讀》）；說皆非是。按：其地當在中國東方濱海處。嵎夷為大名，暘谷乃其處一小名。⓳寅賓出日　寅，敬也。賓，讀為儐，《說文》云：導也。此謂恭敬地祭祀太陽，引導它升起。此敬禮日出，猶下文「寅餞納日」之敬禮入日也。按：出日、入日亦見卜辭：1.辛未又于出日，丝不用？（殷契佚存八六片）2.乙巳卜王定日？弗定日？（殷契佚存八七二片）3.丁巳卜又出日，丁巳卜又入日？（殷契佚存四〇七片）據此，則出日、入日有祭，乃肇自唐虞，盛於殷也。⓴平秩東作　平，馬融作苹，使也，非也，此平乃釆之譌，辨別也。《史記》作「便程東作」之便，乃叚借字。秩，一作豑，《說文》云：「豑，爵之次弟也，〈虞書〉曰：『平豑東作』」。引申而為次第、秩序，下同此。東，五行以東配春。作，為也。東作，即春為，即春耕也。此句謂：辨別春耕之次第也。㉑日中星鳥　日中，與下文日永、宵中、日短同例。中，均也。謂日夜均等，此乃春分時令也。星鳥，鳥，南方七宿之總名。星鳥，謂春分時分，昏中星在鳥宿。㉒以殷仲春　殷，正也，即審定。以上兩句，謂根據日中及星鳥二現象，審定係仲春時節。以下同此例。㉓厥民析　厥，其也。析，分也。謂民散於野，從事春耕也。㉔孳尾　《史記》作「字微」，字，乳也。尾，微也。即交尾，謂鳥獸皆於此時交尾繁殖也。㉕申命羲叔　申，重也；再也。羲叔，人名。㉖南交　《墨子》及《尚書大傳》並云：「堯南撫交趾」，是秦漢皆以南交為南方交趾也。按：上文云：「宅嵎夷」，下文曰：「宅西」、「宅朔方」皆指一地，則南交亦當如是。復按：上文云：「宅嵎夷，曰暘谷」，下文云：「宅西，曰昧谷」、「宅朔方，曰幽都」，以此，則「南交」下當有「曰明都」三字。俾暘谷對昧谷，明都對幽都也。（按：《尚書正義》引鄭注曰：「曰明都」三字摩滅。其說得之。又王引之《經義述聞》據《尚書大傳》以為「宅南」，「交」上當有「曰大」二字，並云「大交」為山名，然「南方曰大交」既與上下文句型不稱，內容亦不洽。）㉗南訛　南，五行以南配夏。訛，乃譌之俗字，譌從為聲，《史記》正作「為」。是「為」為本字，「譌」為叚借字。「訛」為訛字。為，作也。夏作，即夏耘工作。㉘敬致　敬，謹也。致，極也，即窮究，即謹慎地測其日之長短，即謹慎地測天定曆。㉙日永星火　永，長也。日永，日長，謂夏至日最長也。火，星名，即大火，東方七宿之一。星火，謂初昏時大火在正南方。此夏至之現象也。㉚因　孫星衍《尚書今古文注疏》引〈釋詁〉云：儴，因也。《說文》云：漢令解衣而耕謂之襄。㉛希革　鄭康成曰：夏時鳥獸毛疏皮見。按：希乃稀之省，疏也。革，通作⿰革羽，毛羽也。㉜宅西曰昧谷　西，蔡沈《集注》云：西謂西極之地，據此，西乃泛指，而非確指一地。鄭康成曰：西者，隴西之西。按：即《漢書．地理志》隴西郡之西縣。證諸「嵎夷」、「南交」，則以鄭說為是。昧谷，地名，日入之地也。昧，闇也，日入必闇，故曰其地為昧谷。㉝寅餞納日　餞，《說文》：送去食也，引申為送行。納，內之叚借字，內，入也。納日，即入日、落日。㉞平秩西成　西，於五行屬秋，西成，即秋收。㉟宵中星虛　宵中，與前文「日中」相對。此謂夜長、日長均等，乃秋分時令。虛，星名，北方七宿之一。星虛，謂初昏時虛宿在正南方。㊱夷　江聲《尚書集注音疏》曰：夷，平也。仲夏居高明，仲秋盲風至，當去高居平也。謂人民皆移居平地以避寒也。㊲毨　《玉篇》調：毛重生也。即鳥獸又生出新毛。㊳宅朔方曰幽都　朔方，北方也。《史記》正作北方。幽都，北方屬水，水色暗，故曰幽都。《山海經》曰：北海之內有山名曰幽都之山。㊴平在朔易　平，采之譌，辨別也。在，〈釋詁〉調察也，即審察。平在朔易，《史記》作「便在伏物」，伏物者，隱伏蓋藏諸物也。按：《太平御覽》十一卷引《尚書大傳》曰：天子以三冬命三公謹蓋藏，閉門閭，固封境。又《禮記・月令》：孟冬之月，命百官，謹蓋藏，命司徒循行積聚，無有不斂。據上文春耕——東作，夏耘——南訛，秋收——西成，則此義正是冬藏也。㊵日短星昴　日短，與上文「日永」相對，此謂白天時刻最短，乃冬至時分。昴，星名，西方七宿之一。星昴，言初昏時昴星在正南方。此正冬至現象。㊶隩　鄭康成作奧，曰內也。按：《說文》云：「奧，宛也，室之西南隅」，引申為深，即屋之深處。深，內意近。此謂民皆入於室內，以避風寒也。㊷氄毛　氄，正字作毴。《說文》云：「毴，毛盛也」。此謂鳥獸皆長出細毛。㊸咨　嘆詞。㊹汝羲暨和　暨，與也。即你們羲氏及和氏。㊺朞三百有六旬有六日　朞，《說文》無此字，乃稘之叚借字。《說文》云：「復其時也。」即周年，今俗作期。有，讀為又。三百六十六日者：地球繞日一周（古文謂日繞地球一周）共須三百六十五又四分之一天，此舉成數言之。又月繞地球一周須二十九日餘，故有大盡（三十日）、小盡（二十九日）之別，合大小盡十二月計之，全年僅三百五十四、五日。較地球繞日之實數相差十日餘，故必以閏月以補足之。㊻以閏月定四時成歲　閏月，歲分有餘，朔分不足，故以閏月定四時而成一歲也。古者七十六年為一蔀，十九年為一章，一章有七閏。定，正也，四時調春、夏、秋、冬。若無閏月以調和陰、陽曆，那四時就不得其正了。㊼允釐百工　允，誠也。釐，整治也。工，官也。即：誠能整飭百官（蓋百官之事，皆與歲時有關，四時正，則百官治理矣）。㊽庶績咸熙　庶，眾也。績，功也。咸，皆也。熙，興也。《史記》正作：「眾功皆興」。以上乃述堯治歷授時，派四人往四方，主持觀象授時之事。㊾疇咨若時登庸　此依魯先生斷句。疇，誰也。咨，語詞。疇咨，猶言誰啊！若，順也。時，天時。登，升也。庸，用也。此言誰能順應天時，就進用他。㊿放齊　堯臣名。51胤子朱啟明　胤，嗣也。胤子，即嫡長子。朱，即丹朱，堯子朱封於丹水，故曰丹朱。啟，開也。啟明，即開明。52吁嚚訟可乎　吁，疑怪之詞。嚚，《左傳》僖公二十四年：口不道忠信之言為嚚。訟，《說文》云：「爭也。」53若予采　若，順也；善也。采，事也，即誰能完成我的工作。54驩兜　堯臣名。55都共工方鳩僝功　都，嘆美之詞，猶今人曰「對」。共工，鄭康成曰：古之水官，其人名氏未聞。但與後文之「共工」異義。方，旁也；博大也。鳩，逑之叚借字，《說文》云：逑，斂聚也。僝，乃孱之俗字；《說文》云：「孱，具也。」功，功績。此言共工其人多攬事務而具有功績（即兼職雖多，而皆有表現）。56靜言庸違　蔡沈《集注》謂靜則能言，用則違背也。即只能坐而言，不能起而行。57象恭滔天　象，似也。滔，慢也。此言其貌似恭敬，而實侮慢上天。58四岳　四方諸侯之長。59湯湯洪水方割　湯湯，水盛貌。洪，大也。方，溥也；《說文》云：「溥，大也。」割，害也（《廣雅》：害，割也）。此言滾滾大水，普遍為害。60蕩蕩懷山襄陵　蕩蕩，廣大貌。懷，乃褱之叚借字，《說文》云夾也，即夾抱也。襄，《偽孔傳》曰：上也。陵，《說文》云：「大自也。」自，《說文》云：「大陸也。」此言廣大的洪水包圍了山，淹沒了整個陸地。61浩浩滔天　浩浩，廣大貌。滔天，大水齊天。62俾乂　俾，使也。乂，治也。63僉曰於鯀哉　僉，皆也。於，嘆詞。鯀，禹父，治水無功。64吁咈哉方命圮族　吁，驚嘆之詞，咈，《說文》云：「違也。」蔡沈謂甚不然之詞。即不要用他啊！方，違也；逆也。方命，謂為人違拗，不聽從命令。圮，毀也。族，謂善類（見《國語・楚語》注）。圮族，謂毀壞善類。65异哉試可乃已　异，《說文》云：舉也。試，《說文》云：用也。已與以通，《說文》云：以，用也。此謂：我們推舉他，用之可，乃用之。66欽哉　要謹慎將事啊。67績用　績，〈釋詁〉謂功也。用，為也。即事功。以上言堯勉從眾言用鯀，結果無功。68庸命巽朕位　庸，代也（見《廣雅》）。庸命，謂代天行令。巽，與遜通，讓也。69否德忝帝位　否，《史記》作鄙。否德，謂鄙陋無德。忝，辱也。忝帝位，謂有辱帝王尊位。70明明揚

側陋　明明，上明作動詞用，謂彰明顯揚也；下明作名詞用，指顯達之人，或明哲之士，謂推舉顯達之人，或顯揚明哲之士。揚側陋，揚，舉也。側陋，指微賤之人，或隱逸之士。意謂也可推舉微賤之人或舉荐隱逸之士，意謂你們可從各方面去推舉人才。(71)師錫帝曰　師，眾也。錫，〈釋詁〉謂賜也。按：上予下曰賜，下予上則曰獻，是此當作獻用，謂眾人進獻所知予帝說。(72)有鰥在下　鰥，《史記》作矜，〈王制〉云：老而無妻者謂之矜，是矜與鰥通。《尚書大傳》則謂孔子對子張云：男子三十而娶，女子二十而嫁；過年無妻皆可曰鰥。在下，指居於民間，無地位者。(73)瞽子父頑母嚚象傲　瞽，《說文》：「目但有朕也。」《史記》作盲，《說文》云：「盲，目無牟子。」段注：「無牟子者，白黑不分也。」其說得之。瞽子者，乃謂是有眼無珠，白黑不分，睜眼大瞎人的兒子（若謂瞎老頭的兒子，則無所取義，亦與下文「父頑」不貫）。頑，愚也。嚚，《說文》云：語聲也，即多話。象，舜異母弟。傲，慢也。(74)克諧以孝烝烝乂不格姦　此兩句斷句分歧。或作：克諧，以孝烝烝，乂不格姦。或作：克諧以孝烝烝，乂不格姦。皆未得其旨。今依魯先生斷句。克，能也。諧，和也。以，用也。克諧以孝，謂能用孝和睦其家。烝烝，上進貌（《說文》云：「烝，火气上行也。」引申有上進義）。乂，治也。格，假之叚借字，《說文》云：「假，至也。」姦，惡也。意謂使一家都能美好上進，不至於再至邪惡。(75)試哉　曾運乾《尚書正讀》謂：試以為臣之事。即用用看。(76)女于時觀厥刑于二女　女，作動詞，以女妻之也（見《左傳》桓公十一年杜注）。楊筠如《尚書覈詁》以為係衍文，非也。于時，于是也。刑，與型通，規範、儀法也。二女，堯之二女，《列女傳》所謂之娥皇、女英也。意謂以女妻之，於是看他怎樣作二女的榜樣（蓋夫為妻綱，夫婦為五倫基礎，齊家乃治國之先聲）。(77)釐降二女于嬀汭　釐，《史記》作飭，即飭令。降，下也，謂下嫁。嬀，水名，在今山西永濟南。汭，河流曲處之內側。(78)嬪于虞帝曰欽哉　嬪，嫁也，但此中含有醮禮在，即女孩上轎前，父持酒倒地敬神，並訓戒女兒。欽，謹也。即當嫁往虞行醮禮時，堯謂二女說：要謹慎從事啊！按：「帝曰：欽哉」四字，孫星衍《尚書今古文注疏》將之冠於「慎徽五典」上，並以此將〈堯典〉分為上、下。非也。以上乃述堯求舜準備自代之情形。復按：《偽古文》將〈堯典〉分為〈堯典〉與〈舜典〉兩篇，〈堯典〉

終於此。而於下文「愼徽五典」上另加「曰若稽古帝舜曰重華，協於帝，濬哲文明，溫恭允塞，玄德升聞，乃命以位」二十八字為〈舜典〉。79愼徽五典　愼，謹也。徽，善也。五典，鄭玄謂五教也。此猶《左傳》文公十八年：父義、母慈、兄友、弟恭、子孝。此謂使舜謹愼地善施五教。80克從　克，能也。從，順也；就也。81納于百揆百揆時敘　納，內也，入也，即使進入。百揆，即百官。時，是也。敘，《說文》云：「次弟也。」即有條理。謂使他歷任百官，百官之事都做得有條有理。82賓于四門四門穆穆　賓，乃儐之叚借字，《說文》云：「導也。」此乃作賓客之引導也，猶今之外交部長，或禮賓司長。四門，國都四面之門。穆乃㣎之叚借字，《說文》云：「㣎，細文也。」引申為精美、敬謹。83納于大麓烈風雷雨弗迷　麓，《說文》云：「守山林吏也。」謂使他做農林部長，入深山野林，雖經狂風暴雨，而能不迷失方向，示其鎮定而有智慧。此本魯先生說。以上歷試舜以諸艱。84詢事考言乃言底可績三載汝陟帝位　詢，謀也。考，察也。底，〈釋詁〉謂：致也。績，功也，謂功效。陟，升也；登也。85弗嗣　嗣，繼也。弗嗣，謂不繼位。86上日　王引之《經義述聞》謂「上旬吉日」。按：古代紀日以旬為主，卜辭屢見。87受終于文祖　受終，即襲位，謂受堯已終之帝位。文祖，《史記》謂：文祖者，堯太祖也。按：文祖、文考、文母，前文人等，乃周人習用語，加「文」乃美稱。謂有文德之祖、考也。金文屢見（詳參〈大誥〉）。88在璿璣玉衡以齊七政　在，察也。璿，《說文》云：「美玉也。」璣，《說文》云：「珠不圓也。」與文義不合，魯先生以為：乃涉璿字而誤，當作「機」字。《說文》云：「主發謂之機。」即弩機，引申為凡屬開關自如皆曰機。璿機者，即用玉做，可轉動自如，用以測天象之器，即後時之渾天儀，亦猶今之望遠鏡。玉衡，馬融謂玉做的橫筒。齊，測度也。七政，鄭玄謂日月五星。89肆類于上帝　肆，遂也，即於是。類，祭名。謂於是行類祭祭上帝。90禋于六宗　禋，祭名。六宗，馬融謂天地及春夏秋冬四時。91望于山川偏于群神　望，祭名。偏，《說文》云：帀也，即盡也。謂行望祭於山川後，盡祭於群神也。以上述舜之攝政。92輯五瑞　輯，馬融謂斂也，即聚合。瑞，《說文》云：「以玉為信也。」五瑞，即《周禮‧春官‧典瑞》篇所云：「公執桓圭，侯執信圭，伯執躬圭，子執穀圭，男執蒲圭」是也。按：諸侯始封，天子賜以圭，而刻識之以為符信。復按：此次堯將禪舜，收斂諸侯執圭，俟舜往班之。93既月乃日　《史記》作「擇吉月日」，即既已選定好月，再擇定個黃道吉日。94覲四岳群牧班瑞于群后　覲，見也。四岳，四方諸侯之長。群牧，指各州州長。班，還也。此謂接見四岳、州長之後，把原來聚合起來的圭，還給他們。95東巡守至于岱宗柴　巡守，天子往各處巡行也。岱宗，東嶽名，即泰山。柴，或作祡，祭名，積柴加牲其上以燔之也。96望秩于山川　望，祭名，望遠以祭也。秩，豑之叚借字，次第也，即按次第望祭泰山以外之東方山川也。97肆覲東后　肆，遂也。東后，東方諸侯。98協時月正日　協，合也。即會合統一。謂據中央之曆象，以統一地方之時令也。蓋因節氣、晦、朔，恐諸侯有所不同，就巡守之便而合正之。99同律度量衡　同，統也。律，指十二律，即六律六呂。度，所以量長短，即尺。量，所以量多少，即斗。衡，所以稱輕重，即稱。謂統一各地之音樂及度量衡之制度。100修五禮五玉三帛二生一死贄　五禮，馬融謂吉、凶、軍、賓、嘉也。五玉，即前云之五瑞。三帛，即薦（摯）玉之三色帛，鄭玄謂赤、黑、白。按：諸侯以五玉為贄以見天子，其玉以帛為墊，其帛則按公侯之爵位，而分赤、黑、白三色。二生，羔、雁也，乃卿大夫相見禮。一死，雉也，乃士相見禮。按：庶人無禮，所謂禮不下庶人也。贄，曾運乾《尚書正讀》謂：贄之言致，所以自致也，即見面禮。101如五器卒乃復　五器，即五玉，亦即五瑞。卒，謂禮畢。復，反也，即歸還。此謂贄如係五瑞，見禮畢即將原物退還，他物則否。102至于南岳如岱禮　南岳，指衡山。如岱禮，謂一切典禮、過程，如同祭泰山。103西岳　指華山。104北岳　指恆山。105如西禮　謂如巡守西方時祭西岳之禮。106歸格于藝祖用特　歸，巡守回來。格，至也，祭名。藝，馬融謂禰也（按：禰，近也）。禰祖即父廟。特，《說文》云：「牛父也。」即公牛。107四朝　謂天子五年一巡守，其間四年，四方諸侯分來朝於京師。108敷奏以言明試以功車服以庸　敷，普也，即普遍。奏，進也。謂使諸侯普遍進奏治理之言。試，考也。即就其所言，以考其績效。庸，償也（《小爾雅》）。賞之以車服者，謂晉升其官也。（因車、服因官階而有所不同。）以上乃述巡守，朝覲之制。109肇十有二州　肇，始也。按：禹佐堯治水時分天下為冀、兗、青、徐、揚、荊、豫、梁、雍九州（見〈禹貢〉）。舜攝政增并、營、幽三州，始有十二州。110封十有二山濬川封，乃禮制，築土為壇以祀天曰封，謂於十二州中封十二座大山。濬，疏導也。(111)象以典刑流宥五刑　象，示也。典，常也。蔡沈謂：示人以常刑，即經常的刑法要告訴人民使其知道，免誤入法網。流，放也。宥，寬恕也。寬減其罪而放逐之曰「流宥」。五刑，《尚書大傳》謂：墨、劓、剕、宮、大辟。《周禮・秋官》則為：墨、劓、宮、刖、殺。(112)鞭作官刑扑作教刑金作贖刑　鞭，鞭笞也。作，為也。官刑，官府之刑。扑，打也。教刑，學校之刑。金，馬融謂黃金，非也。按：漢以前皆以銅為之，漢始以黃金為罰金，古金、銀、銅、鐵皆曰金。贖，《說文》云：「貿也。」即易也，此乃謂以金錢易其罪也。(113)眚災肆赦怙終賊刑　眚，蔡沈謂：過誤也。災，害也。眚災，即過失犯。肆，遂也。赦，《說文》：「置也。」肆赦，那就赦免他。怙，《說文》云：恃也。怙終，謂怙惡不悛者。賊，于省吾《雙劍誃尚書新證》謂與則通。刑，罰也。(114)恤　《史記》作靜，靜，安也。謂對刑罰要安靜詳審，不能動則用刑。(115)流共工于幽洲　流，放逐也。洲，《孟子》引作州，舜十二州之一，《括地志》謂即故龔城，在今河北密雲境。(116)放驩兜于崇山　放，流放也。驩兜，《偽孔傳》謂其黨於共工。崇山，在今湖南大庸西南。(117)竄三苗于三危　竄，逐也。三苗，馬融謂國名。三危，山名，《左傳》昭公九年杜注以為三危在瓜州，今敦煌，即今甘肅敦煌。(118)殛鯀于羽山　殛，《爾雅・釋言》謂誅也，誅，討也，即責罰（亦流放也）。羽山，《左傳》昭公七年杜注：「在東海祝其縣西南」，即今江蘇贛榆。又或謂在今山東蓬萊東南。(119)殂落　殂，《說文》云：往死也。猶後世之崩，殂落即逝世。(120)遏密八音　遏，止也。密，謐之段借字，《說文》云：靜也。八音，即金、石、絲、竹、匏、土、革、木，謂天下不舉樂凡三年。(121)月正元日　月正，正月也。元日，吉日也（參見《禮記》）。(122)舜格于文祖　格，至也，即至祭。文祖，有文德之祖。即舜於文祖之廟行即位之禮。(123)詢于四岳闢四門明四目達四聰　詢，謀也。即謀於四岳。闢，開也，即開放四方之門，亦即除去四方關卡，免除稽查也。明四目，指察看四方情形。達四聰，謂耳聽四方消息也。(124)食哉　食，〈釋詁〉謂：偽也，即為也。孫星衍謂勸使有為也，頗得其旨。(125)時　是也。(126)柔遠能邇　柔，安也。邇，近也。能，孫星衍謂能當讀為而，而，如也。此謂安定遠方猶如安定近處。(127)惇德允元　惇，厚也。允，信也。元，善也。(128)而難任人　難，《偽孔傳》謂拒也；任，佞也。意謂同時要拒用佞人。129率　循也；順也。以上述舜即位，與岳、牧謀為政之道。130有能奮庸熙帝之載　奮，明也。庸，功也。熙，光也。載，事也。意謂有能明建事功，光大帝堯之事業者。131使宅百揆亮采惠疇　宅，居也。揆，官也。亮，相導也。采，事也。惠，語詞，猶隹，惟（參見唐蘭《天壤閣甲骨文存考釋》）。疇，類也。謂令居百官之長，使其輔導一切事類。132僉曰伯禹作司空　僉，皆也。伯禹，伯其爵（按：鯀曾封為崇伯，禹襲其爵），禹其號。司空，即司官（按：司空金文多見，皆作司工。工、官同屬見紐），即命禹作宰相。133俞咨禹汝平水土惟時懋哉　俞咨，《史記》作「然嗟」，亦即後世之「吁嗟」。平，治也。時，是也。懋，勉也；美也。134拜稽首　拜，《說文》云：「首至手也。」即彎腰向下，猶今之鞠躬也。稽首，頭至地而額不至地也。吉、嘉禮用之；不同於凶禮所用之頓首、稽顙也。此乃先鞠躬再叩頭，故曰拜稽首。135阻飢　阻，鄭玄謂厄也。即遭厄受飢。136汝后稷播時百穀　后，于省吾謂乃司之反文，司稷者，主管農業也。播，穜也。時，乃蒔之叚借字，《說文》云：「更別種也。」即再另外種。按：稻子即如此。（按：棄是舊官，非新任命，故未謙讓。）137契百姓不親五品不遜　契，商之先祖。百姓，指百官言，非民眾。不親，不相親睦也。五品，人倫之五類也，即父、母、兄、弟、子。遜，順也。138汝作司徒敬敷五教在寬　司徒，主管教育之官。敷，施也。五教，即五常之教，猶《左傳》文公十八年之「父義、母慈、兄友、弟恭、子孝」也。在，《說文》云：「存也。」在寬，謂以寬柔為主。139猾　亂也。140寇賊姦宄　寇，強取曰寇。賊，殺人曰賊。姦，奸由外起曰姦。宄，奸由內起曰宄，此本鄭玄說。141士　獄官之長。142五刑有服五服三就　服，伏也，謂五刑各有伏法之道。五服，謂伏五刑也。三就，謂就三處行之，馬融據《國語．魯語》注謂：大罪陳諸原野，次罪于市朝，同族適甸師氏，既伏五刑，就三處行之。143五流有宅五宅三居　五流，五種流放之刑。宅，居也。謂五種流放之刑，有三種居所。144惟明克允　明，明察。克，能也。允，信也。謂刑法以明察為主，則能為人所信服。145疇若于工　疇，誰也。若，善也。工，事也。謂誰能善成我百工之事。146共工　馬融謂：共理百官之事。147殳斨暨伯與　二人名。148諧　〈釋詁〉云：和也，謂諧和也，猶今之協調。149上下　上謂山陵，下謂原隰藪澤。[150]朕虞　朕，舜自稱。虞，主山林川澤之官。[151]朱虎熊羆　蔡沈謂四臣名。[152]典朕三禮　典，主也。三禮，馬融謂：天神、地祇、人鬼之禮。[153]伯　乃「伯夷」之省。《史記》未省，作「伯夷」。人名。[154]秩宗　秩，次第也。宗，尊也。主管尊卑之次第，即禮官也。[155]夙夜惟寅直哉惟清　夙夜，謂朝夕也。惟，宜也。寅，敬也。直，正也。清，潔也，謂清潔無物慾也。[156]夔龍　二臣名。[157]胄子　胄，長也。胄子，馬融謂天子及卿大夫等之長子也。[158]直而溫寬而栗剛而無虐簡而無傲　直，謂正直。而，猶能也。栗，謂戰慄。虐，殘也。簡，苛細也。傲，倨也。謂正直而能溫和，寬大而能敬謹，剛強而不苛虐，簡易而不倨傲。以上四句乃言音樂在陶冶人之性情，務使能達此境界。[159]詩言志歌永言　志，《說文》云：「意也。」是詩乃發舒志意之作品。永，長也。謂語言聲音拉長即為歌。[160]聲依永律和聲　聲，金、石、絲、竹所發之聲也。依，倚也。律，乃統律呂而言；陽聲六為律，即黃鐘、太蔟、姑洗、蕤賓、夷則、無射；陰聲六為呂，即大呂、應鐘、南呂、林鐘、仲呂、夾鐘。此乃謂：樂聲之曲折高低依此長言；宮、商、角、徵、羽五聲，必中律乃和。[161]奪倫　奪，亂也。倫，理也。謂其樂理不亂也。[162]夔曰於予擊石拊石百獸率舞　此十二字，屈先生謂：乃〈皐陶謨〉之文，因亂簡而重見於此。於，嘆詞。石，指磬言，乃節樂之具。擊，《說文》云：「攴也。」「攴，小擊也。」拊，《說文》云：「揗也。」「揗，摩也。」應曰：以杖叩之曰擊，以手撫之而有聲曰拊。率，〈釋詁〉謂循也。乃謂百獸為樂聲所感，循其音節而舞也。[163]龍朕堲讒說殄行震驚朕師　龍，人名。堲，《說文》垐之古文，此乃嫉之叚借字，《說文》云：「嫉，毒也。」《說文》於垐下引〈虞書〉曰：「堲，疾惡也。」意正相當。讒說，即小話。殄，《說文》云：「盡也。」殄行，即流行。震驚，驚動也。師，眾也。[164]納言　官名，掌出納王命，猶今之秘書長。[165]惟允　允，信也。即以誠信為主，不可欺哄蒙騙也。[166]二十有二人　馬融謂：稷（棄）、契、皐陶，皆居官久有成功，但述而美之，無所復敕，禹及垂以下皆初命，凡六人（禹、垂、益、伯夷、夔、龍），與上十二牧四嶽（岳）共二十二人。[167]惟時亮天功　時，是也。亮，相導也。功，事也。意謂要輔助天意行事。以上總述舜命官之事。[168]考績　考，查驗也。績，〈釋詁〉：成也。謂舜用人經三年而後考其成功也。[169]黜陟幽明　黜，貶下也。陟，登也；升也。幽，昏暗也。明，成也，即明智者。[170]庶績咸熙　庶，眾也。績，功也。咸，皆也。熙，光也；興也。[171]分北三苗　北，背也。三苗，與前文三苗不同，此乃指苗族。[172]徵庸　徵，召也。庸，用也。[173]三十在位　《偽孔傳》云：歷試二年，攝位二十八年。[174]陟方　陟，巡守也。方，指方國。此猶甲骨文中之「直方」。

【語　譯】考查古代有位堯皇帝，他的名字叫放勳。他敬事明達，且有典法合理的思想，能安其所應安之人，真能敬事又謙讓，他的德業光耀四方，至於天地，他更能夠發揚偉大的美德，使九族的人都親睦敬和；親族既已親和，進而明察百官的職守；百官都能明其德（敬業盡責），諸侯各國也都和合相應。人民受堯德之感化，因此都變得非常和善。

於是任命羲氏、和氏為天地之官，要他們敬謹地順應著老天，依照日月星辰運行度數，來步算曆法，訂定時令節氣，謹慎地把四時月令頒授給人民。分別任命羲仲，要他住在中國東方濱海處一個叫暘谷的地方，恭敬地祭祀太陽，引導它升起。辨別春耕次第（使民從事春作）。當日夜長度均等，黃昏時可見鳥星，（就依此現象）來審定這是仲春時令（即春分）。這時，人民都分散在田間，開始耕作，鳥獸也都交尾繁殖。再任命羲叔，住在南方交趾。要他辨別夏耘的次第，謹慎地測量日之長短；此時白晝最長，黃昏時可見大火之星，由上兩點，可審定這是仲夏時令（夏至）。人民皆解衣下田，從事耕作；鳥獸也開始脫毛。又分別任命和仲，住在西邊叫昧谷的地方，敬謹的舉行祭祀，送走太陽。按等第考查秋收的優劣，此時晝夜等長，黃昏時可見虛星，以此來審定這是仲秋時令（秋分）。人民皆去高移居平地以避寒風；鳥獸又生出新毛。再任命和叔，住在北邊叫幽都的地方，要他辨察隱伏藏蓋之物。這時，晝短夜長，黃昏時可見昴星，以此來審定這是仲冬時令（冬至）。人民皆家居以避風寒；鳥獸又長出柔細絨毛。堯皇帝說：「唉，你們羲氏、和氏啊！地球繞太陽一周是三百六十六天，但十二月相加只有三百五十五天，所以要用閏月來確定春夏秋冬四時而成年歲。」堯帝真能整飭百官，所有事業皆興盛起來。

堯皇帝說：「誰能順應天時就升任他。」放齊說：「嗣子朱為人開通明達。」堯帝說：「唉！他言論荒謬，又喜和人爭論，怎麼可以呢！」堯皇帝又說：「誰能把我的事情做好？」驩兜說：「對呀！共工其人，兼職雖多，而皆有表現。」堯帝說：「哼！他呀，只能坐而言，不能起而行，貌似恭敬，其實對天神都侮慢不恭的。」堯皇帝又說：「唉！四方諸侯領袖們，大水普遍為害，廣大的洪水，包圍了山，也淹沒了整個陸地，真是大水齊天啊！所有老百姓都在嘆息。有誰能使他去治平呢？」都說：「哦！鯀可以。」堯帝說：「哼！不可以啊！他為人違拗，不聽命令，而且摧殘好人。」四岳說：「我們推舉他，試用他可用，就用他好了。」帝堯（對鯀）說：「去吧！要謹慎將事啊！」結果做了九年，毫無一點事功表現。

堯皇帝說：「啊！你們各位諸侯領袖們，我在位已七十年，你們有誰能代天行令，我就將帝位讓給他。」四岳們說：「我們這些鄙陋無德之人，那是有辱帝位的。」堯帝說：「你們可以推舉顯達之人，或顯揚明哲之士；也可推舉微賤之人，或舉荐隱逸之士。」於是眾人向堯帝獻言說：「有一位還沒有娶妻，而且沒有甚麼地位的名叫舜的人。」堯帝說：「是的！我聽說過有這麼個人，他怎麼樣？」四岳說：「他是有眼無珠人的兒子。其父愚頑，後母是個長舌婦，弟弟傲慢不恭。而他能夠處得很和諧，他用孝友使一家都能美好上進，感化他們不至落入姦邪。」帝堯說：「那我就試用試用看！」決定把兩個女兒嫁給他，藉此看他怎樣做二女的榜樣。於是令嫁二女往媯地，當嫁往虞家行醮禮的時候，帝堯對其女說：「要謹慎啊！」

使舜恭謹完善地推行五教，五種教化皆能有成就。使他歷任官職，各種職務都辦得有條有理。使他接待賓客，引導四方來朝諸侯官員人等，大家都能敬謹有禮。使他主管山林事務，雖然在山林中遇到大風雷雨，也不會迷失方向，他是那樣鎮定有智慧。堯皇帝說：「告訴你舜！由你計畫的事，考察你的言論，你所建議的都見功效。今已試用你三年，你可升登帝位，代我行事了。」舜謙讓於有德之人，不肯馬上繼位。

就在正月上旬的一天，舜在堯太祖的廟裏，接受堯已終了的帝位，代行天子事。他用玉做的渾天儀的橫筒去觀察天象，來測度月日星辰之運轉，俾便製曆，於是行類祭祭上帝，用禋祭祭天地四時，行望祭於山川，再祭徧所有的神。收聚起諸侯所持來朝作為信物的圭，已定好月，再擇個好日子，接見四方諸侯領袖，及各州州長，把原來的圭發還給他們。這一年二月，巡行東方，首先行柴祭祭泰山。又按次第行望祭祭其他山川。於是接見東方諸侯。協調四時月令，並校正好時間，統一音樂及度量衡之制度。並修訂吉、凶、軍、賓、嘉五禮；及諸侯相見禮——五玉、三帛；卿大夫相見禮——二生；士相見禮——一死等有關見面禮節。如是五玉，見禮完畢，即將五玉退還。五月，往南方巡守。來到了南岳衡山，一切禮節，如同在岱宗時所行的一樣。八月，往西方巡守，來到了西岳華山，一切典禮，完全如同初在岱宗時所行的一樣。十一月，往北方巡守，來到了北岳恆山，一切典禮，完全如同在西岳時所行的一樣。回來後，行至祭禮於父廟，殺一頭公牛致祭。每五年出巡一次，其間四年，諸侯分別來朝於京師。藉朝覲機會，使諸侯普遍地發表有關治國的言論，然後，就他們所說的，來考察其功效，如有政績，就升他的官。

舜開始封天下為十二州，並築壇祭祀十二座大山，疏導各河流。把經常的刑法告訴人民，免誤入法網。犯了五刑的罪犯，代之以放逐，來寬恕他們。鞭打是官署的刑罰，扑打是學校的刑罰，罰金可以代其罪。如係過失犯，就赦免他；怙惡不悛，永不改悔的，就加重他的刑罰。舜說：「要謹慎啊！要謹慎啊！刑罰要安靜詳審，不能動則用刑啊！」於是把共工流放到幽州，把驩兜放逐到崇山，把三苗族趕往三危，把鯀驅逐到羽山。處罰（降罪）了這四個人，天下人皆心悅誠服。舜攝政二十八年，堯皇帝駕崩，百姓們如同死了父母一樣，天下不舉樂凡三年。

正月裏一個好日子，舜在他祖廟裏行即位之禮。與四方諸侯之長共謀國事，除去四方關卡稽查，使天下人可以自由交通，如此可以廣聽聞，如此可以察民隱。並詢問十二州州長，告訴他們說：「要努力工作啊！安定遠方，猶如安定近處，不能偏廢啊，德行要惇厚善良，同時要拒用奸佞小人，能這樣，那四方蠻夷之人也都會馴服了。」

舜說：「你們四方諸侯領袖們，有誰能明建事功，光大帝堯的事業者，就讓他居百官之長，順其類別而輔導其行事。」都說：「禹可以做宰相。」舜帝說：「是啊！禹呀！你治水有很好的表現啊。」禹鞠躬叩頭，謙讓給稷、契及皐陶。舜帝說：「好了，你去吧！」舜帝說：「棄！人民遭厄受飢餓，你去主管農業，種植百穀。」舜帝說：「契，百姓們不相親睦，父子兄弟也都不和順，你去主管教育，恭謹地推行五常之教，要以寬大為主啊！」舜帝說：「皐陶！蠻夷擾亂中華，搶劫殺人，造成內亂外患，你去主持刑罰。五種刑法各有伏法之道。犯了五刑而伏法的，就三處執行。五種流放之刑各有居處，犯流放刑的人，有三個地方安置他們。審獄要以明察為主，才能為人所信服。」舜帝說：「誰能善成我百工之事？」都說：「垂可以。」舜帝說：「是啊！

垂，你為我的總管。」垂鞠躬又叩頭，謙讓給殳斨和伯與。舜帝說：「好了，你去吧！彼此協調一下。」舜帝說：「誰能為我管理好有關山林川澤以及草木鳥獸的事情？」都說：「益可以呀！」舜帝說：「是啊！益，你做我的農林部長。」益鞠躬又叩頭，並謙讓給朱虎熊羆。舜帝說：「好了，你去吧！去協調一下。」舜帝說：「喂！四方諸侯領袖們，有誰能為我主管天神、地祇、人事的有關的祭禮？」都說：「伯夷可以。」舜帝說：「好！伯夷，你做我的禮官好了。早晚都要敬重其事，更要端正無邪，齋戒無欲。」伯夷鞠躬叩首，謙讓給夔、龍。舜帝說：「好了！你去吧！要謹慎從事啊！」舜帝說：「夔，命令你主持音樂，教導天子及卿大夫的長子。音樂是陶冶人的情性的，要表現正直而能溫和，寬大而能敬謹，剛強而不苛虐，簡易而不倨傲。詩是發舒志意的，將語言聲音拉長就叫歌。樂聲之曲折高低就依此長言（歌聲），五聲必中律乃和。各種樂器所發的樂聲都能和諧，而又樂理不亂；以此樂章用之祭祀（神）人事（人），都能得音樂『和樂』的效果。」夔說：「是啊！我敲打石磬，奏起樂來，百獸為樂聲所感，都循聲舞蹈起來。」舜帝說：「龍，我痛恨邪說小話流行，驚動了我的大眾。我任命你做納言之官，不論早晚甚麼時候，傳布我的命令，並轉達人民的上書建議，一定要誠信啊！」舜帝說：「啊！你們這二十二個人，要謹慎從事啊！要輔助天意行事啊！要替天行道不可亂來啊！」

三年考核一次，經過三次考核後，好的升等，壞的降級。於是所有事業都振興起來了。並把三苗族加以析離，不使聚居原地。

舜三十歲被堯徵用，攝政三十年。正式為帝又五十年。當往各國巡行時，死在路上。

皐陶謨

【題解】皐陶，人名。謨，《說文》云：「謀也。」本篇乃記述皐陶與帝舜及禹等謀議國事之言，因以皐陶為首，故曰〈皐陶謨〉。

《偽古文本》分本篇為兩篇。自首「曰若」至「思曰贊贊襄哉」為〈皐陶謨〉。自「帝曰來禹」至末謂之〈益稷〉。

按：本篇文體、習用語及思想，皆與〈堯典〉相似，其著成年代當與〈堯典〉時代差不多。又孟子有云：「禹聞善言則拜。」當係據本篇「禹拜昌言」之語而來，若此，則本篇之著成，亦當在孟子之前（本屈先生說）。

曰若稽古皐陶❶曰：「允迪厥德，謨明弼諧❷。」禹曰：「俞，如何？」皐陶曰：「都！慎厥身修，思永❸。惇敘九族，庶明勵翼，邇可遠，在茲❹。」禹拜昌言❺曰：「俞。」

皐陶曰：「都！在知人，在安民❻。」禹曰：「吁！咸若時，惟帝其難之⑦。知人則哲，能官人；安民則惠，黎民懷之⑧。能哲而惠，何憂乎驩兜⑨？何遷乎有苗⑩？何畏乎巧言令色孔壬⑪？」

皐陶曰：「都！亦行有九德⑫；亦言其人有德，乃言曰：載采采⑬。」禹曰：「何⑭？」皐陶曰：「寬而栗，柔而立，愿而恭⑮，亂而敬，擾而毅⑯，直而溫，簡而廉⑰，剛而塞，彊而義⑱；章厥有常，吉哉⑲。日宣三德，夙夜浚明有家⑳；日嚴祗敬六德，亮采有邦㉑。翕受敷施，九德咸事㉒；俊乂在官㉓，百僚師師，百工惟時㉔。撫于五辰，庶績其凝㉕。無教逸欲有邦㉖，兢兢業業，一日二日萬幾㉗。無曠庶官，天工人其代之㉘。天敘有典，勑我五典五惇哉㉙；天秩有禮，自我五禮有庸哉㉚，同寅協恭，和衷哉㉛。天命有德，五服五章哉㉜；天討有罪，五刑五用哉㉝。政事懋哉懋哉㉞。天聰明，自我民聰明㉟；天明畏㊱，自我民明威。達于上下㊲，敬哉有土！」

皐陶曰：「朕言惠可厎行㊳？」禹曰：「俞，乃言厎可績㊴。」皐陶曰：「予未有知，思曰贊贊襄哉㊵。」

帝曰：「來，禹！汝亦昌言㊶。」禹拜曰：「都，帝！予何言？予思曰孜孜㊷。」皐陶曰：「吁！如何㊸？」禹曰：「洪水滔天，浩浩懷山襄陵㊹，下民昏墊㊺。予乘四載㊻，隨山刊木㊼。暨益奏庶鮮食㊽。予決九川，距四海，濬畎澮，距川㊾。暨稷播奏庶艱食㊿。鮮食，懋遷有無化居(51)。烝民乃粒，萬邦作乂(52)。」皐陶曰：「俞，師汝昌言(53)。」

禹曰：「都，帝！慎乃在位(54)。」帝曰：「俞。」禹曰：「安汝止(55)，惟幾，惟康(56)，其弼直；惟動丕應(57)。傒志以昭受上帝(58)，天其申命用休(59)。」

帝曰：「吁！臣哉鄰哉！鄰哉臣哉(60)！」禹曰：「俞。」帝曰：「臣作朕股肱耳目(61)：予欲左右有民，汝翼(62)；予欲宣力四方，汝為(63)；予欲觀古人之象，日、月、星辰、山、龍、華蟲、作會(64)，宗彝、藻、火、粉米、黼、黻、絺繡(65)，以五采彰施于五色，作服，汝明(66)；予欲聞六律、五聲、八音，在治忽，以出納五言，汝聽[67]。予違，汝弼，汝無面從，退有後言[68]。欽四鄰，庶頑讒說，若不在時，侯以明之，撻以記之[69]；書用識哉，欲並生哉[70]。工以納言，時而颺之[71]；格則承之庸之，否則威之[72]。」

禹曰：「俞哉，帝！光天之下，至于海隅蒼生，萬邦黎獻，共惟帝臣，惟帝時舉[73]。敷納以言，明庶以功，車服以庸[74]。誰敢不讓，敢不敬應？帝不時敷，同日奏，罔功[75]。」（帝曰）：「無若丹朱傲，惟慢遊是好[76]，敖虐是作，罔晝夜頟頟；罔水行舟，朋淫于家，用殄厥世[77]。」（禹曰）：「予創若時[78]。娶于塗山，辛壬癸甲[79]；啟呱呱而泣，予弗子，惟荒度土功[80]。弼成五服，至于五千[81]；州十有二師[82]；外薄四海，咸建五長[83]。各迪有功，苗頑弗即工。帝其念哉[84]。」

帝曰：「迪朕德，時乃功惟敘[85]。皋陶方祗厥敘[86]，方施象刑，惟明[87]。」

夔曰：「戛擊鳴球，搏拊琴瑟以詠，祖考來格[88]；虞賓在位，群后德讓[89]。下管鼗鼓，合止柷敔，笙鏞以間[90]；鳥獸蹌蹌[91]。〈簫韶〉九成，鳳凰來儀[92]。夔曰：「於！予擊石拊石，百獸率舞[93]，庶尹允諧[94]。」

帝庸作歌，曰：「敕天之命，惟時惟幾[95]。」乃歌曰：「股肱喜哉，元首起哉！百工熙哉[96]。」皐陶拜手稽首，颺[97]言曰：「念哉！率作興事，慎乃憲，欽哉！屢省乃成，欽哉[98]！」乃賡載[99]歌曰：「元首明哉，股肱良哉，庶事康哉[100]！」又歌曰：「元首叢脞[101]哉，股肱惰哉，萬事墮[102]哉！」帝拜曰：「俞，往欽哉[103]！」

【注釋】❶日若稽古皐陶　「日若稽古」《偽孔傳》釋為「順考古道」，非也。按：先秦文獻，凡述古事古言者，皆可以此四字冠於篇首（參〈堯典〉注）。皐陶，漢人說經多以皐陶與帝堯為同德聖人。《白虎通・聖人》篇云：「何以言皐陶聖人也，以自篇曰若稽古皐陶聖人。」❷允迪厥德謨明弼諧　允，信也。迪，《說文》云：「道也。」即導也。厥，指示詞，其也。謨，謀也。弼，輔也。諧，和也。❸慎厥身修思永　《史記》作「慎修其身，思長」。思長者，要照長遠的地方去想，即不要目光短淺，只顧眼前。❹惇敘九族庶明勵翼邇可遠在茲　惇，厚也。敘，即次第。九族，見〈堯典〉注。庶，眾也。明，萌之初文，甿之叚借字。庶明，即眾萌，眾民也。勵，乃勸之俗字；《說文》云：「勸，勉力也，讀若厲。」翼，輔助也。邇，近也。茲，此也。❺昌言　《史記》作美言。（以上在說明做領袖的人要修身好，才能以德化人。）❻在知人在安民　為政的手段在知人（善任），為政的目的在安民。❼咸若時惟帝其難之　咸若時，《史記》作「皆若是」，嫌迂曲。魯先生以為：咸當讀為諴，諴也；諴如是，則明白矣。帝，指堯帝，或合堯舜言之。《論語・憲問》篇云：「修己以安百姓，堯舜其猶病諸。」❽知人則哲能官人安民則惠黎民懷之　哲，《史記》作智。謂能知人的人必是大智慧。官，當動詞。惠，愛也。懷，歸附也。❾驩兜　舜時四凶之一。❿有苗　即苗族，〈堯典〉之三苗。⓫巧言令色孔壬　巧，乖巧。令，善也。孔，甚也。壬，佞也。⓬亦行有九德　亦，語詞。謂人之行為有九種美德。⓭載采采　載，《偽孔傳》謂行也。采，事也。意謂行某事也。⓮何　乃禹問舜何謂九德也。⓯寬而栗柔而立愿而恭　寬而栗，見〈堯典〉注。柔，應作脜，《說文》云：「脜，面和也，讀若柔。」（按：今字柔行而脜廢——段注）立，立起也。愿，《說文》云：「謹也。」恭，《說文》云：「肅也。」夫正其儀容，有威可畏謂之恭。凡謹愿者，多質樸有餘而威嚴不足。此謂柔和還要能自立，敬謹而要能嚴肅。⓰亂而敬擾而毅　亂，〈釋詁〉謂：治也。敬，謹也。謂有治才而要能謹慎從事。擾，馴服也。毅，果敢也，剛強也。謂柔順而能果敢。即外柔內剛，不因挫敗而灰心。⓱直而溫簡而廉　直而溫，謂性行正直，而貌安溫和也。簡，簡易也，即不苛求小節。廉，謂守分際。即簡易而要能守分際，辨是非。⓲剛而塞彊而義　剛，剛強也。塞，乃寔之叚借字，《說文》云：「實也。〈虞書〉曰：剛而寔。」此謂剛強而要充實（按：凡外貌剛強者，內多脆弱）。彊而義，謂彊勇而要好義（按：凡強勇的人，多好勇鬥狠，不明大義）。⓳章厥有常吉哉　章，彰也，謂表彰。有常，謂指有常德之人。吉，善也。⓴日宣三德夙夜浚明有家　宣，明也；示也。即明示、宣揚也。三德，九德中之三也。夙夜，早晚。浚，敬也。明，孫星衍謂：「明與孟通，孟，勉也。」家，謂大夫所食之采邑。此謂：政府（或領袖）天天能宣揚明示三德，早晚敬勉，則有采邑的大夫們，也必能如是。㉑日嚴祗敬六德亮采有邦　嚴，馬融讀為儼，〈釋詁〉謂敬也。祗、敬，同義詞。謂每天要能敬謹地實行其中六德。亮，助也。采，事也。有邦，指諸侯之國。㉒翕

受敷施九德咸事　翕，合也。敷，布也；徧也。施，用也；行也。謂會合承受三德及六德之人，而普徧地加以任用，九德具備的人，皆任之以職事（咸，皆也。事，職也）。㉓俊乂在官　馬融、鄭玄俱云：才過千人為俊，百人為乂。㉔百僚師師百工惟時　僚，官也。師師，相師法也。惟，是也。時，善也（《詩毛傳》）。㉕撫于五辰庶績其凝　撫，循也，即順。辰，時也。古或謂四時為五時。撫于五辰，猶言順乎四時。庶績，眾事功。凝，乃冰之俗字，鄭玄謂成也。㉖無教逸欲有邦　無，毋也。教，令也；使也。逸欲，逸樂貪欲之人。有邦，即有國，指有封地之諸侯。即不要使貪欲的人主政得勢。㉗兢兢業業一日二日萬幾　兢兢，戒慎也。業業，危懼也。一日二日，馬融謂：猶日月也。幾，或作機，《易．繫辭》云：幾者，動之微，吉凶之先見者也。即機微之兆。蔡沈曰：「一日二日者，言其日之至淺，萬幾者，言其幾事之至多也。」頗得其旨。意謂：必須戒慎恐懼於日日所生之萬事。㉘無曠庶官天工人其代之　曠，空也。庶，眾也。工，與功通，事也。即不要空設官而不做事，凡符合天意的事功，人都可以代行。㉙天敘有典勑我五典五惇哉　敘，次也。天敘，謂天所定之倫次。典，〈釋詁〉云：常也。勑，同敕，《廣雅》謂謹也，《小爾雅》謂正也。五典，即五常。惇，厚也。即天所定的倫次有一定的常理，隨時匡正我們五常之性，使人皆能厚於五常之性也。㉚天秩有禮自我五禮有庸哉　秩，〈釋詁〉：次也。天秩，天所定的爵秩。自，《廣雅》謂行也。五禮，鄭玄謂為天子、諸侯、卿大夫、士、庶民之禮。庸，常也。意謂：天所定的爵秩有一定的禮制，遵行五禮要有常信。㉛同寅協恭和衷哉　寅，夤之叚借字，敬也。同寅猶同事。協，合也。衷，善也。即同敬合恭而和善。謂同事們要能協調敬事，和善相處。㉜天命有德五服五章哉　有德，指有德之人。五服，依尊卑所定之五等衣服也。五章，五等服上所繪及繡之五等文彩也。謂天命有德之人在位，依官位之高低，賜予五等之服，五等之服各有其不同之文采。㉝天討有罪五刑五用哉　討，治也。五刑，見〈堯典〉注(111)。謂老天整治有罪的人，用五種刑法去懲罰犯五刑的人。㉞政事懋哉懋哉　政，〈釋詁〉：主也。主事者，謂當政的人。懋，勉也。㉟天聰明自我民聰明　耳以聽為主，目以明為主；聰明者，視聽也。自，從也，即依從。㊱天明畏　明畏，孫星衍謂賞罰。畏，或作威。謂天之賞罰，從民之賞罰也。㊲上

下　指上天下民言。㊳朕言惠可厎行　惠，甲骨文作叀或叀，乃惟之叚借字。惟，甲骨文作隹（叀、隹常見於對貞辭，叀多用於肯定，隹多用於否定）。乃語詞。厎，〈釋詁〉謂：致也。㊴俞乃言厎可績　俞，然也。乃，爾也。厎可績者，可厎績也。謂：是的，你所說的可以施行。㊵思曰贊贊襄哉　思，語詞，猶惟也。曰，蔡沈作日。贊，鄭玄謂明也。魯先生謂：此明乃指上助帝明德，下揚己忠言也。襄，鄭玄謂揚也。意謂：惟知每日助帝發揚德行。（《偽古文．皐陶謨》止於此。以下名曰〈益稷〉。）㊶帝曰來禹汝亦昌言　帝，指舜。昌言，明達之言。乃謂：舜說：來呀，禹，你也進獻幾句明達的話給我聽聽。㊷孜孜　不倦怠也。㊸皐陶曰吁如何　《史記．夏本紀》作：皐陶難禹曰：何謂孳孳。意謂：你何以會如此忙？㊹洪水滔天浩浩懷山襄陵　見〈堯典〉注(60)、(61)。㊺昏墊　鄭玄謂：昏，沒也；墊，陷也。即下民有沈淪之害。㊻四載　此謂乘用了四種交通工具；《史記．夏本紀》謂：「陸行乘車，水行乘舟，泥行乘橇，山行乘檋。」㊼隨山刊木　隨，行也。《史記》正作行。刊，《史記》作栞，乃篆文之本字；《說文．木部》作栞，乃古文；今作刊，乃唐人所改。《說文》云：「栞，槎識也。」即砍樹以作認路之記號也。㊽暨益奏庶鮮食　暨，與也。益，秦之先祖伯益也。奏，《說文》云：「進也。」即推予，《史記》正作予。庶，指民眾。鮮，蔡沈謂：血食曰鮮。鄭玄曰：鱻食，謂魚鼈也。謂：我與益予民眾魚鼈鳥獸等活的食物（因洪水未退，穀物稀少故）。㊾予決九川距四海濬畎澮距川　決，《說文》云：「行水也。」疏導之使行，即挖掘也。川，凡水通流者皆謂之川。九川，即九州之川，依〈禹貢〉，即：弱水、黑水、河、漾、江、沇、淮、渭、洛也。距，至也。四海，此四海乃承九川而言，謂東西南北海也。濬，《史記》作浚，疏導也。畎，乃く之篆文，《說文》云：「く，水小流也。」澮，乃巜之後起字，《說文》云：「方百里為巜，廣二尋，深二仞。」皆係小水，孫星衍謂俱是在田間，通水於川也。川，《說文》云：「毋穿通流水也。〈虞書〉曰：濬く巜距巛。言深く巜之水，會為川也。」此謂疏導小水，至於河川也。㊿暨稷播奏庶艱食　稷，周之祖先后稷也。播，布也。奏，《史記》作予。艱食，《史記》作「難得之食」。艱，《說文》云：「土難治也。」因洪水初平，不耕之土，播種為艱也。此艱食，當指難得的穀物。與前僅能予眾鮮食——魚鼈之類，又進步一些。

又：艱食，馬融作根食，曰根生之食，謂百穀，義亦相通。似此，則下文之「鮮食」與前文之「鮮食」不同。標點亦不同。(51)鮮食懋遷有無化居　鮮食，少食也。《史記》作「食少」。懋，乃貿之段借字，《說文》云：貿，易財也。引申為易。懋遷者，更易其居所也，即遷徙。懋遷有無者，有糧之地運至無糧之地也。猶《孟子．梁惠王上》：「梁惠王曰：寡人之於國也，盡心焉耳矣，河內凶，則移其民於河東，移其粟於河內，河東凶亦然。」化，匕之段借字，變也。化居，變易其居所也。意謂：食物缺少時，有糧之地運至無糧之地，且變易其居所，使皆得食也。按：《史記．夏本紀》作：「食少，調有餘，補不足，徙居眾民。」正係此意。(52)烝民乃粒萬邦作乂　烝，〈釋詁〉謂眾也。乃，於是。粒，《經義述聞》謂立，定也。作，〈釋言〉謂為也。乂，治也。義謂：百姓安定，萬國為治（即天下太平）。(53)俞師汝昌言　俞，然也。師，魯先生以為：乃斯之段借字。蔡沈謂為法，非也。蓋禹所言，乃述其治水播穀之功，非言治國平天下之方案，則何師法之有？且《史記．夏本紀》作「然，此而美也」。據史公之言，是古本作斯字。考諸文義，亦當如此。皋陶先說：你怎會如此忙呢？聽完禹的敘述，表示釋然。所以說：是了，這就是你的明達之言。(54)慎乃在位　慎，〈釋詁〉謂靜也。謂為政在位要以清靜為主。(55)安汝止　安，〈釋詁〉云：定也。止，容止也。即要安定你的容止，即少發言論。按：安汝止，在己言，猶〈大學〉「安而後能慮」；在人言，使人望而生畏，莫測高深也。(56)惟幾惟康　惟，思也。幾，《說文》云：「危也。」康，〈釋詁〉謂安也。即要思危，要謀安，元首要以百姓安危為主。(57)其弼直惟動丕應　弼，《說文》云：輔也，此指輔弼大臣。直，《史記》作德。江聲及孫星衍皆以為悳之壞字。悳，俗作德。謂要以有德為輔。惟，語詞。丕，〈釋詁〉謂大也。丕應，即大大響應。猶《孟子．梁惠王》云：「書曰（乃《尚書》逸文）：湯一征，自葛始，天下信之，東面而征西夷怨，南面而征北狄怨，曰：奚為後我？民望之，若大旱之望雲霓。」此即天下大應也。此謂要以有德之人為輔，只要有所行動（表現）百姓必會大大地響應。(58)徯志以昭受上帝　徯志，《史記》作「清意」。昭，明也。受，承也。謂要靜心清志（平心靜氣）地明待上帝之命（猶〈中庸〉「君子居易以俟命」）。(59)天其申命用休　申，〈釋詁〉謂重也。命，《說文》云：「使也。」用，以也。休，美也，即吉祥。意謂：上天就會重複地以吉祥賜給你。(60)臣哉鄰哉鄰哉臣哉　臣，弼輔之臣。鄰，親也；近也。謂臣要親近君，君要親近臣。(61)臣作朕股肱耳目　股肱，大腿、臂膀，即手足，所以主動作。耳目，所以主視聽。此乃謂：你們臣子做我手、足，為我推動一切行事。你們做我的耳、目，為我視聽一切。(62)予欲左右有民汝翼　左右，同佐佑，輔助也。有民，即民，指百姓言。汝，指禹。翼，輔也。謂：我要輔助所有百姓，禹，你來幫助我。(63)予欲宣力四方汝為　宣，用也。力，《說文》謂：治功曰力。即治國有功勳曰力。為，助也。謂：我要致力於四方，你來助我。(64)予欲觀古人之象日月星辰山龍華蟲作會　觀，顯示也。古人，指黃帝。《易・繫辭》云：「黃帝、堯、舜垂衣裳而天下治，蓋取諸乾坤。」按：乾坤各六爻。故衣裳各六種花紋。是上衣下裳之制，創自黃帝，而成於堯舜也。象，像也，即象服。日、月、星辰，取其照臨也。山，取其鎮也。龍，取其變也。華蟲，雉也，取其文也。以上取蔡沈說。說明六圖像之意義。會，繪也。謂以以上六種圖像繪於上衣上。(65)宗彝藻火粉米黼黻絺繡　宗彝，虎蜼取其孝也。藻，水草，取其潔也。火，取其明也。粉米，白米，取其義也。黼，若斧形，取其斷也（按：《說文》云：「白與黑相次文」）。黻，為兩己相背，取其辨也（按：《說文》云：「黑與青相次文」）。以上乃取蔡沈說。說明繡六圖像之意義。絺乃黹之叚借字，《說文》云：「黹，箴縷所以紩衣也。象刺文也。」是絺繡，即刺繡。謂以以上六種圖像繡於下裳。因官爵尊卑不同，故繪繡於衣裳之花紋圖案亦異。(66)以五采彰施于五色作服汝明　采，鄭玄謂：性曰采，施曰色；未用謂之采（按：即顏料），已用謂之色（按：即青、黃、赤、白、黑）。施，用也。明，察也。謂：用五種顏料，畫成五種色彩，作成衣服，你要明察啊（即要仔細看清楚啊）！(67)予欲聞六律五聲八音在治忽以出納五言汝聽　六律、五聲、八音，見〈堯典〉注。在，察也。忽，亂也。謂由音樂中察知政治之治亂情形（詳拙作〈在治忽考〉）。五言，五官之言也。五官者，以周制言，即：地官大司徒，春官大宗伯，夏官大司馬，秋官大司寇，冬官大司空。以五聲出納五官之號令也。五聲與五常相配：地信、春仁、夏禮、秋義、冬智，亦謂五常之言。聽謂聽之審也。謂：我想聽聽音樂，從聲音中，察知政治治亂之情形，以五聲作為出納五官之號令，你要仔細地聽，聽其是否合理，是否違亂也。(68)予違汝弼汝

無面從退有後言　違，謂違理悖法也。面從，當面聽從。後言，背後閒言。69欽四鄰庶頑讒說若不在時侯以明之撻以記之　欽，敬也。鄰，近也。四鄰，即四近之臣。《尚書大傳》云：「古者，天子必有四鄰：前曰疑，後曰丞，左曰輔，右曰弼。」謂敬重四近大臣。庶，眾也。頑，愚也。讒，譖也。說，媚也（《國語・楚語》注）。讒說，謂讒媚之人。若，如也。在，察也。時，善也。侯，君也（〈釋詁〉）。明，察也。撻，孫詒讓《尚書駢枝》讀為誋，誡也。意謂：眾愚頑讒媚之人，若不善良，君當明察之，扑打以懲戒之。70書用識哉欲並生哉　識，誌也。謂據法律以誌其邪惡。欲，願也，願其改過自新，不使陷入法網，並生於世也。71工以納言時而颺之　工，官也。以，有也。納言，上書言事也。時，是也；善也。而，王引之謂則也。颺，揚也，即表揚，讚揚也。謂：各級官吏有上書言事者，善的，則表揚之。72格則承之庸之否則威之　格，蔡沈謂為「有恥且格」之格，改過也。承，孫星衍謂進也。庸，用也。否，不也。威，刑罰也。謂：能改過遷善的，就進用他，如不改過，就加之以刑罰。73光天之下至于海隅蒼生萬邦黎獻共惟帝臣惟帝時舉　光，廣也。隅，崖也。蒼生，猶〈堯典〉之黎民。黎，眾也。獻，賢也。共，皆也。惟，猶為，是也。下惟，猶維，語詞。時，是也。舉，起用也。74敷納以言明庶以功車服以庸　敷，普也。納，采取也（《國語・晉語》注）。庶，《左傳》僖公二十七年引書作試。庸，償也（參見〈堯典〉注108）。75帝不時敷同日奏罔功　時，是也。敷，《說文》云：「敱（即施字）也。」奏，進也。罔功，無績效。謂：帝若不如此行政，賢愚同日進用，那就無政績可言了。76無若丹朱傲惟慢遊是好　《史記・夏本紀》於本句上有「帝曰」二字，以文義審之，甚是。舜述丹朱之不善，所以彰禹之善。又《前漢書・劉向傳》，向上奏曰：「臣聞帝舜戒伯禹，毋若丹朱傲。」又《論衡》云：「帝戒禹曰：毋若丹朱傲。」傲，古本作奡，《說文》云：「奡，嫚也。〈虞書〉：若丹朱奡。」慢，《說文》云：「惰也。」謂：不要像丹朱一樣傲慢不恭，遊手好閒。77敖虐是作罔晝夜頟頟罔水行舟朋淫于家用殄厥世　敖，《偽孔傳》本作傲，《說文》云：「出游也。」虐，謔之叚，《說文》云：「戲也。」戲謔，即開玩笑。頟頟，或作額額，不息貌。罔水行舟，《偽孔傳》云：「丹朱習于無水陸地行舟。」非也。孫星衍謂丹朱非有治水之役，惟好慢遊。按：此與禹乘舟治水，作強烈之對比。朋，孫星衍讀為風，放也。《後漢書・樂成靖王傳》云：「風淫于家」。魯先生謂：朋為鳳之古文（見《說文・鳥部》），鳳風並從凡聲，於甲骨文中常通用，且風放同為非紐，故《廣雅》謂風，放也。用，因也。殄，絕也。世，嗣也。用殄厥世，因此絕了他的嗣（此絕嗣，可謂因縱樂而無子嗣，亦可謂因縱樂不能繼堯為帝）。(78)予創若時　〈夏本紀〉作：「予不能順是」，下接「禹曰」。若此，予則為舜。但就文義審之，「禹曰」應置本句之首，予，乃指禹。創，傷也。若時，如是。意謂：禹說：我傷心他如是，即我傷心他落得如此下場。縱如《史記》之意：我不能順他如此做，則亦當禹聽完舜述丹朱劣跡後感慨之言。(79)娶于塗山辛壬癸甲　塗山，山名。古因地而姓，故稱禹妻曰塗山氏（按：《列女傳》云：啟母者，塗山氏長女也）。辛壬癸甲，乃禹婚娶居家之日。《水經注・淮水注》引《呂氏春秋》云：「禹娶塗山氏女，自辛壬至甲四日後往治水，故江淮之俗，以辛壬癸甲為嫁娶之日。」《偽孔傳》據此而曰：「辛日娶妻，甲日後往治水。」(80)啟呱呱而泣予弗子惟荒度土功　呱呱，嬰兒啼聲。子，作動詞，愛養也。予弗子者，謂禹無法愛養其子，因工作忙而無法入門視之也。故《孟子》云：「禹八年於外，三過其門而不入。」荒，芒之叚借字。芒，即忙字，《說文》一書無忙字，故古書多叚借荒、芒為之。度，謀也。土功，平治水土之事。謂我忙於計劃治水的工作。(81)弼成五服至于五千　弼，輔也。五服，即〈禹貢〉所謂：近都五百里曰甸服，甸服外五百里曰侯服，侯服外五百里曰綏服，綏服外五百里曰要服，要服外五百里曰荒服之：甸、侯、綏、要、荒五服。至於五千，謂由近都二千五百里（每五百里為一服）推廣到五千里也。(82)州十有二師　《尚書大傳》云：「古之處師，八家而為鄰，三鄰而為朋，三朋而為里，五里而為邑，十邑而為都，十都而為師，州十有二師焉。」(83)外薄四海咸建五長　薄，至也。四海，四方極遠之地。五長，每五國立一長。謂九州之外，每五國立一國以為長。(84)各迪有功苗頑弗即工帝其念哉　各，指九州中的十二師，四海外之五長。迪，道也，即導也。謂十二師、五長各領導其諸侯，使有功績也。苗，指三苗族。頑，愚也。即，就也。工，善也。念，思也，即顧念。謂：三苗族愚頑不就善（不受領導），帝啊！你要多加顧念。(85)迪朕德時乃功惟敘　德，善行也。時，是也。乃，汝也。功，功績也。惟，有也。敘，與緒同義，就緒也，猶言成就。謂：引導我向善，是你的功績有明顯的成就啊！(86)皐陶方祇厥敘　方，為也。祇，敬也。厥，其也。敘，與緒同義，業也。(87)方施象刑惟明　象刑，謂以象徵性之刑罰，施於犯罪之人。據《尚書大傳》：上刑赭衣不純，中刑襍屨，下刑墨幪，以居州里，而民恥之，而反于禮。明，察也。(88)夔曰戛擊鳴球搏拊琴瑟以詠祖考來格　《史記》作：於是夔行樂，祖考至。孫星衍謂由夔曰至下文鳳皇來儀為虞史之言，故史公說曰為於是。曰，於是。戛，刮也。鳴球，鄭玄以為玉磬。搏拊，以手扣絃也。搏，重擊。拊，輕擊。詠，歌也。祖考，祖與父之靈。格，至也。(89)虞賓在位群后德讓　虞賓，謂丹朱。丹朱為堯之後，虞氏之賓。在位，言舜祭祖廟，丹朱來助祭在賓位也。《白虎通・王者不臣》篇云：「《尚書》曰：虞賓在位，不臣丹朱也」，丹朱時有助祭。群后，指眾諸侯。德讓，讓有德者居尊位也。(90)下管鼗鼓合止柷敔笙鏞以間　下，此謂堂下之樂。管，簫笙之屬。鼗，即《說文》之鞀，其或體作鞉、鼗。鄭玄謂：鞀如鼓而小，持其柄搖之，傍耳還自擊。合，謂合樂。止，謂止樂。柷敔，二樂器名。柷以節樂，敔以止樂。鏞，大鐘。間，雜夾也。(91)鳥獸蹌蹌　《史記》作鳥獸翔舞。(92)簫韶九成鳳凰來儀　簫韶，鄭玄謂：舜所制樂。樂一終謂之一成，九成，即簫樂九奏也。儀，匹也。(93)夔曰於予擊石拊石百獸率舞　見〈堯典〉注(163)。按：《史記》無前八字，是史公以為此乃〈堯典〉之錯簡。屈先生則以為以上十二字為〈皐陶謨〉之錯簡。(94)庶尹允諧　尹，官也。允，信也。諧，和也。謂百官聞樂聲也能和樂相處。(95)勑天之命惟時惟幾　勑乃敕之叚借字，《說文》云：誡也。《廣雅》謂謹也。維，思也。幾，微也。意即要把握時機。此二句非歌辭，乃自勵語。(96)股肱喜哉元首起哉百工熙哉　股肱，指輔弼大臣。喜，康樂也。元首，謂君。起，興也。百工，百官也。熙，〈釋詁〉云：興也。按：喜、起、熙為韻。(97)颺乃揚之叚借字。舉也。即高聲說道。(98)念哉率作興事慎乃憲欽哉屢省乃成欽哉　念，常思也。率，乃逵之叚借字，《說文》云：先導也。作興，建立也。謂相率為國建立事業。憲，法也。謂要謹守法度。欽哉，要敬其事啊。屢，數也。省，察也。成，成功也。謂常常反省自己才能有成就。(99)賡載　賡，續之古文。載，為也。(100)元首明哉股肱良哉庶事康哉　明，智也。良，善也。康，安也。意謂：元首如是明智的，那大臣必然賢良，凡事也會做得令人滿意。按：明、良、康為韻。101叢脞　叢，聚也；總也。脞，《說文》云：目小也。謂總管瑣碎小事。102墮　廢也。103往欽哉　去吧！要謹慎啊。

【語譯】考查古皐陶之言曰：「君主真能依道德行事，那謀略必是高明的，輔臣們相處亦必和諧。」禹說：「是的！究竟是怎樣說呢？」皐陶說：「是的！那就是修身要謹慎，一切要往長遠處想。依親疏次第敦厚九族，那民眾也就知所奮勉而輔佐政府了。由近處可以推及到遠方，道理就在於此。」禹拜謝他的明達之言說：「是的！」

皐陶說：「是的！為政的手段在知人，為政的目的在安民。」禹說：「啊！誠如是（真能做到知人、安民），就是堯舜亦覺艱難啊！識人才要有智慧，有智慧的人就能任用人才。能安定人民，人民就思念他的恩德，眾人也才會歸附他。能愛民，又有智慧，那還愁甚麼驩兜？又何必將苗族遷走？還怕甚麼趨承阿諛的諂佞小人呢？」

皐陶說：「是的！人的行為表現有九種美德，若說某人有德時，請說出他做過甚麼，有何表現。」禹說：「甚麼是九德呢？」皐陶說：「寬大而能敬謹，柔和而能自立，敬謹而能嚴肅，有治才還能謹慎從事，溫順而能勇敢，正直而能溫和，簡易而能守分際，剛強而能充實，彊勇而能好義；表彰有常德的人，予以祿位，那就完美了。政府（或領袖）天天能宣揚明示三德，早晚敬勉，則有采邑的大夫們，也必能如是。每天能敬謹地實行其中六德，去輔導政事，諸侯必能保有其國家。會合承受三德及六德之人，普遍地加以任用，九德具備的人，皆任之以職事。才德出眾者皆在位，眾官相互師法，那官員們就都可以達到最好的境界了。順應四時去施政，那各種事情都能有成就。不要使縱樂貪欲的人得勢（即不讓他們為諸侯）。必須要天天戒慎恐懼於所發生的萬事。不要空設官而不做事，凡符合天意的事功，人都可代行。上天所定的倫次有其一定的常理，隨時匡正我們五常之性，使人皆能厚於五常之性。上天所定的爵秩有一定的禮制，遵行五禮要有常信。同事們要能協調敬事，和善相處啊！天命有德之人在位，以五種不同文采的制服來現示他不同的爵位。老天整治有罪的人，用五種刑法去懲罰犯五刑的人。主事的官員們要勉力啊！勉力啊！上天的視聽，是依從我民的視聽（民之耳目，天之耳目也）。上天的賞罰，也是依從我民的意見（天之善惡觀與民同也）。是非善惡，天民相通，謹慎啊！在位的主政們啊！」

　　臯陶說：「我的話可以行得通嗎？」禹說：「是的，你所說的都可以行。」臯陶又說：「我沒有甚麼知識，只知每天助帝發揚德行。」

　　舜帝說：「來呀！禹，你也進獻幾句明達的話給我聽聽。」禹下拜說：「啊！天子，我能有甚麼話說呢？我只知天天努力不懈地工作。」臯陶說：「你何以會如此忙呢？」禹說：「大水齊天啊！廣大的洪水，包圍了山，也淹沒了整個大陸，人民有沈淪之苦。我乘用了四種交通工具，出外治水，走到山裏，就斫伐樹木，留下標記。又因洪水未平，穀物稀少，我跟益就給予人民魚鼈鳥獸等食物。我疏通了九川，使達於四海，同時疏導小水流，使流到河川。洪水退後，和稷播種穀物，給予人民難得的食物。糧食缺少時，有糧的地方運至無糧的地方，且變易他們的住處。使都能得到食物。百姓於是安定，天下國家也都太平了。」臯陶說：「是了，這就是你的美言。」

　　禹說：「啊！天子，你在位行政應以清靜為主。」帝說：「是的！」禹又說：「要安定你的容止，少發表文告，要思危謀安，任用有德的人。只要有所表現，百姓必會大大響應。要平心靜氣地接受上帝的命令，那樣老天就會重複地賜給你吉祥幸福。」

舜帝說：「是啊！輔弼大臣要親近人君，人君也當親近他的大臣。」禹說：「是的。」帝說：「你們要輔助我，為我推動一切行事，也要做我的耳目，為我視聽一切。我要輔導所有的百姓，禹，你來幫助我。我想致力於四方，你來助我。我想要把古人的象服顯示出來，將日、月、星辰、山、龍、雉的圖像，繪在上衣上。把虎形、水草、火、白米、白黑相間的花紋、黑青相間的花紋等六種形象繡在下裳上。用五種顏料，畫成五種色彩，作成衣服，你要仔細地看清楚啊！我想從音樂聲音中，察知政治治亂情形，以五聲作為出納五官之號令，你要仔細諦聽啊！聽他是否合理。我有違理悖法之事，你要匡弼（諫正）我，不要當面聽從，背後說閒話。我會敬重我的大臣的。眾愚頑讒佞之人，若有不是之處，你當明察之，扑打以懲戒之，據法律以記其邪惡。各級官吏有上書言事的，用意善的，就表揚他，能改過自新的，就進用他。如不改過自新，就加之以刑罰。」

禹說：「是的，天子！你的德光耀於全天下，到達海邊偏遠的地方，一般平民，萬邦眾賢，都是帝的臣子，惟帝是用。普遍採納各方進獻的意見，就其所言，以考其績效，如有可取，就賞他車服，升他的官。（朝廷惟才是用）誰敢不謙讓？誰敢不恭敬地響應朝廷之善政？天子如不惟才是用，而賢愚同日並進的話，那就無政績可言了。」（舜帝聽後說：）「不要像丹朱一樣，傲慢不恭，遊手好閒，整天只知開玩笑，不分晝夜地玩樂，無治水之功，惟好乘船慢遊。放縱地在家中行淫，因此絕了嗣。」（禹聽後感慨地說：）「我傷心他落得如此下場。我娶了塗山氏的女子，新婚生活只四天，就出外治水，我子啟呱呱地哭叫，我都無暇進去看看，真可說我沒有給他一點父愛。因為我忙於計劃治水的工作。我輔助天子建立了五服，由二千五百里推廣到五千里。一州有十二個師，九州之外，五國共立一國為長，使九州的十二師，及四海的五長，各引導其諸侯，使能建立事功。三苗族愚頑不就善，天子，你要多加顧念啊！」

舜帝說：「引導我向善，是你的功績有明顯的成就。皐陶為敬其業，正在施行象刑，要明察啊。」

夔於是敲打玉磬，挑搏琴瑟，唱起歌來，祖、父的神靈都降臨了。舜的客人丹朱也在陪祭的位上，諸侯來助祭的，也都能以德位相讓。堂下陳設簫笛之屬以及搖鼓等樂器，合樂先擊柷，止樂則擊敔，再夾雜笙、鐘的演奏，鳥獸都聞聲而翔舞。〈簫韶〉之樂九奏，鳳凰都來合樂鳴舞。夔說：「是啊！我敲打石磬，奏起樂來，百獸為樂所感，都循聲舞蹈起來。百官聞樂聲，也能和樂相處。」

舜帝用大家所說的意思，也作了首歌，他說：「要以天命自我謹誡，好好地把握時機啊！」於是歌道：「大臣喜樂啊！國君奮起啊！百官振作啊！」皐陶鞠躬叩首，高聲地說：「我們要常常思念天子的話啊！相率為國建立事業，謹守法度，敬其事啊！還要常常反省自己才能有成就啊！我們要敬其事啊！」於是跟著舜的歌聲也唱道：「元首如是明智啊！大臣必是賢良！那所有事也都會做得令人快樂滿意啊！」又唱道：「元首如果瑣碎小事都管啊！大臣必定懈怠偷懶，那一切事業也就荒廢了啊！」舜帝聽了拜謝道：「是的，不錯啊！你們去吧！要謹慎職事啊！」

禹貢

【題解】〈書序〉曰：「禹別九州，隨山濬川。任土作貢。」《廣雅‧釋詁》謂：「稅也」，〈釋言〉又謂：「獻也」。是田賦與進獻方物，皆可曰貢。本篇乃兼田賦與進獻方物而言。

至於本篇著成時代，由於地下物之發現，當早於春秋之前：

一、篇中不言四岳、五岳、言六府不言五行，是鄒衍大九州之說，必當於本篇傳世之後。是本篇必早於戰國之世也。

二、《左傳》哀公九年，言吳「城邗溝，通江淮」。而本篇揚州貢道云：「沿于江海，達于淮泗。」是本篇著成時，尚無邗溝。是本篇最晚亦成於春秋時也。

三、本篇言梁州貢鐵、鏤。前人常以我國在西周以前無鐵器之應用，而懷疑本篇著成之時代不會早於西周。然今由濬縣出土之兩件殷代鐵刃銅鉞證之，是殷商已有鐵，遑論西周乎？（按：該兩件鐵刃銅鉞，現藏在美國。一九五四年日人梅原末治曾加以研究，撰成〈關于中國出土的一群銅利器〉一文，刊載於「日本京都大學人文科學研究所創立二十五周年紀念論文集」。梅氏認為這兩件殷代鐵刃銅鉞的發現，是「劃時代的事實」。余曾親見該兩器彩色照片。）是本篇之成當在春秋之前矣。

禹敷土，隨山刊木，奠高山大川❶。

冀州❷：既載壺口，治梁及岐❸。既修太原，至于岳陽❹。覃懷厎績，至於衡漳❺。厥土惟白壤❻，厥賦惟上上錯，厥田惟中中❼。恆衛既從，大陸既作❽。島夷皮服❾。夾右碣石入于河❿。

濟河惟兗州⓫：九河既道，雷夏既澤，灉、沮會同⓬。桑土既蠶，是降丘宅土⓭。厥土黑墳，厥草惟繇，厥木惟條⓮。厥田惟中下，厥賦貞⓯。作十有三載，乃同⓰。厥貢漆絲，厥篚織文⓱。浮于濟漯，達於河⓲。

海岱惟青州⓳：嵎夷既略，濰淄其道⓴。厥土白墳；海濱廣斥㉑。厥田惟上下，厥賦中上㉒。厥貢鹽、絺，海物惟錯㉓。岱畎絲、枲、鉛、松、怪石㉔。萊夷作牧㉕。厥篚檿絲㉖。浮于汶㉗，達于濟。

海岱及淮惟徐州㉘：淮、沂其乂，蒙、羽其藝㉙；大野既豬，東原厎平㉚。厥土赤埴墳，草木漸包㉛。厥田惟上中，厥賦中中㉜。厥貢惟土五色，羽畎夏翟㉝，嶧陽孤桐，泗濱浮磬㉞，淮夷蠙珠暨魚，厥篚玄纖縞[35]。浮于淮、泗，達于河[36]。

淮海惟揚州[37]：彭蠡既豬，陽鳥攸居[38]。三江既入，震澤厎定[39]。篠簜既敷，厥草惟夭，厥木惟喬[40]。厥土惟塗泥，厥田惟下下，厥賦下上，上錯[41]。厥貢惟金三品，瑤、琨、篠簜，齒、革、羽、毛惟木[42]。島夷卉服[43]。厥篚織貝，厥包橘、柚，錫貢[44]。沿于江海，達于淮泗。

荊及衡陽惟荊州[45]：江漢朝宗于海，九江孔殷[46]，沱潛既道，雲土夢作乂[47]。厥土惟塗泥，厥田惟下中，厥賦上下[48]。厥貢羽、毛、齒、革、惟金三品，杶、榦、栝、柏、礪、砥、砮、丹[49]，惟箘、簵、楛，三邦厎貢厥名[50]。包匭菁茅；厥篚玄、纁、璣組；九江納錫大龜[51]。浮于江沱潛漢，逾于洛，至於南河[52]。

荊河惟豫州[53]：伊、洛、瀍、澗，既入于河，滎波既豬[54]。導菏澤，被孟豬[55]。厥土惟壤，下土墳壚[56]。厥田惟中上，厥賦錯上中[57]。厥貢漆、枲、絺、紵[58]，厥篚纖纊，錫貢磬錯[59]。浮于洛，達于河。

華陽黑水惟梁州[60]：岷、嶓既藝，沱、潛既道[61]，蔡蒙旅平，和夷底績[62]。厥土青黎，厥田惟下上，厥賦下中三錯[63]。厥貢璆、鐵、銀、鏤、砮、磬、熊、羆、狐、狸、織皮[64]。西傾因桓是來，浮于潛，逾于沔，入于渭，亂于河[65]。

黑水西河惟雍州[66]：弱水既西，涇屬渭汭[67]，漆、沮既從，灃水攸同[68]。荊、岐既旅，終南惇物，至于鳥鼠[69]。原隰底績，至于豬野[70]，三危既宅，三苗丕敘[71]。厥土惟黃壤，厥田惟上上，厥賦中下[72]。厥貢惟球、琳，琅玕[73]。浮于積石，至于龍門西河[74]，會于渭汭。織皮：崑崙、析支、渠搜，西戎即敘[75]。

導岍及岐，至于荊山，逾于河[76]。壺口、雷首，至于太岳[77]。底柱、析城，至于王屋[78]。太行、恆山，至于碣石[79]，入于海。西傾、朱圉、鳥鼠，至于太華[80]。熊耳、外方、桐柏，至于陪尾[81]。導嶓冢，至于荊山[82]。內方，至于大別[83]。岷山之陽，至于衡山，過九江，至于敷淺原[84]。

導弱水，至于合黎，餘波入于流沙[85]。導黑水，至于三危，入于南海[86]。導河積石，至于龍門，南至于華陰[87]，東至于底柱，又東至于孟津[88]，東過洛汭，至于大伾[89]，北過降水[90]，至于大陸[91]，又北播為九河，同為逆河[92]，入于海。嶓冢導漾，東流為漢，又東為滄浪之水，過三澨[93]，至于大別，南入于江；東匯澤為彭蠡，東為北江[94]，入于海。岷山導江，東別為沱，又東至于澧，過九江，至于東陵，東迆北會于匯，東為中江[95]，入于海。導沇水，東流為濟，入于河，溢為滎，東出于陶丘北，又東至于菏，又東北會于汶[96]，又北東入于海。導淮自桐柏[97]，東會于泗、沂，東入于海。導渭自鳥鼠同穴[98]，東會于灃，又東會于涇，又東過漆沮，入于河。導洛自熊耳，東北會于澗、瀍，東會于伊，又東北入于河。

九州攸同，四隩既宅[99]。九山刊旅[100]，九川滌源[101]，九澤既陂[102]，四海會同[103]。六府孔修[104]，庶土交正，厎慎財賦[105]；咸則三壤成賦[106]。中邦錫土姓，祗台德先；不距朕行[107]。

五百里甸服：百里賦納總，二百里納銍，三百里納秸服，四百里粟，五百里米108。五百里侯服：百里采，二百里男邦，三百里諸侯109。五百里綏服：三百里揆文教，二百里奮武衛110。五百里要服：三百里夷，二百里蔡111。五百里荒服：三百里蠻，二百里流112。

東漸于海，西被于流沙113；朔南暨聲教，訖于四海114。禹錫玄圭，告厥成功115。

【注釋】❶禹敷土隨山刊木奠高山大川　敷，孫星衍謂治也。土，指水土。刊，《說文》引作栞，云：栞，槎識也，〈夏書〉曰：隨山栞木。篆文作栞。隨山刊木，鄭康成曰：必隨州中之山而登之，除木為道，以望觀所當治者，則規其形而度其功焉。奠，定也。劉逢祿云：禹平水土，主名山川。蓋謂導其脈絡，正其主名也。❷冀州　九州之文，皆先舉州界（除冀州外，以下皆如是也），次山原川澤夷服，次土性草木，次田賦，次土貢，次貢道。冀州直舉州名，不言界者，宋晁以道云：所以尊京師，示王者無外之意。按：古惟九州，至舜攝位，命禹平水土，以冀青地廣，分冀東恆山之地為并州，又東北醫無閭之地為幽州。又分青州東北遼東之地為營州。然則禹貢冀州、青州，當以遼河為界。以西為冀州，以東而南為青州地。冀州當東據遼，西南距河。若書之，當云「遼河惟冀州也」。至九州之次，《正義》云：以治為先後：水性下流，當從下泄，故治水皆從下始。冀州帝都，故從冀起。而東南次兗，而東南次青，而南次徐，而南次揚，從揚而西次荊，從荊而北次豫，從豫而西次梁，從梁而北次雍。雍地最高，故在後也。青徐揚三州並為東偏。雍高於豫，豫高於青徐，雍豫之水從青徐入海也。梁高於荊，荊高於揚，梁荊之水從揚入海也。兗州在冀州東南，冀兗二州之水各自東北入海也。冀水不經兗州，以冀是帝都，河為大患，故先從冀起，而次治兗。若使冀州之水東流入兗州，水無出處，治之無益，雖是帝都不得先也（本曾運乾說）。❸既載壺口治梁及岐　載，《詩傳》云：始也。太史公謂：禹行自冀州始，正得其旨。壺口，山名；在今山西吉縣西南七十里處。梁，山名；楊守敬謂即成公五年《公羊傳》所稱之梁山，在今陝西韓城北，與山西河津之間。岐，山名；即狐岐山；在今山西介休境。❹既修太原至于岳陽　修，治也。太原，地名，即大原；當在山西滎河、聞喜之間（參王國維〈鬼方昆夷玁狁考〉說）。岳，即大岳山，亦即霍山；在今山西霍縣東南。陽，山南曰陽。❺覃懷厎績至於衡漳　覃懷，地名，在今河南武涉西。厎，致也。績，謂功績。衡，與橫通。鄭玄云：「衡漳者，漳水橫流入河。」今河北阜城，為故漳水入黃河處。❻白壤　壤，《說文》云：「柔也。」白壤，乃指土性言。馬融謂天性和美也。❼厥賦惟上上錯厥田惟中中　厥，《史記》皆作其。賦，《廣雅・釋詁》謂：稅也。上上，九等中第一等。錯，雜也；謂雜出第二等之稅。田，指田地之高下肥瘠。中中，第五等。蔡沈謂：九州九等賦稅，皆每州歲入總數，以多寡而為九等，非以是等田，而責其是等賦也。又謂：冀州，天子封內之地，不須貢篚，故獨不言貢。❽恆衛既從大陸既作　恆，水名；源出恆山，即今滱水。衛，水名；出今河北靈壽，即職方之虖池。從，順也。既從，謂從河入海也。大陸，澤名，在今河北平鄉。作，謂耕作。❾島夷皮服　島夷，《史記》、《漢書》，及馬融、鄭玄俱作鳥夷。鄭云：「鳥夷，東北之民，賦（搏）食鳥獸者。」皮服，蔡沈謂之海島之夷，以皮服來貢也。❿夾右碣石入于河　碣石，山名。眾說紛紜，屈先生以為：當在今河北昌黎境者。蔡沈謂：「冀州北方貢賦以來，自北海入河（按：古黃河在今天津東入海），南向西轉，而碣石在其右，轉屈之間，故曰夾右也。」⓫濟河惟兗州　濟，水名；本作泲。河，即黃河。惟，是也。兗，《史記》作沇。此言兗州之域，在泲、河二水之間；〈釋地〉云：「濟河之間曰沇州。」是也。⓬九河既道雷夏既澤灉沮會同　九河，馬融、鄭玄均謂為：徒駭、太史、馬頰、覆釜、胡蘇、簡、潔、鉤盤、鬲津。道，

《經義述聞》謂：通也。雷夏，澤名，即雷澤；在今山東濮縣東南。既澤，既已成澤也。灉、沮，二水名，會流入雷澤。會同，猶會合。⑬桑土既蠶是降丘宅土　桑土既蠶，鄭康成曰：其地尤宜蠶桑，因以名之，今濮水之上，地有桑間者。是降丘宅土，太史公謂：於是民得下丘居土。（按：土，即平地。）鄭康成謂：此州寡於山而夾川，兩大流之間，遭洪水，其民尤困，水害既除，於是下丘居土，以其免於厄，尤喜，故紀之。⑭厥土黑墳厥草惟繇厥木惟條　墳，肥也。繇，茂也。條，《說文》云：「小枝也。」⑮厥田惟中下厥賦貞　中下，第六等。貞，當也。（按：貞無當義。蓋貞與鼎，古文形近，鼎當雙聲，故曰當也。詳拙著《尚書新證》）禹治九州之水，兗州最後畢功，於次為第九；此謂賦亦第九等，與州之次相當。（參《偽孔傳》）⑯作十有三載乃同　十有三載，馬融謂：十三年而兗州平。同，言同與他州（因兗州下濕，故費時特多）。⑰厥篚織文　篚，筐屬。古者幣帛之屬，盛以筐篚而貢。織文，錦綺等絲織品。⑱浮于濟漯達於河　浮，謂舟行水上。濟，當作泲。漯，一作濕，水名。以黃河為源，出於河南濬縣，東北流至山東高苑入海。達於河，意謂可由黃河以至冀州（本屈先生說）。⑲海岱惟青州　鄭康成謂：東自海，西至岱。岱，即泰山。言青州之域東至海，西至泰山也。⑳嵎夷既略濰淄其道　嵎夷，地名，詳見〈堯典〉注。略，孫星衍謂：治也。濰，水名；〈地理志〉謂濰水出琅邪箕屋山，即源今山東莒縣，由昌邑入海。淄，水名；〈地理志〉謂源出泰山萊蕪縣原山東北，由今壽光縣入海。道，通也。㉑厥土白墳海濱廣斥　白墳，猶白壤，謂土地肥沃也。斥，鄭康成謂：地鹹鹵；謂鹹土可煮鹽者。㉒厥田惟上下厥賦中上　謂：田第三等，賦第四等。㉓厥貢鹽絺海物惟錯　絺，細葛布。海物，謂海產。錯，雜也，言非一種也。㉔岱畎絲枲鉛松怪石　畎，谷也。枲，麻也。㉕萊夷作牧　萊夷，東夷之一；在今山東黃縣境。作，則也。牧，放牧畜牲也。㉖檿絲　檿，山桑。檿絲，食山桑之蠶之絲。㉗汶　水名；源出今山東萊蕪，西南流，古入濟，今入運河。㉘海岱及淮惟徐州　謂徐州之域，東至海，北至岱，南至淮。㉙淮沂其乂蒙羽其藝　淮，水名；源出今河南桐柏桐柏山。沂，水名，俗名大沂河；源出今山東蒙陰，南流至今江蘇邳縣入泗（按：泗水此段，今為運河）。乂，治也。蒙，山名；在今山東費縣。羽，山名；在今山東郯城。藝，《廣雅》

謂：治也。㉚大野既豬東原厎平　大野，澤名，即鉅野澤；在今山東鉅野境。豬，與瀦同義，水所停聚也。東原，地在汶濟之間，跨有今山東東平及泰安二縣之地。厎，致也。平，定也。㉛厥土赤埴墳草木漸包　埴，徐廣謂：黏土也。墳，肥也。漸包，相包裹而同長也（互見《說文》及《文選・蜀都賦》注）。㉜厥田惟上中厥賦中中　謂：田第二，賦第五也。㉝厥貢惟土五色羽畎夏翟　土五色，王肅謂：王者取五色土為大社，封四方諸侯，各制其方色，王者覆四方。羽畎夏翟，鄭玄謂：羽山之谷，貢夏翟之羽。按：夏翟，雉科，其羽五色。㉞嶧陽孤桐泗濱浮磬　嶧，山名，在今山東嶧縣。陽，山南曰陽。孤桐，特生之桐。按：桐，可為琴瑟。泗，水名；源出今山東泗水，本由今江蘇清河入淮，後下流為運河所奪。浮磬，曾運乾謂：《傳》云：泗水厓，水中見石可以為磬。㉟淮夷蠙珠暨魚厥篚玄纖縞　淮夷，鄭康成謂：淮水之上夷民。蠙，可生珠之蚌。蠙珠，謂蠙蚌所生之珠。玄，謂黑繒。縞，謂白繒。纖，細也。㊱河　《漢書・地理志》及《說文》皆作菏；菏，水名。按：淮泗皆不通於河，而泗通於菏，菏通於濟，濟復通於河。故此河字應作菏（參見金履祥、閻若璩說）。㊲淮海惟揚州　謂揚州地域，北至淮，東南至海。㊳彭蠡既豬陽鳥攸居　彭蠡，澤名；即今鄱陽湖。陽鳥，鄭玄謂：鴻雁之屬。攸，所也。㊴三江既入震澤厎定　三江，《漢書・地理志》謂：北江在毗陵（今江陰）北，東入海。南江在吳（今吳縣）南，東入海。東江出今蕪湖西南，東至陽羨（今宜興）入海。曾運乾則謂：江會漢為北江，會彭蠡為南江，會匯為中江。尚有他說，似以曾說較佳。既入者，謂入於海也。震澤，即太湖。厎，致也。㊵篠簜既敷厥草惟夭厥木惟喬　篠，《說文》云：「小竹也。」簜，《說文》云：「大竹也。」敷，布也；謂遍地都是。夭，〈大學〉鄭《注》：美盛皃。喬，高也。㊶厥土惟塗泥厥田惟下下厥賦下上上錯　塗泥，馬融謂：斷洳也，即卑濕之地。下下，謂田第九等。下上、上錯，謂賦第七等而雜出第六等。㊷厥貢惟金三品瑤琨篠簜齒革羽毛惟木　金三品，鄭玄以為銅三色，孫星衍以為青白赤三色。王肅則謂：金銀銅也。瑤，《說文》云：「玉之美者。」琨，《說文》云：「石之美者。」篠簜，大小竹子（參前注）。齒，謂象牙。革，獸皮。羽，謂鳥羽。毛，當作旄，謂旄牛尾。惟，猶與也。木，謂木材。按：《史記・夏本紀》、《漢書・地理志》均無「惟木」二字，江聲以為衍文。恐非是。㊸島夷卉服　謂東南海島之夷人。卉服，即草服。㊹厥篚織貝厥包橘柚錫貢　織貝，鄭康成謂：錦名。包，謂包裹。橘柚，小曰橘，大曰柚。錫貢同義複語。㊺荊及衡陽惟荊州　荊，山名；在今湖北南漳。衡陽，衡山之南。言荊州之地，北至荊山，南到衡山之南，約當今湖北、湖南、貴州、廣西諸省地。㊻江漢朝宗于海九江孔殷　江漢，二水名。朝宗，諸侯春見天子曰朝，夏見曰宗。此乃喻水之以小就大也。蓋江漢皆匯流入海也。九江，蔡沈謂即：沅、漸、元、辰、敘、酉、澧、資、湘九水（皆入洞庭湖）。孔，甚也。殷，多也。孔殷，猶言特多也。㊼沱潛既道雲土夢作乂　沱，水名；在今湖北枝江入江。潛，《史記》作涔，水名；《尚書便讀》疑其在今湖北潛江地。雲土夢，或作雲夢土。宋太宗據古本改為雲土夢（見《夢溪筆談》）。即雲夢，二澤名。王鳴盛謂：跨江南北；雲在江北，夢在江南。作乂，言可耕治也。㊽厥田惟下中厥賦上下　謂田第八，賦第三也。㊾杶榦栝柏礪砥砮丹　杶，木名，可作車轅。榦，柘木。栝，即檜木；俗稱白皮松。礪，粗磨石。砥，細磨石。砮，石名；可為矢鏃。丹，紅顏料。㊿惟箘簵楛三邦厎貢厥名　箘、簵，皆美竹名。楛，木名；可為矢榦。三邦，謂近澤之三小國。厎，致也。貢厥名，《尚書便讀》謂：貢其有名之善材。(51)包匭菁茅厥篚玄纁璣組九江納錫大龜　包，謂包裹而致者。匭，《說文》古文作机，《爾雅・釋木》謂：机、檕梅；郭璞注謂：机樹狀似梅，子如指頭，赤色似小柰，可食；《異物志》云：楊梅，一名机，子如彈丸正赤，五月中熟，味甘酸，是也。菁茅，鄭玄謂：茅之有毛刺者；宗廟祭祀時，用以濾酒。玄，或作元，黑而有赤色。纁，《說文》云：「淺絳色。」璣，珠類。組，綬屬。璣組，江聲《尚書集注音疏》以為乃細絲繩貫小珠成串者。納，入也。大龜，用以貞卜也。(52)浮于江沱潛漢逾于洛至於南河　江沱潛漢，皆不通雒，故言逾。蔡沈謂：舍舟而陸以達于雒，故自雒而至于南河也。按：洛，應作雒。雒水出今陝西雒南，流經雒陽，至今鞏縣入河。洛乃另一水，在渭北。後世多誤以雒為洛，非也。南河，黃河自潼關以東，東流之一段，古謂之南河。(53)荊河惟豫州　言豫州之地，南至荊山，北達黃河，當今河南全省及湖北北部。(54)伊洛瀍澗既入于河滎波既豬　伊，水名；源出今河南盧氏，至雒陽入雒。洛，應作雒；下文同。瀍，音蟬，水名；源出今河南孟津，至偃師入雒。

澗，水名；源出今河南澠池，至雒陽入雒。按：伊、雒、瀍、澗，源異流同，必別言之者，密邇河津，施功特多也。河，謂黃河。滎波，鄭康成曰：沇水溢出河為澤也。今塞為平地，滎陽民猶謂其地為滎播，在其縣東，故蹟在今河南滎澤。豬，與瀦同義，水所停聚也。55導菏澤被孟豬　菏，澤名；已湮，故蹟在今山東定陶。被，及也。孟豬，即孟諸，澤名；在今河南商丘。56厥土惟壤下土墳壚　壤，柔也。謂土性柔軟。墳，肥也。壚，《說文》云：「黑剛土也。」57厥田惟中上厥賦錯上中　謂田第四，賦第二，又雜出第一等也。58紵　麻屬。59厥篚纖纊錫貢磬錯　纖，乃細綿。纊，絮之細者。錫貢，聯語，猶納錫。磬錯，《詩毛傳》云：錯，石也；可以治玉。此乃謂可磨磬之石。60華陽黑水惟梁州　華陽，即華山之南。黑水，即金沙江。《禹貢錐指》謂：梁州之黑水，漢時名瀘水，唐以後名金沙江。此言梁州地域，北至華山之南，西南至金河沙。61岷嶓既藝沱潛既道　岷，岷山，即汶山；在今四川松潘。嶓，即嶓冢山，在今陝西寧羌。藝，《廣雅》謂治也。沱，岷江之支流，在今四川灌縣分支，至瀘縣入江。潛，即嘉陵江之北源，在今四川廣元。此沱、潛二水，與荊州之沱潛，同名異實。62蔡蒙旅平和夷厎績　蔡，山名，未詳所在。蒙，即蒙山；在今西康雅安。旅平，言開導平坦也（參《經義述聞》）。和夷，鄭康成曰：「和上夷所居之地也。和，讀曰桓。」屈先生以為：桓水，殆即今之大渡河，大渡河源出大雪山，上流名大金川，由四川樂山入岷江。績，功也。63厥土青黎厥田惟下上厥賦下中三錯　黎，〈釋名〉云：土青曰黎。《史記》黎作驪，《詩傳》云：純黑曰驪。此謂土壤青而發黑。田第七等，賦第八等。三錯，謂雜出第七及第九等也。64厥貢璆鐵銀鏤砮磬熊羆狐貍織皮　璆，馬融作鏐；《爾雅・釋器》謂：金之美者。鏤，《說文》云：「剛鐵也，可以刻鏤。〈夏書〉曰：梁州貢鏤。」砮、磬，見前。羆，似熊而大。貍，似狐。織皮，地毯之屬。65西傾因桓是來浮于潛逾于沔入于渭亂于河　西傾，山名；當即今青海魯察布拉山。桓，水名；見前注。沔，即漢水上流。潛不通沔，故言逾。渭，水名，詳下文雍州。沔亦不通渭，故言入。亂，《爾雅・釋水》謂：正絕流也。此謂渭水橫衝入黃河也。66黑水西河惟雍州　黑水，程旨雲先生謂即今甘肅之黨河。西河，乃指今山西、陝西間黃河南北流之一段。此謂雍州地域，東至山、陝西河，西北至黑水。67弱水

既西涇屬渭汭　弱水，即今甘肅張掖河；番名額濟納河。既西，言已導之西流也。鄭謂：「眾水皆東，此獨西流。」故禹導之西流也。涇，水名；源出今甘肅化平，至陝西高陵入渭。屬，馬融曰：「入也。」渭，水名；源出甘肅渭源鳥鼠山，至陝西潼關入黃河。汭，河流曲處之內側；此謂渭水北岸。(68)漆沮既從灃水攸同　漆、沮，二水名。漆水出今陝西同官東北大神山，西南流至耀縣，與沮水合。沮水出耀縣北，東南流合漆水，曰漆沮水，至朝邑入渭。從，順也。灃水，即豐水；源出今陝西寧陝東北秦嶺，至咸陽入渭。攸，語詞。同，會合也。(69)荊岐既旅終南惇物至于鳥鼠　荊，山名。在今陝西富平。岐，山名；在今陝西岐山。旅，道也。終南，山名；橫亙陝西南部，主峰在長安南。惇物，山名；在今陝西武功南。鳥鼠，山名；在今甘肅渭源。(70)原隰厎績至于豬野　原，謂高原。隰，指低窪處。豬野，《尚書覈詁》謂係荒蕪之地。(71)三危既宅三苗丕敘　三危，山名（參〈堯典〉注）。宅，居也；言已有人居住也。三苗，見〈堯典〉注。丕，大也；《史記》正作大。敘，安定也。(72)厥田惟上上厥賦中下　謂田第一，賦第六等。(73)厥貢惟球琳琅玕　鄭玄謂：「球，美玉也。琳，美石也。琅玕，珠也。」(74)浮于積石至于龍門西河　積石，即大積石山，今名大雪山；在青海南境。龍門，山名；凡四：此龍門山在山西河津及陝西韓城間。龍門西河，謂龍門山間之西河。(75)崑崙析支渠搜西戎即敘　崑崙，國名；在今甘肅西寧。析支，國名；在今青海北部至甘肅貴德界。渠搜，國名；即《漢書‧地理志》之渠搜縣；在今陝西懷遠北，蒙古額爾多斯右翼後旗。三者，皆西戎州之國；此言三國貢織皮也。即敘，就緒也；猶安定。(76)導岍及岐至于荊山逾于河　岍，山名；即今陝西隴縣吳嶽山。岐，謂雍之岐山。荊，謂雍州之荊山。河，黃河。(77)壺口雷首至于太岳　壺口，山名，〈漢志〉在河東北屈縣東南，在今山西吉縣西南。雷首，〈漢志〉在河東蒲坂縣南，在今山西永濟東南。太岳，〈漢志〉在河東彘縣東，今山西霍縣東南。(78)厎柱析城至于王屋　厎柱，山名；曾運乾謂在山西平陸東。屈先生謂在今河南陝縣東北黃河中流。析城，山名；〈漢志〉在河東濩澤縣西南，今山西陽城西。王屋，山名；〈漢志〉在河東垣縣東北，今山西垣曲東北。(79)太行恆山至于碣石　太行，山名；緜亙於沁水、漳水之間，迆邐而東北，主峰在山西晉城境。恆山，在今河北曲陽西北，山西渾源東南。

碣石，當在今河北昌黎境（參前冀州注）。80西傾朱圉鳥鼠至于太華　西傾，山名；即今青海魯察布拉山。朱圉，山名；在今甘肅伏羌。太華，即華山；在今陝西華陰。81熊耳外方桐柏至于陪尾　熊耳，山名；在今河南盧氏。外方，即嵩山；在今河南登封。桐柏，山名；在今河南桐柏。陪尾，山名；在今山東泗水。82導嶓冢至于荊山　嶓冢，山名；在今陝西寧羌。荊山，即荊州之荊山。83內方至于大別　內方，山名；今名章山，在今湖北鐘祥。大別，山名；一名魯山，在今湖北漢陽東北。84岷山之陽至于衡山過九江至于敷淺原　岷山，即汶山，在今四川松潘。衡山，在今湖南衡山。九江，即荊州「九江孔殷」之九江。過，曾運乾謂：「山脈絕水，過其源曰過，如衡山過九江是也。絕其流曰逾，如荊山逾于河是也。又山言過與水異，水言過者，過其流也；山言過者，過其源也。」敷淺原，山名；朱熹、胡渭等以為即今廬山。85導弱水至于合黎餘波入于流沙　弱水，即今甘肅張掖河。合黎，山名；在今甘肅張掖。流沙，即沙漠；此謂甘肅鼎新以東之沙漠，在今寧夏省。86導黑水至于三危入于南海　黑水，謂雍州之黑水。南海，程旨雲先生謂：即今之羅布泊。按：羅布泊即〈漢志〉之蒲昌海，一名臨海，又名牢蘭海。87華陰　謂華山之北。88孟津　黃河渡口之一；在今河南孟縣。89大伾　山名，在今河南濬縣。90降水　即漳水，在今河北曲周、肥鄉二縣之間。91大陸　澤名，在今河北平鄉。92又北播為九河同為逆河　播，散也。北播，向北分散也。九河，見兗州注。同為逆河，鄭玄曰：「同，合也。下尾合，名曰逆河；言相逆受也。」此言九河復合為一而入於海。93嶓冢導漾東流為漢又東為滄浪之水過三澨　漾，水名；源出今陝西寧羌，東南流為沔，至漢中以東為漢。滄浪之水，乃漢水之一段，在今湖北均縣。三澨，鄭玄謂水名，在江夏竟陵界。《史記索隱》謂竟陵有三參水，俗名三澨水。94北江　謂揚州三江中之北江。95東別為沱又東至于澧過九江至于東陵東迆北會于匯東為中江　東別為沱，言江之東別有一水曰沱。蓋岷江自四川灌縣分枝，東南流至瀘縣入江為沱。澧，水名；源出今湖南桑植，流入洞庭湖。九江，見前文注。東陵，地名；蔡沈謂在巴陵縣，即今湖南岳陽。迆，同迤，《說文》云：「衺（斜）行也。」匯，曾運乾謂：「為淮之叚借字。兩大水相合曰會。江淮勢均力敵，故云會。古江淮本通，孟子言禹決汝漢排淮泗而注之江，是也。」屈先生謂為彭蠡澤。今姑從曾說。中江，謂揚州三江中之東江。[96]導沇水東流為濟入于河溢為滎東出于陶丘北又東至于菏又東北會于汶　沇，水名；為濟（泲）水之上流，源出今山西垣曲王屋山下，東南流，至今河南武陟入河。滎，即滎澤。參注[54]。陶丘，丘名；在今山東定陶。菏，水名，已湮。故蹟由菏澤東南流，至今山東魚台入泗。汶，水名（參見前注[27]）。[97]導淮自桐柏　淮，水名；源出今河南桐柏桐柏山。[98]鳥鼠同穴　乃山名（見前注）。[99]九州攸同四隩既宅　同，孫星衍引〈禮運〉注謂：和也、平也。隩，《史記》作奧，一作墺，《說文》云：「四方土可居也。」宅，居也。[100]九山刊旅　九山，即九個系統的山：岍、壺口、厎柱、太行、西傾、熊耳、嶓冢、內方、岷山。刊，當作栞（參前注）。旅，道也，通也。[101]九川滌源　九川，即九個系統之水：弱水、黑水、河、漾、江、沇、淮、渭、洛（雒）。滌，條達、暢達也（參《尚書今古文注疏》）。[102]九澤既陂　九澤，即：大陸、雷夏、大野、彭蠡、震澤、雲夢、滎波、菏澤、孟豬。陂，《說文》云：「阪也。阪，坂者曰阪，一曰澤障也。」即為隄岸以障水也。[103]四海會同　會、同，皆諸侯朝天子之名。此謂天下歸心也。[104]六府孔修　六府，《左傳》文公七年傳云：水、火、金、木、土、穀謂之六府。孔，《史記》作甚。修，《淮南子》注云：治也。謂六種有關民生物質都治理得很好。[105]庶土交正厎慎財賦　庶，眾也。交，俱也。正，謂美惡之等第得其正。厎，致也。財賦，指稅收。[106]咸則三壤成賦　則，〈釋詁〉謂：法也。三壤，鄭康成曰：上中下各三等也。即皆依土地等則依法賦稅。[107]中邦錫土姓祗台德先不距朕行　鄭康成曰：「中即九州也，天子建其國，諸侯祚之土，賜之姓，命之氏，其敬悅天子之德既先，又不距違我天子政教所行。」按：中邦錫土姓，則蠻夷戎狄不在胙土命氏之列可知矣。祗台德先，應曰先祗台德。台，以也。祗，敬也。距，抵拒不順也。[108]五百里甸服百里賦納總二百里納銍三百里納秸服四百里粟五百里米　五百里，謂環王城之外四方各距王城五百里也。百里，謂環王城百里以內。總，《偽孔傳》云：「禾稿曰總。」此言賦入穀物連同稿秸一起也。二百里，謂環王城百里之外，二百里之內也。以下三百里、四百里、五百里同此例。銍，刈也；謂割下之禾穗。秸，謂去其稿與芒之穀。陳奐謂：帶稃者，謂之秸服。粟，未去殼之穀實。米，去殼者。按：此乃依路程遠近而有別也。路遠者，供輸不便，故止供米即可。(109)五百里侯服百里采二百里男邦三百里諸侯　五百里，謂環甸服之外，四方各五百里也；以下類推。蔡沈謂：采，卿大夫邑地；男邦，男爵小國也；諸侯，諸侯之爵大國、次國也。此言三百里，與前文異例。朱熹以為自三至五，為百里者三。(110)五百里綏服三百里揆文教二百里奮武衛　五百里，謂侯服之外五百里也。綏，〈釋詁〉謂：安也，謂安服王者政教。三百里，謂近侯服三百里之內。揆文教，謂揆度王者文教而行。奮武衛，謂振興武備，保衛國家也。(111)五百里要服三百里夷二百里蔡　要服，江聲謂：要結好信而服從之。夷，謂夷人所居之地。蔡，放也；謂流放罪人所居之地。(112)五百里荒服三百里蠻二百里流　蠻，謂蠻荒之地。流，曾運乾謂：流行，無城郭常居。蔡沈謂：「流，流放罪人之地。蔡與流，皆所以處罪人；而罪有輕重，故地有遠近之別也。」今採曾說。(113)東漸于海西被于流沙　漸，入也。被，及也。謂：自葱嶺以東流沙之地皆禹功德所覆也。(114)朔南暨聲教訖于四海　朔，指北方。南，謂南方。暨，江聲云：日頗見也。言日所照臨之處，皆聲教之所及。聲，謂政令。教，謂教化。訖，至也。四海，指天下。(115)禹錫玄圭告厥成功　錫，猶「錫貢」、「納錫」之錫，獻也。玄，黑色。告，報告也。

【語　譯】夏禹治理水土，隨處登山，除木為道，觀察形勢，奠定了高山大河。

冀州：治理工作從壺口山開始，接著治理梁山和岐山。太原一帶治理好，又延伸到岳山的南面。覃懷地帶經施工後已收了績效，便來到橫流的漳水。冀州的土壤色白而柔細，所納田稅是第一等雜著第二等，田地是第五等。恆水衛水已順流而下，大陸澤一帶也就可以耕作了。海島夷人都以皮服來貢，運輸貢物的船隻從海上來，夾著右邊的碣石山進入到黃河。

濟水和黃河間一帶是兗州：黃河下游九條支流都疏通了，雷夏澤已匯成湖澤，灉水、沮水共同流入雷夏澤。可種桑樹的地帶，都已養了蠶，於是人們都從丘陵上搬下來，居住到平地。這裏的土壤黑而肥美，草非常茂盛，樹木也長得高大。田地是第六等，賦稅與這州完工的次第相當是第九等。經營了十三年，纔和別州相同。這裏所進貢的是漆和絲，以及特別包裝的綿綺織品。進貢船隻由濟水、漯水航行而來，然後轉入黃河。

海和泰山之間一帶是青州：嵎夷一帶已經治平，濰水、淄水也已疏通。這裏的土壤白而肥美；海邊有廣大的鹽田。田地是第三等，賦稅是第四等。進貢的有鹽、細葛布，以及各種海產。還有泰山所出的絲、麻、鉛、松及奇形怪石。萊夷地帶也能夠放牧了。還有特別包裝的野蠶絲。進貢船隻由汶水漂浮而來，到達濟水。

由東海泰山到淮水一帶是徐州：淮水、沂水都已治好，蒙山、羽山也已平治；大野澤由於諸水會聚而成湖澤，東原地帶算是平治了。這裏的土壤是紅色黏性而肥美。草木非常茂盛。田地是第二等，賦稅是第五等。所進貢的是五色土，和羽山中所產的雉，嶧山南獨產的桐木，泗水濱可用作磬的石頭，還有淮水下游一帶所產的蚌珠及魚類，以及包裝精美的細緻的綢子。進貢船由淮水和泗水漂浮而來，轉入菏水，再由菏水入濟水，然後到達黃河。

淮水和東海之間一帶是揚州：彭蠡水澤是雁群居留的地方。三江之水都已導流入海，太湖算是平定了。筍、竹遍布，草兒又嫩又好，到處都是高聳的喬木。這裏是泥土地，田地是第九等，賦稅是第七等，間雜著第六等。進貢的是三色銅、美玉、美石、大小竹子、象牙、獸皮、鳥羽、旄牛尾以及木材等。島夷民族都穿著草編的衣服。包裝精美的用小貝編織的織品。還有橘子、柚子等進貢物品。貢品順海沿江而到達淮水、泗水。

北到荊山，南到衡山之南一帶是荊州：長江、漢水都經過這裏東流入海，這區域河流特多，沱水、潛水疏通了，雲澤旁邊已有土地，夢澤也已平治。這裏土壤是泥土。田地是第八等，賦稅是第三等。所進貢的是鳥羽、旄牛尾、象牙、獸皮以及三色銅。還有杶、柘、檜、柏等木料，以及粗細磨石、砮石、丹砂等。惟有箘竹、簵竹、楛木三種特產是由湖澤附近的三國進貢的。還有包好的梅類，濾酒用的菁茅，包裝精美的黑綢及淺絳色的綢子，以及珍珠串。九江一帶進貢的大龜。進貢的船隻由長江而沱水、潛水、漢水，漂浮而來，然後經雒水而達於南河。

荊山黃河之間一帶是豫州：伊、雒、瀍、澗都已流入了黃河，滎波澤也匯成了湖澤。又疏導菏澤，入孟豬澤。這裏土壤柔軟而細緻，低窪地帶是肥沃的黑色硬土。田地是第四等，賦稅是第二等，間有第一等。進貢物有漆、麻、細葛布、紵麻，以及包裝精美的纖細的絲絮，還有磨磬的磨石。進貢船隻由雒水航行而來，然後到達黃河。

華山之南與黑水之間一帶是梁州：岷山、嶓冢山已整治好了，沱水、潛水也已暢達，蔡蒙二山已整治平坦，這都是桓水一帶夷民的功績。這裏的土壤青而發黑，田地是第七等，賦稅是第八等，又間雜著第七等和第九等。進貢物品有精美的黃金、鐵、銀、鋼及可作箭鏃的砮石、磬石，及熊、羆、狐、貍和地毯之類。西傾山的貢物由桓水運來，再航行於潛，越過沔水，進入渭水，然後進入黃河。

黑水與西河之間一帶是雍州：弱水已導往西流，涇水流入渭水曲處的內側，漆水、沮水也暢流而下，灃水也與渭水會合。荊山、岐山都已平治，終南山、惇物山，以至鳥鼠山也全都治理好。高原地帶及低窪地區都施過工，甚至荒蕪之地也都加以修治了，三危山一帶已可住人，三苗也都安定了。這裏土壤黃而柔細，田地是第一等，賦稅是第六等。貢品是美玉、美石和類似珠子的石子。這些貢品由積石山下航行而來，到達龍門山間的西河，而匯集在渭水曲處的內側。進貢地毯的有崑崙、析支、渠搜三國。於是西戎各國都安定了。

治山從岍山開始，經岐山，再到荊山，越過了黃河。又從壺口山開始，經過雷首山，到達太岳山。再從厎柱山而析城山，而王屋山。又從太行山而恆山，到達了碣石山，山脈進入了海中。又從西傾山開始，而朱圉山，而鳥鼠山，最後到了華山。再從熊耳山，至嵩山、桐柏山，一直到陪尾山。再從嶓冢山，到達荊州的荊山。又從內方山開始，到大別山。再從岷山的南面治起，到衡山，越過了九江，而到達廬山。

疏導弱水，到達合黎山下，流入沙漠。疏導黑水，到三危山，流入南海。疏導黃河，從積石山開始，到龍門山，再往南流到華山北，往東經過厎柱山，到孟津；再往東經過雒水北，到大伾山，再北經降水而大陸澤，再北分成九條支流，然後會合成一條逆河，流入海中。從嶓冢山開始疏導漾水往東流，成為漢水，又往東流，成為滄浪水，又經過三澨水，到大別山下，往南流入長江；又往東匯成彭蠡澤，又往東就成了北江，然後流入海中。從岷山開始疏導長江，往東形成支流——沱水，再東流入澧水，經過九江到東陵，再往東偏北流與淮水相會，再東流就是中江，然後流入海中。疏導沇水，使往東流而成濟水，再入黃河，又流出匯成滎波澤，再往東流經過陶丘北，流到菏水，又往東北流會合了汶水，北再轉東，然後流入海中。疏導渭水從鳥鼠山開始，往東會合了灃水，又往東會合涇水，又往東經過漆沮水，然後流入黃河。疏導洛（雒）水從熊耳山開始，往東北會合了澗水、瀍水，又往東會合了伊水，再東北流入黃河。

九州先後平治，四方土地都可居住。九大山脈中的樹木都作了記號，並開了道路，九條水系流暢，九大湖澤也修了堤防，天下到此統一，四海歸心。六種有關民生物質，都治理得很好。各處土地優劣評定，稅收非常慎重；一律按土地等則依法賦稅。分封中土諸侯們，依次賜姓、命氏，先敬以德；這樣，天下所有諸侯人等，都不會抗拒政府的措施了。

圍繞王都四周五百里的區域叫甸服：其中最近王都一百里的區域，要繳納帶秸的穀物，其外一百里的區域繳納禾穗，再往外百里的區域內繳納去掉藁芒的禾穗，再往外百里的區域內繳納帶殼的穀子，最遠的百里區域內繳納無殼的米。甸服以外五百里的區域叫做侯服：其中最近甸服百里的區域，是封王朝卿大夫的地方，其次百里是封男爵的領域，其餘三百里是封大國諸侯的領域。侯服以外五百里是綏服：其中近侯服的三百里，斟酌民性，施行文教，其外二百里則振興武備，發展保衛的力量。綏服以外五百里是要服：其中近綏服的三百里是夷人居住的地方，其餘二百里是流放罪人的地方。要服以外五百里是荒服：其中近要服的三百里是蠻荒地帶，其餘二百里是居無定所的流浪地。

整個中國的疆域東至海，西到沙漠；南、北皆接受教化，一直到四海。禹於是把黑色的圭獻給天子，報告他已經成功了。

甘誓

【題解】甘，地名。馬融謂：甘，有扈南郊地名（《史記集解》引），地在今陜西鄠縣。王國維《觀堂集林》以為在周鄭之間（楊筠如《尚書覈詁》引），即今河南。誓，《說文》云：「約束也。」戰時約束軍隊的言辭，謂之誓師辭。誓師辭之內容：首在揭發敵人罪狀，及此行任務，同時申賞罰之義，以勵軍心。誓，係對內而言。對外，則謂之檄。

〈甘誓〉，乃我國最古老之誓師辭。作成年代說法不同，約可綜為三說：

一、禹與有扈戰時之誓師辭：

甲、《莊子・人間世》云：「禹攻有扈，國為虛厲。」

乙、《呂氏春秋・召類》篇云：「禹攻曹魏屈鰲有扈，以行其教。」

丙、《說苑・正理》篇云：「昔禹與有扈氏戰，三陳而不服，禹於是修教一年，而有扈氏請服。」

二、啟與有扈戰時之誓師辭：

甲、《史記・夏本紀》云：「有扈氏不服，啟伐之，大戰於甘，將戰，作〈甘誓〉。」

乙、〈書序〉云：「啟作〈甘誓〉。」

三、夏后相與有扈戰時之誓師辭：

《呂氏春秋・先己》篇云：「夏后相與有扈戰于甘澤而不勝，六卿請復之。」

然皆以疑傳疑，難作定論，但為夏與有扈氏戰於甘之誓師辭，則無問題，因其文簡而質樸也。

因本篇文辭簡樸淺易，與〈湯誓〉等相似，且篇中所言六卿、五行、三正等，皆春秋以來語，而所言五行，實指終始五德，以是證之，本篇當著成於鄒衍之後。《墨子‧明鬼下》篇雖引及本篇，然該篇乃墨者之徒所為，不足論也。

大戰于甘，乃召六卿❶。

王曰：「嗟！六事之人❷，予誓告汝。有扈氏❸威侮五行，怠棄三正❹。天用勦絕其命❺，今予惟恭行天之罰。左不攻于左，汝不恭命❻；右不攻于右❼，汝不恭命；御非其馬之正❽，汝不恭命。用命，賞于祖；弗用命，戮于社❾。予則孥戮❿汝。」

【注　釋】❶六卿　鄭玄云（見《詩正義》）：「六卿者，六軍之將。」蓋天子六軍，其將皆以卿士為之。按：六卿之制，始於春秋時之宋國，說見史景成所著〈六卿考源〉。❷六事之人　六事，即六卿。按：古執政大臣曰卿士，《左傳》隱公三年云：「鄭武公、莊公，為平王卿士。」士與事通，是六事即六卿士，省稱則曰卿，或士。鄭康成云：「變六卿言六事之人者，言軍吏已下及士卒也。」正係此意。是此乃謂：六卿所屬之人。❸有扈氏　扈為國名，王國維疑在周鄭之間。扈上冠以「有」字，猶：有虞、有夏、有巢等，因古方名多以從又為繁文，考之卜辭，其例甚多。「又」「有」古通，後人不知繁文之例（詳見魯先生《殷契新詮》），乃區一字為二字，且以「有」代「又」，遂有「有扈」……等之稱。有扈為國名，而曰氏者，氏，支也，言其為扈姓所支析者也。古人因生地而姓，因封地而氏，是此乃封為扈國，即為扈氏，是以稱之為有扈氏也。❹威侮五行怠棄三正　二句乃係一事，即：（有扈氏）暴虐了五官之長，更滅了三正之一。威侮，暴逆、輕蔑也。五行，《左傳》昭公二十九年云：「五行之官，是謂五官。」此乃指木正、火正、金正、水正、土正等五官之長。怠棄，謂懈怠拋棄也，猶之於滅絕。三正，乃指五正之三也（說詳拙著《尚書新證》）。❺天用勦絕其命　用，以也，即因而。勦，《說文》引作劋，絕也，即斷絕。今則訛為剿、勦，命，即天命，指國運。❻左不攻于左汝不恭命　左，即車左。按：古主車戰，兵車三人，中御者，左為車左，右為車右；車左持弓，主遠射；車右持矛，主近刺（將車制則不同）。攻，〈釋詁〉云：「善也。」恭，敬也。謂車左不善於射，就是不敬令。❼右　謂車右。❽御非其馬之正　御，《說文》云：「使馬也。」古文作馭。即駕駛。非其馬之正，謂進退旋轉不適當也。❾用命賞于祖弗用命戮于社　用命，指聽令。祖、社，古行軍必載祖主及社主隨行：《史記．伯夷列傳》云：「西伯卒，武王載木主號為文王東伐紂。」又《左傳》定公四年云：「君以軍行，祓社釁鼓，祝奉以從。」此謂：聽命有功，就在祖宗神主前行賞，不聽命，就在社主前殺之，以示不專也。❿孥戮　《史記．夏本紀》作「帑僇」，孥、帑皆不見於《說文》，乃奴之叚借字。以句末有「汝」字，則不當再訓為子。奴，《說文》云：「奴婢皆古辠人。」戮，乃僇之叚借。上文已有「戮」字，則此不能再訓殺。僇，辱也。孥戮者，奴辱也。謂不聽令，殺你本人外，更將你家人沒入官家為奴以羞辱之也。

【語　譯】夏王將要在甘地跟有扈氏大會戰，於是召集所有六軍將領們。

王說：「唉！眾將官以及各位戰士們，我要把此行任務及軍中所應注意的事告訴你們。有扈國暴逆了我們五官之長，更滅了三正之一。老天因而要斷絕他的國運，現在我恭敬地奉行老天對他的懲罰。你們車左的不善射，就是忽視了我的命令，車右的不善刺，也是忽視了我的命令，駕車的進退旋轉不適當，也是忽視了我的命令。你們要是聽從我的命令，就在祖先神主前行賞，要是不聽從命令，就在社神牌位前殺之。同時，還要把你的家人沒入官家為奴來加以羞辱。」

商書

湯誓

【題解】本篇乃商湯伐夏桀時之誓師辭，與〈甘誓〉形式完全一樣。內容仍為兩大重點，惟在說明敵人罪狀時，尤其透闢生動。

本文以問答體行之。此乃生動之主要原因，是問答體不應始於楚辭，〈湯誓〉篇已用之矣。

本文文辭不古，復充滿弔民伐罪之思想，其著成年代，當在孔子之後，約在戰國之世。而《孟子・梁惠王》篇引之，是則當在孟子之前。

王❶曰：「格爾眾庶❷，悉聽朕言。非台小子❸，敢行稱亂；有夏多罪，天命殛❹之。今爾有眾，汝曰：『我后不恤我眾，舍我穡事，而割正夏❺。』予惟聞汝眾言；夏氏有罪，予畏上帝，不敢不正。今汝其曰：『夏罪其如台❻？』夏王率遏眾力❼，率割夏邑❽，有眾率怠弗協❾。曰：『時日曷喪？予及汝皆亡❿！』夏德若茲，今朕必往。

爾尚輔予一人⓫，致⓬天之罰，予其大賚⓭汝。爾無不信，朕不食言⓮。

爾不從誓言，予則孥戮⑮汝，罔有攸赦⑯。」

【注釋】❶王 謂商湯。❷格爾眾庶 格，各之叚借字，各於卜辭、金文義並為至。《史記》格作來，正得其旨。或解為告。按：下句已有「悉聽朕言」，訓告則晦澀矣。眾庶，即大家，指所有參與誓師之人。❸非台小子 台，〈釋詁〉謂我也。小子，此乃王自謙之稱。❹殛 〈釋言〉謂：誅也。誅，《說文》云：討也；段注謂：凡殺戮糾責皆是。❺我后不恤我眾舍我穡事而割正夏 后，君也。乃指殷人對湯而言。非如《偽孔傳》謂：「我后，桀也。」恤，憂也，即憐憫。舍，同捨，謂廢棄也。穡事，農事也。割，《說文》云：剝也，引申有殺戮義。正，即征伐之征。割正，同義詞，猶言征伐也。❻如台 《史記》作奈何，即若何。❼率遏眾力 率，魯先生以為乃肆之叚借字。《說文》云：肆，極陳也。引申為恣意，放肆。遏，乃渴之叚借字，《說文》云：渴，盡也。眾力，眾人勞力。謂：恣意地用盡眾人的勞力。❽率割夏邑 割，害也。謂恣意地傷害夏朝的國力。❾有眾率怠弗協 有眾，謂所有大眾。怠，懈怠也。弗協，不同心合力。謂所有大眾都恣意懈怠，不同力合作。❿時日曷喪予及汝皆亡 時，是也。日，喻夏桀。曷，何也。喪，亡也。汝，指夏桀。皆，即偕字，俱也。⓫爾尚輔予一人 尚，庶幾也。予，余之叚借字。予一人，即我這個人。⓬致 《說文》云：送詣也，引申為奉行。⓭賚 〈釋詁〉云：賜也。⓮食言 食，〈釋詁〉云：偽也。食言，即說假話。⓯孥戮 即奴辱，見〈甘誓〉注。⓰罔有攸赦 罔，無也。攸，所也。赦，免罪。

【語譯】王說：「你們都來呀，仔細地聽我說：不是我這小子敢舉兵作亂，只因夏朝罪惡多端，老天命令我去滅絕他。現在你們在場的都會說：『我們君王不憐憫我們大眾，廢棄了我們的農事，而去征伐夏朝。』我聽見你們所說的話了，(但)夏朝有罪，我懼怕上帝的權威，不敢不去征伐他。現在你們又會說：『那夏朝的罪是怎樣呢？』(告訴你們：)夏王恣意地用盡眾人的勞力，恣意地傷害夏朝的國力，所有大眾也都恣意地懈怠，不同力合作。而且說：『這個太陽甚麼時候喪亡呢？我們都願與你同歸於盡。』夏王的德行是如此之壞，現在我一定得去征伐他。

希望你們輔助我，奉行上天的討伐，我會大大地賞賜你們。你們不要不相信，我是不會說假話的。你們如若不聽從我約束你們的誓言，那我就會殺了你，並把你的家人沒入官家為奴婢，不會有所寬赦的。」

盤庚（上）

【題解】盤，甲骨文及《漢石經》並作般，般乃方名。《書傳》作盤，乃方名繁文之一例。庚，乃名字，亦其生日。殷人皆以十干為名，生於某日，即以某干為名。盤庚，乃并方名與生日合稱者。

盤庚者，殷帝也。祖丁之子，陽甲之弟，小辛之兄，武丁伯父也。

本篇乃記述盤庚遷都之事者。考：商自湯迄盤庚五徙其都，盤庚時，復自奄遷於殷，民怨遷徙無定，故盤庚作是文以告誡之。

《偽古文》將本篇分為上、中、下三篇：曰盤庚上、盤庚中、盤庚下。《今文尚書》則合為一篇。至東晉時再分為三，清人本此，今通行本多分為三。按：漢儒皆以為一篇，由漢《熹平石經》考之，僅於上篇、中篇末，各空一字以別之。茲從漢人舊本，統名之曰盤庚，不更分別標題。然以文義審之，其三篇次第，當為中、上、下。楊筠如《尚書覈詁》云：按此篇首云：「盤庚遷于殷，民不適有居」，則當在遷後而未定居之時。中篇首云：「盤庚作，惟涉河以民遷」，則明在未遷之前，故又曰：「今予將試以汝遷」也。下篇首言：「盤庚既遷，奠厥攸居」，則明在遷後，民已定居之時。楊氏所論甚是。

本篇乃以人名篇。《尚書》中如〈堯典〉、〈皋陶謨〉、〈禹貢〉、〈湯誓〉等，雖皆以人名篇，然於人名之下繫以典、謨、貢、誓諸字。若純以人名篇者始於此。《尚書》中尚有〈微子〉，亦以人名篇。蓋古人作文誥，初無題目，此記盤庚之言，故名〈盤庚〉，記微子之言，故曰〈微子〉也。後之著述若《墨》、《孟》、《荀》、《莊》、《韓非》等書，皆以人名篇，亦此例也。

盤庚遷于殷，民不適有居❶。率籲眾慼出矢言❷。曰：「我王來，既爰宅于茲❸；重我民，無盡劉❹。不能胥匡以生；卜稽曰其如台❺？先王有服❻，恪謹天命；茲猶不常寧，不常厥邑❼，于今五邦❽。今不承于古❾，罔知天之斷命，矧曰其克從先王之烈❿？若顛木之有由蘖⓫，天其永我命于茲新邑⓬，紹復先王之大業，厎綏四方⓭。」

盤庚斆⓮于民，由乃在位，以常舊服，正法度⓯。曰：「無或敢伏小人之攸箴⓰！」王命眾，悉至于庭。王若曰⓱：「格汝眾，予告汝⓲，訓汝猷，黜乃心，無傲從康⓳。古我先王，亦惟圖任舊人共政⓴。王播告之，修不匿厥指，王用丕欽㉑；罔有逸言，民用丕變㉒。今汝聒聒，起信險膚㉓，予弗知乃所訟㉔。

非予自荒茲德；惟汝含德㉕，不惕㉖予一人。予若觀火，予亦拙謀，作乃逸㉗。若網在綱，有條而不紊㉘；若農服田力穡，乃亦有秋㉙。汝克黜乃心，施實德于民，至于婚友；丕乃敢大言，汝有積德㉚。乃不畏戎毒于遠邇㉛；惰農自安，不昬作勞，不服田畝，越其罔有黍稷㉜。汝不和吉，言于百姓，惟汝自生毒㉝；乃敗禍姦宄，以自災于厥身㉞。乃既先惡于民，乃奉其恫，汝悔身何及㉟！

相時憸民，猶胥顧于箴言㊱，其發有逸口，矧予制乃短長之命㊲？汝曷弗告朕，而胥動以浮言，恐沈于眾㊳？若火之燎于原，不可嚮邇㊴，其猶可撲滅。則惟汝眾自作弗靖㊵，非予有咎。

遲任㊶有言曰：『人惟求舊，器非求舊，惟新。』古我先王，暨乃祖乃父，胥及逸勤㊷；予敢動用非罰㊸？世選爾勞，予不掩爾善㊹。茲予大享于先王，爾祖其從與享之。作福作災㊺，予亦不敢動用非德㊻。

予告汝于難；若射之有志㊼。汝無侮老成人，無弱孤有幼㊽。各長㊾

于厥居，勉出乃力，聽予一人之作猷(50)。無有遠邇(51)，用罪伐厥死，用德彰厥善(52)。邦之臧，惟汝眾；邦之不臧，惟予一人有佚罰(53)。

凡爾眾，其惟致告(54)：自今至于後日，各恭爾事，齊乃位，度乃口(55)。罰及爾身，弗可悔。」

【注釋】❶不適有居　適，悅也。有，於也。謂不高興住在這兒。❷率籲眾慼出矢言　率，用也，即因此、因而。籲，呼也，召也。慼，《說文》引作戚；戚者，貴戚近臣也。矢，〈釋詁〉云：陳也。謂：盤庚因而呼籲其親近大臣，走出宮廷，向人民解說。❸我王來既爰宅于茲　我王，謂盤庚也。既，已也。爰，於也。宅，居也。茲，此也，指殷地言。❹劉　〈釋詁〉云：殺也。❺不能胥匡以生卜稽曰其如台　胥，相也。匡，救也，即輔助。以，而也。卜稽，卜問考查也。如台，如何也。謂：你們不相互協助以求生，你們卜問一下看，看你們這種不知好自努力，只知抱怨的表現，將來會得到怎樣的結果？❻服　事也。❼茲猶不常寧不常厥邑　茲，此也。猶，尚也。寧，安也。謂：（先王如此謹從天命）尚且還不能常保安寧，常久住在一個地方。❽于今五邦　謂到現在已經是五次遷都了。據楊樹達《積微居讀書記》，五邦：為仲丁遷囂，河亶甲遷相，祖乙居耿，耿圮遷庇，南庚遷奄。《史記正義》則謂：「湯自南亳遷西亳，仲丁遷隞，河亶甲居相，祖乙居耿，盤庚渡河南居西亳，是五遷也。」馬融謂五邦為：「商丘、亳、囂、相、耿也。」❾承于古　謂繼承古代遷都之事實。❿罔知天之斷命矧曰其克從先王之烈　斷命，謂斷絕國運也。矧，況也。克，能也。從，隨行也。烈，業也。謂：不知上天要斷絕我們的國運，（國運都將斷絕）更何況說能追隨先王的事業？⓫若顛木之有由櫱　若，如也。顛木，仆倒之樹木也。由，《說文》引作甹，謂：「木生條也。」櫱，《說文》引〈商書〉曰：「若顛木之有甹櫱。」

櫱：「伐木餘也。」謂：此次遷都避災，就像倒了的樹木，又生出新的嫩芽。⓬茲新邑　謂殷也。⓭紹復先王之大業厎綏四方　紹，繼也。復，復舊也。厎，致也。綏，安也。⓮斆　曉喻也。⓯由乃在位以常舊服正法度　由乃，于省吾《尚書新證》謂：由乃二字乃粤字之譌，金文作甹，亦作㗂，係夾輔之義。毛公鼎云：「㗂朕位」，番生毁位及班彝均有「甹王位」之語。常，尚之叚借字，尊尚也。服，事也。舊服，謂舊規，即舊有之法制。正法度，謂正官常之法度。（以上係對百姓說；以下則對官員們說。）⓰無或敢伏小人之攸箴　無，不得也。或，有也。伏，隱也。小人，指民眾。攸，所也。箴，諫也。即：不得隱藏民眾的建議不報。⓱王若曰　王，指盤庚。若曰，如此說。「王如此說」，此乃史官記王之言，加「若」以別之。《尚書》此例甚多，金文中亦如此。⓲格汝眾予告汝　格，來也、至也。此乃據孫星衍本斷句，蔡沈本不如此。格，亦不當訓告。因下文已有告字。此二句謂：你們大家到前面來，我告訴你們。⓳訓汝猷黜乃心無傲從康　此亦依孫星衍本斷句。訓，〈釋詁〉謂道也，即導。猷，〈釋詁〉謂道謂義方。黜，《說文》：貶下也。乃，汝也。傲，慢也。從，縱之初文，康，安也。謂：導引你們步入正道，貶下你們的心志（即不要希望太高），不要傲慢放縱，貪圖安逸（因原有的財產已經沒有了，一切都須從頭幹起）。⓴亦惟圖任舊人共政　惟，是也。圖，謀也。舊人，即共事長久的人，即老人。共政，共同治理政事。謂：也是想和老人共事。㉑王播告之修不匿厥指王用丕欽　播，布也。修，遠也。匿，隱也。指，魯先生以為：恉之叚借字，《說文》謂意也。丕，大也。用，因此也。欽，敬也。意謂：先王布告天下，不論多遠的地方，都不隱藏他的旨意，王因此大大地敬重他的官吏。㉒罔有逸言民用丕變　逸言，過差之言，即不當的言論。變，更也。謂：官吏們沒有不當的言論，人民因而改變，大大地向善。㉓今汝聒聒起信險膚　聒，《說文》引作懖；《說文》云：「懖，拒善自用之意也。〈商書〉曰：今女懖懖。」起，動也，猶動輒。信，申也，展也。險，衺也。膚，皮也，引申為淺薄。謂：現在你們拒善自用，動輒發表邪說（即淺薄的論調）。㉔訟　《說文》云：「爭也。」即爭論。㉕非予自荒茲德惟汝含德　荒，廢也。茲，此也。含，乃舍之譌，《史記》正作舍字，捨也。謂：不是我荒廢了古代的好道德（你們如此不與政府合作，消極閒言，那是你們捨棄了道德）。

㉖愓　悅也（〈釋訓〉引《韓詩》）。懼也。㉗予若觀火予亦拙謀作乃逸　《偽孔傳》謂：我視汝情如視火，我不脅汝從，是我拙謀，成汝過。王鳴盛《尚書後案》謂：觀當讀如《周禮・夏官》之爟；爟火者，熱火也，爟火威烈可畏也。拙，讀如絀，謂絀威不用也。王意則謂：我好比烈火會燒死你們，我絀威不用，以致造成你們的過錯（作乃逸），亂說閒話。㉘若網在綱有條而不紊　綱，罔紘也，猶君。條，理也。紊，亂也。謂：群臣必須從上之命，則人民向心，百政皆舉，有條有理而不亂也。㉙若農服田力穡乃亦有秋　農，耕也。服，魯先生以為：乃𠬝之叚借字，《說文》云：「治也。」穡，耕種也。力，努力也。有秋，即有年，有收成也。謂：就像農人種田，努力耕作，才能有收成。㉚丕乃敢大言汝有積德　丕乃，猶乃也，即於是。大言，誇大之言。德，指善行。謂：於是方可誇大的說，你有積善於人。㉛乃不畏戎毒于遠邇　戎，大也。毒，害也。邇，近也，指現在。謂：那你們才能不怕有大害於現在或將來。㉜惰農自安不昏作勞不服田畝越其罔有黍稷　惰，怠也。昏，鄭玄讀為敃，云：「敃，勉也。」作勞，操作勞動也。服，治也，即從事。越，於也，即於是。謂：（如果）怠惰農事，自求逸樂，不勉力工作，不從事農事，於是就沒有了收成。㉝汝不和吉言於百姓惟汝自生毒　和，俞樾《群經平議》謂：和與桓、宣古通，此當讀為宣，宣布也。吉，善也。百姓，指人民。惟，是也。毒，害也。謂：你們不把政府善意向人民講，那是你們自找災害上身。㉞乃敗禍姦宄以自災于厥身　敗，毀也。姦，禍從外起。宄，禍從內起。災，害也。謂：於是毀壞、災禍、外擾、內亂一起來，以致自己害了自己。㉟乃既先惡于民乃奉其恫汝悔身何及　乃，汝也。先惡，謂先說了壞話。奉，承也，即承受。恫，痛也，即災害。悔，恨也。謂：你們既已先用壞話向人民說了，那你們將承受其災害，你們再自恨自己無知，也已來不及。㊱相時憸民猶胥顧于箴言　相，《說文》云：視也。時，是也。憸，《說文》云：憸詖也，憸利於上，佞人也。蔡沈謂：小民也。即利口小民。胥，〈釋詁〉謂：相也，即相互。顧，顧及、顧忌也。箴言，諫戒之言，指政府號令。謂：試看那些利口小民，他們還相互顧及一些箴戒之言。㊲其發有逸口矧予制乃短長之命　發，謂發言。逸口，蔡沈謂：過言。矧，況也。制，管制、控制也。短長，猶大小，此指壽命之長短。謂：你們說出的話竟然有錯誤，

況我有生殺之權，控制你們的生死。㊳胥動以浮言恐沈于眾　動，謂鼓動。浮言，虛浮無根之言。恐，恐嚇。沈，謂陷溺。謂：而以無根流言相互鼓動，恐嚇陷溺民眾。㊴若火之燎于原不可嚮邇　燎，燒也。原，魯先生以為：乃邍之叚借字。《說文》云：「高平曰邍。」即原野也。嚮邇，接近也。㊵靖　善也。㊶遲任　古賢人。㊷胥及逸勤　胥，相也。逸，安也，指樂言。勤，勞也，指苦言。即：相與同甘共苦。㊸非罰　不當之罰。㊹世選爾勞予不掩爾善　世，世代也。選，善也。勞，功勞。掩，匿蔽也。世代讚美你們祖先的功勞，我也不掩沒你們的善行（好處）。㊺作福作災　謂降福降災也。㊻非德　不當之德惠。㊼予告汝于難若射之有志　志，江聲謂：志為矢名。志矢見《儀禮・既夕禮》，凡矢皆前重後輕，以其鏃為銅鐵，較羽為重也。按：《爾雅・釋器》云：「金鏃翦羽謂之鏃，骨鏃不翦羽謂之志。」是志矢乃骨鏃（考：中央研究院考古館陳列室，正有出土之殷商骨鏃數枚）。因係骨鏃，射須持平，較為困難。此句謂：我告訴你們，我很為難，我做事要像志矢一樣，要持得第一很平穩，不能重，也不能輕。㊽汝無侮老成人無弱孤有幼　侮，輕慢也。老成人，前輩有成就之人。弱，輕易之也，侵凌之也。有，魯先生謂疑之叚借字。謂：你們不要輕慢那些有成就的老年人，不要侵凌孤寡及懷疑年少者的謀議。㊾長　《國語・魯語》注：尊也。謂：要尊重（即看重）現在的居所。㊿作猷　為謀也。(51)遠邇　遠，指諸侯。邇，近也，指近臣。(52)用罪伐厥死用德彰厥善　意謂：作惡行壞，就用刑罰誅殺你們。行善作好，就用賞賜來表彰你們。(53)邦之臧惟汝眾邦之不臧惟予一人有佚罰　臧，善也。惟，是也。佚，乃逸之叚借字，過也。罰，《說文》云：「罪之小者。」佚罰，即過錯也。謂：國家弄得好，那是你們的功勞。國家弄不好，那只是我一人的過錯（意謂：該賞未賞，該罰未罰也）。(54)致告　蔡沈謂：使各相告戒也。(55)齊乃位度乃口　齊，正也。度，《說文》作𢾤，閉也。謂：各人在各人崗位上努力，閉起你們的嘴巴少說話。

【語　譯】盤庚遷到殷地，老百姓都不高興住在那兒，盤庚因而呼籲其親近大臣，走出宮廷，向人民去解釋說：「我王遷到這兒，已經住下了，那是重視大家的生命，不要全死於災難。你們卻不能相互救助以求生，你們卜問一下看，看你們這種抱怨的態度，將來會得到怎樣的結果？我們先王們凡有所行事，都恪謹天命，（如此謹從天命）尚且還不能常保安寧，不能常久住在一個地方，到現在已經是五遷其都了。如今不師承古代遷都的事實，不知老天是要斷絕我們國運的，（國運都將斷絕了）更何況說能追隨先王的事業嗎？此次遷都，就像仆倒了的樹木，又生出新的枝條。老天會使我們有長久的國運在這塊新的土地上；繼續恢復起先王的大業，以達於安定四方。」

盤庚曉喻百姓們，要輔佐官吏們，要尊崇舊有的法規，使一切法度正常。（轉而又對官員們）說：「不得隱瞞民眾對政府的建議。」王命令大家，都到外朝（庭院中）來。王如此說：「你們大家都到前面來，我告訴你們，我要導引你們步入正道，貶下你們的心志，不得傲慢放縱，貪圖逸樂。過去我們的先王，也是希望和老人共事，先王有事布告天下，不論多遠的地方，命令都能傳到，從不隱藏他的旨意，王因此大大地敬重他的官員。由於官員們沒有不當的言論，人民也都改變向善（這是先王時的官民表現的情形）。你們現在就不同了，常歫善自用，動輒造謠生事，說些淺薄的話。我不知你們在爭論些甚麼？

不是我荒廢了古代的好道德，你們不協助政府，那只是你們捨棄了道德。現在你們不滿於我，我好比烈火，會燒死你們的，只是絀威不用，以致造成你們的過錯——亂說輕薄的話。群臣必須聽從君王的命令，就像把網繫在綱繩上，那樣才能有條有理不紊亂。也就像農人治田，努力耕種，也才能有收成。你們能貶下放縱享樂的心志，行點實在的恩惠於老百姓，以至於親戚朋友，這樣才可誇大的說，你有積善於人，那你們不論現在或將來才能不害怕大災害的來臨。如果怠惰農事，只求逸樂，不勉力工作，不從事農事，自然也就沒有了收成。你們不把政府的善意向人民講，那只是你們自找災害上身。於是毀壞、災禍、外擾、內亂一起來，以致自己害了自己。你們既已先用壞話向百姓說了，你們將承受應得的災害，再自恨自己無知，也來不及了。

試看那些利口小民，他們還相互顧及一些箴戒之言，你們竟然亂說話，況我操有生殺之權，管制你們的生死。你們為何不事前告訴我，卻以無根謠言相互鼓動，恐嚇陷溺大眾？像火在原野燒起，火勢猛烈得不能接近，尚且還可以撲滅，(像你們這種流言惑眾，我還治不了嗎？）那是你們這些人，自作不好的事，不是我有甚麼過錯。

遲任曾經說過：『任用官吏是老人（老同事）好，但是器皿則不宜舊，要找新的（此乃以器喻國都）。』古時我的先王跟你們的先祖先父，都曾同甘共苦過，(有這樣的關係在）我對你們豈敢加以不合理的刑罰？世代讚美你們先祖先父的功勞，那我也不敢埋沒你們的好處。現在我隆重地祭祀先王，你們祖先有功的，當然也參與配享，降福或降災，悉聽神的意旨，雖然我們關係這樣好，我也不敢妄給諸位以不當的好處。

我告訴你們，我很為難，我做事要像志矢一樣，要持得很平穩，不能重，也不能輕。你們不要輕侮那些年老有成就的老年人，也不要欺凌孤寡及懷疑年少的人的謀議。要看重你們現在的居所，各自勉勵獻出你們的力量，聽我為你們計劃。不論是諸侯（遠）、近臣（近），作壞事，就按刑法誅殺你們，有好表現，就用賞賜來表彰你們。國家弄得好，那是你們的功勞，國家弄不好，那只是我一人的過錯。

所有你們大家，要把我的話輾轉相告，從今以後，要各自謹慎自己的事業，各人在各人崗位上努力，閉起你們的嘴巴，否則，罰了你們，可不要後悔。」

盤庚（中）

盤庚作，惟涉河以民遷❶。乃話民之弗率❷，誕告用亶❸。其有眾咸造，勿褻在王庭❹。盤庚乃登進❺厥民曰：「明聽朕言，無荒失❻朕命。嗚呼！古我前后，罔不惟民之承保❼。后胥慼鮮，以不浮于天時❽。殷降大虐，先王不懷❾；厥攸作❿，視民利用遷。汝曷弗念我古后之聞⓫？承汝俾汝，惟喜康共；非汝有咎，比于罰⓬。予若籲懷茲新邑，亦惟汝故，以丕從厥志⓭。

今予將試以汝遷，安定厥邦。汝不憂朕心之攸困，乃咸大不宣乃心⓮，欽念以忱，動予一人；爾惟自鞠自苦⓯。若乘舟，汝弗濟，臭厥載⓰。爾忱不屬，惟胥以沈⓱。不其或稽，自怒曷瘳⓲？汝不謀長，以思乃災⓳。汝誕勸憂，今其有今罔後，汝何生在上⓴？今予命汝一，無起穢以自臭㉑；恐人倚乃身，迂乃心㉒。予迓㉓續乃命于天；予豈汝威？用奉畜㉔汝眾。

予念我先神后㉕之勞爾先㉖；予丕克羞爾，用懷爾然㉗。失于政，陳于茲㉘，高后丕乃崇降罪疾；曰：『曷虐朕民㉙！』汝萬民乃不生生㉚；暨予一人猷同心，先后丕降與汝罪疾；曰：『曷不暨朕幼孫有比㉛！』故有爽德，自上其罰汝，汝罔能迪㉜。

古我先后，既勞乃祖乃父，汝共作我畜㉝民。汝有戕則㉞在乃心，我先后綏乃祖乃父；乃祖乃父，乃斷棄汝，不救乃死。茲予有亂政同位，具乃貝玉㉟。乃祖乃父，丕乃㊱告我高后曰：『作丕刑于朕孫。』迪㊲高后丕乃崇降弗祥。

嗚呼！今予告汝不易㊳；永敬大恤，無胥絕遠㊴；汝分、猷念以相從，各設中于乃心㊵。乃有不吉不迪，顛越不恭，暫遇姦宄㊶；我乃劓殄滅之，無遺育，無俾易種于茲新邑㊷。往哉生生㊸！今予將試以汝遷，永(ㄩㄥˇ)建(ㄐㄧㄢˋ)乃(ㄋㄞˇ)家(ㄐㄧㄚ)㊹。」

【注　釋】❶盤庚作惟涉河以民遷　作，起也。惟，謀也。謂：盤庚初立為王，就計劃渡河遷都。❷乃話民之弗率　話，會合也。率，〈釋詁〉謂循也，即聽從。❸誕告用亶　誕，〈釋詁〉謂：大也。用，以也。亶，〈釋詁〉謂：誠也。謂：用誠意大告於民。❹其有眾咸造勿褻在王庭　《偽孔傳》謂：眾皆至王庭，勿褻慢。正得其旨。造，至也。褻，慢也。❺登進　升登也，即延之使前。❻荒失　荒，廢也。失，佚之叚借字，《說文》云：忽也。即忽略也。❼古我前后罔不惟民之承保　前后，猶言先王。保，保傅之保。承保，猶言保護也。謂：我們的先王們，無一不是輔保人民的褓母。❽后胥慼鮮以不浮于天時　后，謂先王。胥，省視也。慼，《熹平石經》作高。鮮，〈大雅．皇矣〉《毛傳》：小山別大山曰鮮。浮，過也，即逾越。（以上本江聲說）謂：先王省視高山而徙居，（遷都與否）以不逾越天意為準。❾殷降大虐先王不懷　虐，害也。大虐，指水災為患。懷，安也。❿厥攸作　厥，指先王。攸，語詞。作，為也。謂先王所為（指屢次遷都之事）。⓫汝曷弗念我古后之聞　曷，何也。念，思念也。聞，《廣雅》謂智也。謂：你們何不思念我先王遷都之智慧（此乃以歷史為訓告誡人民也）？⓬承汝俾汝惟喜康共非汝有咎比于罰　承，佐也、保也。俾，益也。喜，樂也。康，安也。共，同也，具也。咎，過也。比，同也。罰，罪也。此謂：先王保護你們，為你們謀利益，是要大家共享快樂安定的日子，不是你們有什麼過失，而用遷徙來當作懲罰。⓭予若籲懷茲新邑亦惟汝故以丕從厥志　若，如此也。籲，呼也。懷，來也。新邑，指殷。惟，是也。丕，奉也。厥志，先王之志。謂：我今如此呼籲你們，到這新地方來，也是為了你們的緣故，用遷都來奉行先王的遺志。⓮乃咸大不宣乃心　咸，皆也。宣，和也。謂：你們內心都非常地不平和。⓯欽念以忱動予一人爾惟自鞠自苦　欽，敬也。念，思也。忱，《說文》云：「誠也。」動，驚動也。惟，是也。鞠，魯先生謂：乃𥸥之叚借字，《說文》云：「窮治辠人也。」引申為窮，即困扼。謂：要恭敬地以誠信作思慮的原則，驚動了我這個人，你們是自尋末路，自找苦吃。⑯若乘舟汝弗濟臭厥載　若，如也。濟，渡也。臭，魯先生謂乃殠之叚借，《說文》云：「腐气也。」引申為腐爛敗壞。載，行也。謂：比如坐船渡河，你不去渡，要待船壞了才開始行，那不如同自尋死路嗎。⑰爾忱不屬惟胥以沈　忱，誠也。屬，託也（《公羊》桓公十六年注），即信託。胥，相也。沈，沒也。謂：你們真不信託政府的話，那只有相互沈沒。⑱不其或稽自怒曷瘳　或，乃亟之叚借字，《說文》云：「敏疾也。」即趕快。稽，《漢石經》作迪，〈釋詁〉謂：進也。怒，《漢石經》作怨。瘳，《說文》云：「疾病愈也。」意謂：不趕快前進（即遷往新地），自怨又有何益？⑲汝不謀長以思乃災　長，久遠也。乃，汝也。謂：你們不思慮長居久安之道，也當想想你們連年遭遇（水）災害之苦。⑳汝誕勸憂今其有今罔後汝何生在上　誕，語詞。勸，助也。上，指上天。謂：你們如此遷延不搬，只是助長憂愁，如今是只知目前（不遷少麻煩）不顧將來（長安之樂），上天怎能容你生存？㉑今予命汝一無起穢以自臭　一，專一不二也。起，舉也，作也。穢，乃薉之俗字，《說文》云：「蕪也。」引申為污濁。以，用也。謂：現在我要你們一心一德（遷都不要猶疑），不要作些污穢的事來自臭。㉒恐人倚乃身迂乃心　倚，魯先生謂：乃掎之叚借字，《說文》云：偏引也。迂，邪僻也。㉓迓　匡謬正俗引作御，用也。㉔奉畜　奉，助也。畜，養也。㉕先神后　神，聖也，即前代聖君，即先王。㉖爾先　爾先人。㉗予丕克羞爾用懷爾然　丕，《漢石經》作不。克，能也。羞，《說文》云：「進獻也。」懷，安也。然，猶焉。謂：（如今）我不能夠進你們於樂土，只有用遷都來安定你們。㉘失于政陳于茲　失，過失也。陳，久也。謂：行政上的過失（早該遷都而未遷），已經很久了。㉙高后丕乃崇降罪疾曰曷虐朕民　高后，謂先王。丕乃，當讀不乃，即毋乃。崇，重也。罪疾，即災害。「曷虐朕民」，為何殘害我子民？蓋久不遷都，使他們常受災害。㉚生生　謂謀生也。㉛有比　依從也，親付也。㉜故有爽德自上其罰汝汝罔能迪　故，所以也。爽，差失也。德，指行為。上，謂上天。迪，逃也（雙聲）。謂：所以你們若有過誤的行為，上天處罰你們，你們是不能逃的。㉝畜　好也。（《孟子・梁惠王下》：「畜君者，好君也。」）㉞戕則　戕，傷也。則，賊之叚借（同音）字，害也。㉟茲予有亂政同位具乃貝玉　亂，乃𤔲之譌，金文𤔲作司。政，與正通，正，長也；諸官之長皆謂之正。同位，指同僚。有亂政同位，謂有諸長官及同僚。具，聚集也。乃，其也。貝玉，謂財貨。具乃貝玉，謂：只知聚斂財貨。㊱丕乃　毋乃也，即豈不。㊲迪　魯先生謂：乃由之段借字，即由是。㊳不易　鄭康成謂：我所以告汝者不變易，言必行之。即言出必行，決定非遷都不可也。㊴永敬大恤無胥絕遠　永，長也，即永遠。敬，警也，即警惕。恤，憂。胥，相也。絕遠，離棄疏遠。謂：（你們）要永遠警惕於大的憂患，不要相互離棄疏遠。㊵汝分猷念以相從各設中于乃心　分，《漢石經》作比，親也。猷，〈釋詁〉：謀也。念，思念。相從，相順從也。設，《漢石經》作翕，翕中，猶言和衷（本吳汝綸《尚書故》）。于乃心，在你們心中。謂：要相互親附，計謀思念要以相從為本，和衷國事。㊶乃有不吉不迪顛越不恭暫遇姦宄　吉，善也。迪，順也。顛，與瘨通，狂也。越，踰也。顛越，謂瘋狂越禮也。恭，敬也。不恭，即不順從命令。暫，《經義述聞》讀為漸，詐也。遇，《經義述聞》讀為隅，不正也，姦邪也。姦宄，即邪惡。㊷我乃劓殄滅之無遺育無俾易種于茲新邑　劓，《說文》云：刑鼻也，引申為割截。殄，《說文》謂：盡也，絕也。育，魯先生以為：生也；無遺育，謂不要留一個活著，統統殺光。俾，使也。易種，轉生種類也。㊸往哉生生　去吧！各人謀各人的生存。㊹今予將試以汝遷永建乃家　試，用也。永，長也。建，立也。

【語　譯】盤庚初立為王，就計劃渡河遷都。於是會合眾人間有不聽話不願遷的，很誠懇地勸告他們。大家都來至王庭，無敢褻慢。盤庚於是召集大眾向前靠攏來說：「你們仔細聽我的話，不要忽略了我的命令。唉！我們的先王們，無一不是輔保人民的褓母。先王們相視高山而徙居，遷都與否，以不逾越天意為準。老天降下大災害於我們殷朝，我們先王感到不安，（所以）先王的作為，皆視人民的利益所在而遷徙。你們何不思念我先王（遷都避災）之智慧？先王保護你們，為你們謀利益，是要大家共享快樂安定的日子，不是你們有甚麼過失，而用遷徙來當作懲罰。我今如此呼籲你們搬到新國度來，也是為了你們的原故，拿遷都來奉行先王的心意。

現在我準備帶著你們遷徙，來安定這個國家。你們不憂愁我心中的困苦，內心都非常地不平和，也不恭敬地以誠信作思慮的原則，驚動了我這個人，那是你們自尋末路，自找苦吃。比如坐船渡河，你不去渡，要待船壞了才開始行。（那不是自尋末路嗎？）你們真不能信託政府的話，那只有相互沈沒，同歸於盡。不趕快前進搬往新地，自怨又有何益？你們不思慮長居久安之道，也當思慮你們連年遭遇水災之苦！你們如此遷延不搬，只是助長憂愁，如今，你們只知目前不搬少麻煩，不顧將來長安之樂，這樣短見，上天怎能容你們生存？現在我要你們同心一德隨我搬走，不要作些污穢的事來自臭。恐怕別人牽著你的身子走，把你帶到邪僻的路上去。我要用遷都來延續你們的命運，我那裏是要威脅你們？我是要幫助你們，撫養你們的啊！

我思念我先代聖君（以遷國之事）勞苦你們的先人，（如今）我不能夠進你們於樂土，只有用遷都來安定你們。（早該遷都安定你們，卻拖延至今）如果我政策錯誤，讓你們久居此地，那先王豈不是要重重地降下災害於我說：『你何為殘害我的子民（讓他們常遭水災之苦）！』你們大家若不圖謀生存，與我同心共謀遷都，那先王豈不是要降災害於你們說：『為甚麼不跟我小孫子親近呢！』所以你們如有過誤的行為，上天處罰你們，你們是不能逃的。

以往我的先王既已勞苦你們的先人以遷國之事，你們同是我的好百姓。你們如有作惡的念頭，我先王必定告訴你們的先祖，（說你們不聽話有邪念）那你的先祖一定斷絕拋棄你們，（就是我殺你們）也不會救你們的死亡。現在我的諸長官及同僚們，只知聚斂財貨，你們的先祖豈不也會告訴我的先王說：『重重地處罰你的小孫子。』由是先王就會降下嚴重的災害來。

唉！現在我告訴你們的話，絕不變易，言出必行。（你們）要永遠警惕於大憂患，不要相互離棄疏遠，要相互親附，計謀思念要以相從為本，和衷共濟。你們如有不善良，不和順，瘋狂越禮，不聽從政府法令，再加以詐欺邪惡的話，我就不客氣地殺盡你們，一個也不留，不要讓敗類的壞種，轉生到新的地方。去吧！各人謀求各人的生存，現在我將帶領你們遷走，建立你們永久的家園。」

盤庚(下)

盤庚既遷，奠厥攸居❶。乃正厥位，綏爰有眾❷。曰：「無戲怠，懋建大命❸。今予其敷心腹腎腸，歷告爾百姓于朕志❹。罔罪爾眾；爾無共怒，協比❺讒言予一人。古我先王，將多于前功，適于山❻。用降我凶德❼，嘉績于朕邦。今我民用蕩析離居，罔有定極❽。爾謂朕：『曷震動萬民以遷？』肆上帝將復我高祖之德，亂越我家❾。朕及篤敬，恭承民命，用永地于新邑❿。肆予沖人⓫，非廢厥謀，弔由靈⓬。各非敢違卜⓭，用宏茲賁⓮。

嗚呼！邦伯、師長、百執事之人，尚皆隱哉⓯。予其懋簡相爾，念敬我眾⓰。朕不肩好貨；敢恭生生⓱，鞠人、謀人之保居，敘欽⓲。今我既羞告爾于朕志，若否，罔有弗欽⓳。無總于貨寶，生生自庸⓴。式敷民德，永肩一心㉑。」

【注釋】❶奠厥攸居　奠，定也。厥，其也。攸，所也。居，謂所居之國。即奠定其所居之國。❷乃正厥位綏爰有眾　乃，於是也。正，魯先生謂：猶《周禮‧天官》：「惟王建國，辨方正位」之正。即正宗廟、宮殿、官署等之位。綏，告也。爰，于也。謂：於是正宗廟朝廷之位，告於民曰。❸無戲怠懋建大命　戲，嬉也。怠，懈也。懋，勉也。建，〈釋詁〉謂立也。大命，即國運。謂：不要戲嬉懈怠，要勉力建立國家偉大的國運。❹今予其敷心腹腎腸歷告爾百姓于朕志　敷，布也。敷心腹腎腸，猶《左傳》宣公十二年「敢布腹心」。謂竭其懷抱以相告也。歷，明析也。百姓指百官。于，猶以也。志，意也。謂：現在我敢布腹心，明白地把我的心意告訴各位官員。❺協比　猶言共同、聯合也。❻將多于前功適于山　將，〈釋詁〉謂：大也。前功，謂舊功。適，往也。山，指高地。❼用降我凶德　用，因此。降，罷退、除去也。凶德，謂惡行，厄運也。❽今我民用蕩析離居罔有定極　蕩，流動也。析，分也。離居，離故居也。定，安也。極，止也。謂：今我人民離家遷徙，沒有安定住處。❾肆上帝將復我高祖之德亂越我家　肆，〈釋詁〉謂：今也。復，復舊也。德，指事功。亂，治也。越，與粵通，於也。我家，即王室、國家。❿朕及篤敬恭承民命用永地于新邑　及，《公羊傳》隱公元年謂：及，猶汲汲也；即孜孜也。篤，惇厚也。敬，謹慎也。承，拯之叚借字，拯救也。用，因此也。永地，長居此地也。謂：我孜孜地謹慎國事，恭敬真誠地為拯救人民的生命而努力，因此，能永遠長久地居住在新的土地上。⓫沖人　沖，幼小之稱。沖人，猶〈湯誓〉中之「小子」，乃盤庚自謙之辭。⓬弔由靈　弔，魯先生以為兆之叚借字（第二部）。靈，指靈龜。謂兆象由於靈龜（按：殷人迷信尚鬼，此示遷都由於卜龜的結果）。⓭各非敢違卜　謂：各人皆不敢違背卜兆。此正承上文「弔由靈」而來。是孫詒讓《尚書駢枝》謂善用命之說與上下文不貫。⓮用宏茲賁　用，因此也。宏，大也。賁，美也。謂：因此大家共同完成了這偉大的遷都美事。⓯邦伯師長百

執事之人尚皆隱哉　邦伯，邦國之長，謂諸侯。師長，眾長官。百執事，指百官。尚，庶幾也，希冀之詞。隱，安也。⑯予其懋簡相爾念敬我眾　懋，《說文》云：勉也。簡，擇也。相，助理也。簡相，即選為佐理。念，《說文》云：「常思也。」敬，矜之叚借，憐也。謂：我會盡力的選任你們為助手，你們要時常思念、憐憫大眾。⑰朕不肩好貨敢恭生生　肩，〈釋詁〉謂作也。貨，財也。不肩好貨，即不作好（去聲）財貨的事。敢，楊筠如謂：猶能也。恭，共也，即共同。生生，即謀生。敢恭生生，謂：能跟大家共同從事謀求生存。⑱鞠人謀人之保居敘欽　鞠，養也。謀，圖也。保，安也。敘，次第也。欽，敬也。謂：能存養人民而謀人民的安居，我就按你們的功勞大小、多少，依次賞你們，要敬謹啊。⑲今我既羞告爾于朕志若否罔有弗欽　羞，〈釋詁〉謂：進也。若，順也，即同意。否，不然也。欽，敬也。罔有弗欽，謂：沒有不敬告也。⑳無總于貨寶生生自庸　總，聚也。庸，用也。謂：不要聚斂財貨，要生產自用。㉑式敷民德永肩一心　式，用也。敷，《說文》云：「㪅也」，德，謂德惠。永，長也。肩，克也，能也。一心，同心也。

【語　譯】盤庚既已遷都，奠定其所居之國。於是正宗廟、朝廷之位，告於人民說：「不要戲嬉懈怠，要勉力建立國家偉大的國運。現在我敢布腹心，明白地把我的心意告訴各位官員。我不是加罪於你們，你們也不必共同生我的氣，聯合來毀謗我一個人。古代先王們建立的功績又大又多，那都是由於遷往高地啊！因此除去我們很多的厄運，優美的功績留在國中。現在大家離家遷徙，沒有安適的住處。你們對我說：『何以要驚動人民來搬家呢？』（我所以要遷徙）如今上帝要恢復我們遠祖的事功，（所以也要我）以遷都之事來治理國家。我孜孜地謹慎國事，恭敬真誠地為拯救人民的生命而努力，因此能永遠長久地居住在這新的土地上。現在我小子不是廢棄你們的謀議不用，而是卜兆由於靈龜。各人皆不敢違背卜兆，因此大家共同完成了這偉大的遷都美事。

唉！諸侯們，各位官長，以及所有管事的百官們，希望你們安定下來。我會盡力地選任你們為助手，你們也要時常思念憐憫我們的大眾。我不貪財貨，能跟你們共同從事謀求生存。（你們）能存養人民，謀人民的安居，我就按你們功勞的大小、多少，依次賞你們，要敬謹啊！如今我已把我的心意奉告於各位，同意與否（即不論你們認為對不對），我都要把我的意志敬告你們。不要聚斂財貨，要生產自用。你們要施行美德於人，要能永遠地一心一德。」

高宗肜日

【題解】高宗，武丁也。盤庚之侄，小乙之子，祖庚之父。肜為祭名。肜日，舊謂祭之明日又祭也，即後之繹祭。〈釋天〉云：「繹，又祭也。周曰繹，商曰肜，夏曰復胙。」肜，《說文》無此字，段氏謂即舟部之彤（按：《說文》云：彤，船行也）。因從舟之字隸變多為月。卜辭有關肜祭之記載甚多，其字作彡或彡彡乃肜之初文。

高宗肜日，〈書序〉謂高宗祭成湯，祖己作此以訓於王。《史記》云：「武丁崩，子帝祖庚立，祖己嘉武丁之以祥雉為德，立其廟為高宗，遂作高宗肜日。」二說皆非。

考：卜辭中有關肜祭之記載甚多，肜日之上，多係被祭之先祖，而非主祭之人，是高宗肜日乃後人之祭武丁也。復考：甲骨文中祖己、祖庚並見一辭，是此篇當係祖己之後之作品，述祖庚行肜祭時，祖己戒王之事。篇中有「祖己曰」句，是必後人述古之作也。

高宗肜日，越有雊雉❶。祖己曰：「惟先格王，正厥事❷。」乃訓于王曰：「惟天監下民，典厥義❸。降年有永有不永❹；非天夭民，民中絕命❺。民有不若德，不聽罪❻；天既孚命正厥德❼，乃曰：『其如台❽？』嗚呼！王司敬民❾：罔非天胤，典祀無豐于昵❿。」

【注釋】❶越有雊雉　越，與粵通，語詞。雊，《說文》云：「雄雉鳴也。雷始動，雉乃鳴，而句其頸。」《史記・殷本紀》云：「帝武丁祭成湯，明日有雉，登鼎耳而呴。」《論衡・指瑞篇》引《尚書大傳》云：「有雉升鼎耳而鳴。」謂：有隻山雉站在鼎耳上叫。❷惟先格王正厥事　惟，是也。格，告也。正，證之段借字，《說文》謂：諫也。即說直話。事，指祭祀之事。正厥事者，蓋祭祀時有雉登鼎耳而鳴，必主祭者有過失，而神（先王）以此示警也，故曰正厥事。❸乃訓于王曰惟天監下民典厥義　訓，告也、教也。監，〈釋詁〉云：「視也。」典，魯先生謂：乃敟之段借字，《說文》云：主也。義，善也。乃謂：於是告教王說：上天監視下民，以善行為主。❹降年有永有不永　降，《說文》云：「下也。」此猶賜。永，長也。謂：賜給人民的壽命有長有短。❺非天夭民民中絕命　《史記》作：「非天夭民，中絕其命。」謂壽短之人，必由其人自取，非上天故意夭折之使中斷性命早死也。❻民有不若德不聽罪　若，順也。德，謂善行。即上文「典厥義」之「義」字。聽，從也。即：民有不順從善行，不引咎自責（即不聽從老天所給予之懲罰）。❼天既孚命正厥德　孚，《史記》、《漢石經》並作付，與也。正，適也。謂：上天既然已經付與人性命的長短，那是適合他的德行的。❽其如台　《史記》作「其奈何」，謂天命其奈何，言不畏天也。❾王司敬民　司，《史記》作嗣，謂繼王位。民，乃敃之段借字，勉也。謂：王啊！你繼帝位，要以敬勉的態度從事啊！❿罔非天胤典祀無豐于昵　天胤，猶言天子，此指諸先王。典，常也。典祀，即見於常典之祭祀。昵，乃暱之或體，《說文》云：「暱，日近也，或從尼作昵。」引申為親近。故馬融曰：「昵，考也，謂禰廟（父廟）也。」此蓋祖庚肜祭武丁太厚，故有雊雉之變，祖己乃以此為王進言。

【語譯】肜祭高宗這一天，有隻山雉站在鼎耳上叫，祖己說：「是先王來向我王說直話。」於是告教王說：「上天監視下民，以善行為主，賜給人民的壽命有長有短，不是老天爺要人早死，那是人民自取絕命。因為有些人不順從美德（去做），（也有些人）不能引咎自責。上天賦與人民性命的長短，那是跟他的德行相符合的，乃至於能說：『天還能把我怎麼樣？』唉！王啊！你繼承帝位，要以敬勉的態度從事啊！沒有一位不是我們天朝的後代，見於常典的祭祀，對於近代祖先的祭品不要太過豐厚啊！」

西伯戡黎

【題　解】鄭康成曰：西伯，周文王也，時國于岐，封為雍州伯也，南兼梁、荊，國在西，故曰西伯。又《史記・周本紀》云：「公季卒，子昌立，是為西伯，西伯曰文王。」

朱駿聲《尚書便讀》云：「戡，勝也。」孫星衍云：「戡，《說文》作𢦟，云：殺也。蓋黎侯無道，殺之而不取其國，故云𢦟而不云滅也。」按：戡，乃𢦟之段借字。《說文》云：「𢦟，殺也，《商書》曰：西伯既𢦟黎。」是孫說為近。

黎，國名。《史記・殷本紀》作飢，《尚書大傳》作耆，亦即《史記・周本紀》之耆國，孔安國謂在上黨東北（今山西長治），說見《史記正義》。楊筠如《尚書覈詁》以為距周地太遠，疑其非是。因謂此黎乃驪戎，其國在驪山下（今陝西臨潼）；因其距文王都豐邑甚近也。按：楊說近理，姑從之。

本篇乃記述西伯勝黎後，祖伊戒紂王之事，文辭淺易，蓋亦後人述古之作也。

西伯既戡黎，祖伊❶恐，奔告于王。曰：「天子！天既訖❷我殷命；

格人元龜，罔敢知吉❸。非先王不相❹我後人，惟王淫戲用自絕。故天棄我：不有康食❺，不虞天性❻，不迪率典❼。

今我民罔弗欲喪❽，曰：『天曷不降威？大命不摯❾！』今王其如台❿？」

王曰：「嗚呼！我生不有命在天⓫？」祖伊反⓬曰：「嗚呼！乃罪多參在上，乃能責命于天⓭！殷之即喪，指乃功；不無戮于爾邦⓮。」

【注釋】❶祖伊　《史記・殷本紀》謂為紂臣。❷訖　《說文》云：「止也。」即終止。❸格人元龜罔敢知吉　格，告也。元龜，馬融謂大龜也。按：古以龜卜，以為龜愈大愈靈。敢，能也。謂：告訴人吉凶的大烏龜，也不能知道什麼是吉了，即不靈了。❹相　助也。❺不有康食　康，廣也，多餘之謂。謂：無多餘之糧食，即饑荒也。❻不虞天性　虞，魯先生謂：乃娛之叚借字，《說文》云：「樂也。」天性，猶天命。謂不能樂享天年。以上兩句孫詒讓《尚書駢枝》云：「不有康食，謂饑饉；不虞天性，謂疫癘，皆天災也。」其說正得其旨。❼不迪率典　迪，魯先生謂：由也。率，與律通，〈釋詁〉謂：法也。典，常也。謂不由常法也。❽喪　亡也。《論衡・藝增篇》云：「天下民無不欲王亡者。」正得其旨。❾天曷不降威大命不摯　曷，何也。威，畏也，即懲罰。大命，即天命。摯，至之叚借字。《史記》作「大命胡不至」。❿今王其如台　《史記》作「今王其奈何」。按：此乃祖伊之言。是祖伊轉述人民的話說：「老天何不賜予懲罰呢？天命為何不早到！」兩句話後，他問王你如何處理呀？亦即謂王你怎麼辦呀？⓫王曰嗚呼我生不有命在天　《史記・殷本紀》作：「紂曰：我生不有命在天乎？」雖只多一乎字，其義則明矣。⓬反　《說文》云：「覆也。」即答覆。⓭乃罪多參在上乃能責命

于天　參，乃累之誤。上，謂天上。責，求也。謂：你的罪惡太多，都累積在天上，還能求老天延長你的生命嗎？（詳參拙作〈參字累在上考〉）⓮殷之即喪指乃功不無戮于爾邦　即，至也。指，《廣雅》謂：斥也。功，事也。無，魯先生以為虞之叚借字，度也。不虞，即非臆測所及也。意謂：殷之至於滅亡，大家都指斥是你造成的事，料不到會被刑戮在你的國度裏。

【語譯】西伯戰勝了黎國後，祖伊非常恐懼，趕快跑去報告紂王。他說：「天子啊！老天好像已經終止了我們殷朝的國運。會告訴人吉凶的大烏龜，現在都不靈驗了。這不是先王們不幫助我們後代子孫，而是王過分的戲嬉玩樂，因此斷送了國運。所以老天爺也拋棄了我們：使我們沒有多餘的糧食，遭受饑荒；使我們不能樂享天年，橫遭疫癘；朝廷做事也不由常法。

如今人民沒有不想王早點死的，他們說：『老天何不賜予懲罰呢？天命為何不早日到！』如今王呀！你聽了這些話怎麼辦呢？」

紂王說：「唉！我生下來豈不就有命在天嗎？人民還能咒短得了我？」祖伊說：「你的罪太多了，都累積在天上，還能求老天延長你的生命嗎？殷之至於滅亡，大家都指斥是你造成的，料不到殷朝會亡在你的手裏！」

微子

【題解】微，畿內國名。子其爵也。《史記‧殷本紀》謂：「帝乙長子曰微子啟，啟母賤，不得嗣，少子辛，辛母正后，辛為嗣。」是謂微子為紂之異母兄也。然《呂氏春秋‧仲冬紀‧當務》篇云：「紂之同母弟三人，其長曰微子，其次曰仲衍，其次曰受德，受德乃紂也，甚少矣。紂母之生微子啟與仲衍也，尚為妾，已而為妻而生紂。」鄭康成謂：微子與紂同母，當生微子，母猶未正，及生紂時，已得正為妻也，故微子大而庶，紂小而嫡也。是《呂氏春秋》及鄭玄則以為紂之同母兄。今無從考正。

本篇乃述殷將滅亡，微子未知何去何從，而謀之與父師箕子，及少師比干之事。文辭淺易，蓋亦非當時之作品也。

微子若曰❶：「父師、少師❷，殷其弗或亂正四方❸。我祖厎遂陳于上❹；我用沈酗于酒，用亂敗厥德于下❺。殷罔不小大❻，好草❼竊姦宄，卿士師師非度❽，凡有辜罪，乃罔恆獲❾。小民方興❿，相為敵讎。今殷其淪喪⓫，若涉大水，其無津涯⓬。殷遂喪，越至于今⓭。」

曰：「父師、少師，我其發出狂⑭？吾家耄遜于荒⑮？今爾無指告予，顛隮若之何其⑯？」

父師若曰：「王子！天毒降災荒殷邦⑰，方興⑱沈酗于酒。乃罔畏畏⑲，咈其耇長、舊有位人⑳。今殷民，乃攘竊神祇之犧牷牲㉑，用以容，將食無災㉒，降監殷民，用乂㉓；讎斂，召敵讎不怠㉔。罪合于一，多瘠罔詔㉕。商今其有災，我興受其敗㉖。商其淪喪，我罔為臣僕㉗。詔王子出迪，我舊云刻子㉘；王子弗出，我乃顛隮。自靖㉙，人自獻于先王，我不顧行遯㉚。」

【注　釋】❶微子若曰　此猶〈盤庚〉篇之「王若曰」，事出史官所記，故加「若曰」，即「如是說」。由此亦知乃後人述古之作。❷父師少師　鄭玄云：「父師者，三公也；時箕子為之。少師者，太師之佐，孤卿也；時比干為之。」（按：《史記》父師正作太師。）❸弗或亂正四方　弗，毋也。或，有也。亂，《經義述聞》謂：《尚書》率字每訛為亂字。則此亂字亦當為率。率正四方，即率天下以正也。此謂：沒有能力率領天下走到正路上去。❹我祖厎遂陳于上　我祖，指先王們。厎，〈釋言〉云：致也。遂，成也（《禮記．月令》注）。陳，列也。上，謂前代。謂：我們祖先們已有很好的成就表現於前代。❺我用沈酗于酒用亂敗厥德于下　用，行也。

沈酗，猶沈醉。厥，指祖先。敗，毀也。于下，謂後世。謂：我們這些後人整日沈醉於酒，破壞了祖先好的操行於後世。❻小大　魯先生謂：小指百姓，大指群臣，非指老少。❼草　魯先生謂：乃鈔之叚借（清紐），《廣雅》謂掠也。即掠取、搶奪也。❽卿士師師非度　卿士，指政府大臣、要員。師師，謂相師法也。非度，不合法度。謂政府官員們相互倣效去做些非法之事。❾凡有辜罪乃罔恆獲　辜，罪也。辜罪，即罪犯。恆，常也。獲，捕獲。謂：所有罪犯們，很少捉得到（因官官相護蔭庇也）。❿小民方興　小民，指百姓。方，並也。興，起也。⓫淪喪　謂滅亡。⓬津涯　津，鄭玄謂：濟渡處也。即渡口。涯，乃厓之俗字，《說文》云：山邊也。引申而為水邊。謂：沒有渡口，又沒有岸邊，那將如何渡法？⓭殷遂喪越至于今　遂，終也。喪，亡也。越，於也，即於是。至于今，謂在今天。⓮發出狂　發出，猶去國，出發也。狂，《史記》作往，是也。⓯家耄遜于荒　家，應讀為居（同為五部）。耄，老也。〈曲禮〉云：八十曰耄。遜，遁也。荒，謂荒野。⓰今爾無指告予顛隮若之何其　指告，即指示。顛，倒也。隮，馬融謂隊（墜）也。其，語詞。謂：現在你們不指示我，國家垮了，我將如之何？（若，如也。）我倒了，你們怎麼辦？（若，汝也。）⓱王子天毒降災荒殷邦　王子，微子乃帝乙之子，故稱王子。毒，《史記・宋世家》作篤，皆竺之叚借字。《說文》云：厚也。即重重地。荒，《史記》作亡（按：荒从巟聲，巟从亡聲，當以亡為本字）。⓲方興　方，並也。興，乃嬹之叚借字，《說文》云：說也。即喜歡。方興，並喜，謂帝王、官吏、百姓都喜歡沈醉於酒。⓳畏畏　上畏，懼也。下畏讀為威。⓴咈其耇長舊有位人　咈，《說文》云：違也。耇，〈釋詁〉謂壽也。舊，久也。有，猶於也。謂：違牾長者之言，不聽久在位（老資格）的話。㉑乃攘竊神祇之犧牷牲　馬融謂：因來而取曰攘，往盜曰竊，天曰神，地曰祇。犧，《說文》云：「宗廟之牲也。」牷，《說文》云：「牛純色。」（按：牲以純色為貴。）牲，《說文》云：「牛完全也。」（按：已卜曰牲。）㉒用以容將食無災　用以，因而也。容，寬也，謂寬容其罪。將，且也。災，乃𡿧之叚借字，《說文》云：害也。謂：（人民偷了祭品）都能寬容他，而且吃了也無災害（此言政府無法，神亦不靈）。㉓降監殷民用乂　降，下也。監，視也。乂，治也。謂：上天下視我殷民，是看政治表現。㉔讎斂召敵讎不怠饑，上饑，魯先生謂乃稱之叚借字，《說文》云：「多也。」斂，鄭玄謂：賦斂也。召，致也，即招來。敵，怨也。不怠，《尚書便讀》云：猶不已也。㉕多瘠罔詔　瘠，本字作膌，《說文》云：瘦也。引申為病，即痛苦、憂愁也。㉖我興受其敗　興，舉也，皆也。受，即承受。敗，毀也，此謂災禍。㉗臣僕　古代戰勝者，常以被征服者為奴僕。《左傳》僖公十七年卜招父曰：「男為人臣，女為人妾。」㉘詔王子出迪我舊云刻子　詔，告也。迪，逃也。舊，久也，即老早。刻，害也。㉙自靖　靖，謀也。謂各人自謀。㉚我不顧行遯　顧，念也。行，回應前文——我其發出狂。遯，指前文——遜于荒。謂：我不考慮逃走，也不考慮隱遁。

【語　譯】微子如此說：「父師呀！少師呀！殷朝恐怕是沒有能力率領天下走到正路上去了！我們祖先們已有很好的成就表現於前代，而我們後人卻整日沈醉於酒，破壞了祖先們好的操行於後世。殷朝不論是小百姓或是大官員，沒有不喜歡搶劫、偷竊、作亂的，政府官吏也都相互倣效去做非法的事情。所有犯罪的人，都因有所庇護而逍遙法外。一般民眾也群起倣效，相互敵對仇視。如今我們殷朝必然要淪亡，就像要渡過一條大河，沒有渡口，又沒有邊。（如何渡呢？）殷朝終要滅亡了，於是就在今天。」

微子又說：「父師呀！少師呀！我是要去國遠行以避禍呢？還是家居養老，隱遁於窮鄉僻壤？現在你們不指示我方向，我真的倒下去了，你們將怎麼辦？」（意謂：我死斷了代，祖先將無人祭祀，你們怎樣向祖先交代？）

箕子如此說：「王子啊！老天重重地降下災害，是要滅亡我們殷朝。讓我們帝王官吏等都喜歡沈醉在酒中，所有的人都目無法紀，不怕懲罰；目無尊長，不聽前輩的話。乃至於對偷竊神前祭品的人都能寬容，而且吃了也沒有災害。（真是官無法紀，神不靈驗。）上天下視我殷人，是看政治表現的。(現在)橫徵暴斂,招致各方怨仇,還不停止。君臣同惡相濟,合為一體,人民無限的痛苦而無處去訴。現在我們商朝必有大難,我們都要承受這禍害。商是一定要滅亡的了!但是我輩不能淪為敵人的奴隸。告訴你,王子!趕快逃走,我早就說過,紂王會殺害你。王子!你要不逃走,那我們殷邦真的是倒下去——滅亡了(因殷嗣斷絕,血食不繼)。我們每人都要各自打算,各人都要以獻身先王為原則。至於我,則不考慮逃走,也不考慮隱遁。(意謂:不論生死逃隱,除個人榮辱外,還要顧及到先王。)」

周書

牧誓

【題解】牧，《說文》作坶，地名。其地在今河南淇縣之南。本篇乃周武王與商紂王戰於牧野之誓師辭。《史記・魯世家》云：「十一年伐紂，至牧野，周公佐武王，作〈牧誓〉。」按：本篇文辭簡易，不若〈周誥〉諸篇之古奧難讀，且文中又以「夫子」為第二稱謂，此乃戰國以來之習慣用法（說見清崔述《洙泗考信錄》卷二），當係戰國時人述古之作。

時甲子昧爽❶，王朝至于商郊牧野❷，乃誓❸。王左杖黃鉞，右秉白旄以麾❹；曰：「逖矣西土之人❺。」

王曰❻：「嗟！我友邦冢君，御事、司徒、司馬、司空、亞、旅、師氏、千夫長、百夫長，及庸、蜀、羌、髳、微、盧、彭、濮人❼。稱爾戈，比爾干❽，立爾矛，予其誓。」

王曰：「古人有言曰：『牝雞無晨❾。牝雞之晨❿，惟家之索⓫。』今商王受，惟婦言是用⓬。昏弃厥肆祀，弗答⓭；昏弃厥遺王父母弟，不迪⑭。乃惟四方之多罪逋逃⑮，是崇是長⑯，是信是使⑰，是以為大夫卿士；俾暴虐于百姓，以姦宄于商邑。

今予發⑱，惟恭行天之罰。今日之事，不愆⑲于六步、七步，乃止齊⑳焉。夫子勖㉑哉！不愆于四伐㉒、五伐、六伐、七伐，乃止齊焉。勖哉夫子！尚桓桓㉓，如虎、如貔、如熊、如羆㉔，于商郊㉕；弗迓克奔㉖，以役西土㉗。勖哉夫子！爾所㉘弗勖，其于爾躬㉙有戮！」

【注釋】❶甲子昧爽　甲子，據《史記・周本紀》，乃武王十二年二月甲子日，而〈齊太公世家〉又以為十一年正月甲子。〈魯周公世家〉亦作十一年。昧，《說文》：「昧爽，且明也。一曰闇也。」爽，《說文》：「明也。」是昧爽者，天微明日未出也。❷王朝至于商郊牧野　王，《史記》謂武王，是也（按：武王在伐紂之前早已稱王）。朝，早晨。商郊，商都之郊；《周禮》注杜子春曰：五十里為近郊，百里為遠郊。按：時紂都朝歌，牧地在朝歌南七十里，是近郊之外，遠郊之內也。牧野，鄭康成曰：郊外曰野，即牧之郊野。❸誓　《說文》云：約束也。即舉行誓師禮（參見〈甘誓〉）。❹左杖黃鉞右秉白旄以麾　杖，持也，俗作仗。鉞，即《說文》戉字，大斧也。《司馬法》曰：「夏執元（玄）戉，殷執白戉，周左杖黃戉，右秉白旄。」秉，執也。旄，旄牛尾也，乃旗之一種。麾，以旄旗指麾也。（按：杖黃鉞乃以供刑戮，秉白旄乃以供指麾，故〈周本紀〉云：武王以黃鉞斬紂頭，懸大白之旗。）❺逖矣西土之人　逖，遠也。西土，西方也，周地在西方，其所率以伐殷者，皆西方諸侯，故曰西土之人。❻王曰　重言「王曰」者，示與上文時間有距離也。❼我友邦冢君御事司徒司馬司空亞旅師氏千夫長百夫長及庸蜀羌髳微盧彭濮人　冢，馬融曰：大也；冢君，猶後世稱大王。御，鄭箋謂：治也；御事，猶卜辭中之卸史，謂治事大臣，猶後世之卿士宰相。司徒，主民政之官；司馬，主兵事之官；司空，掌土地之官。亞旅，各部門次要長官；師氏，將兵之官。千夫長，統千人之帥（蔡沈說），猶今之團長；百夫長，統百人之帥（蔡沈說），猶今之連長。（以上皆周之官吏。）庸，在今湖北鄖陽。蜀，在今四川北部。羌，《說文》云：「西羌牧羊人也。」按：羌方，卜辭多見，且時與商朝為敵。髳，楊筠如謂即茅戎，在舊陝州河北縣，當今山西南部濱河之地。于省吾疑即甲骨文中之莞方。微，楊筠如謂微、眉相通，亦即郿，在今山西郿縣。按：甲骨文中即有郿方。盧，即春秋盧戎，在今湖北襄陽南。彭，在今四川彭縣。按：彭方，甲骨文中多見。濮，朱駿聲謂在湖北荊州府。（以上八國，皆蠻夷戎狄，係周之附庸國，故與友邦分別言之。）❽稱爾戈比爾干　稱，〈釋言〉謂：舉也。比，《說文》：「密也。」即駢立也。干，即盾，俗謂之擋箭牌。❾無晨　不司晨。❿之晨　之，魯先生謂：乃司之叚借字。之晨，即司晨。公雞早上啼叫謂司晨。⓫惟家之索　惟，是也。索，盡也。（《儀禮・鄉射禮》注。）亦可謂喪之叚借字，意即蕭條衰敗也。此謂母雞如在早晨效法公雞一樣啼叫，那這家必衰敗，吾家蘇北即有此俗，今臺灣亦尚有此俗。⓬今商王受惟婦言是用　商王受，即帝辛，因受方而立號，後叚借紂為之；非受，名紂也（詳〈立政〉篇注⓲）。婦，指妲己。《史記・殷本紀》謂：「帝紂愛妲己，妲己之言是聽。」⓭昏弃厥肆祀弗荅　昏，王引之《經義述聞》曰：讀若泯，義猶蔑也。昏弃，即蔑棄，亦即輕視也。肆，祭名；《周禮・大祝》注謂：祭宗廟也。荅，俗作答；報荅也。（按：祭祀之義，在崇功報德也。）⓮昏弃厥遺王父母弟不迪　遺，《說文》云：「亡也。」遺王，猶先王。不曰先王者，因非周武王之先王，乃指紂之先王也。遺王父母弟，即其先王之同父母弟，即叔父也。迪，用也。此句《史記・周本紀》作：「昏棄其家國，遺其王父母弟不用。」然《漢石經》「厥遺」二字連文，間無「家國」二字，是知《史記》之文乃太史公解釋之語。（按：不祭宗廟是為不孝，不用叔父是為不友，此乃有違儒家思想，正武王征伐之口實也。）⓯逋

逃 乃同意疊語，《說文》俱以「亡也」釋之。乃惟四方多罪逋逃，謂只是使四方犯了許多罪的人都逃到他那裏。⑯是崇是長 崇，尊也。長，善也。即尊崇他們，說他們是好人。⑰是信是使 即信任他們，任用他們。⑱發 周武王名。⑲愆 過也，《史記》正作「過」字。⑳齊 限度也（見《水經注》引《春秋說題辭》）。不能作整齊講。意謂取勝容易，不過是六步、七步，四伐、五伐而已。㉑勖 勉也。㉒伐 鄭康成謂：一擊一刺為一伐。㉓桓桓 鄭康成曰：威武貌。㉔如虎如貔如熊如羆 貔，豹屬。羆，似熊而大。按：虎貔有衝勁，熊羆則善守。意謂衝鋒要如虎貔，守陣要似熊羆。㉕于商郊 于，〈釋詁〉謂：往也。即開往商郊去。㉖弗迓克奔 迓，《史記》作禦，抵制也。克，〈釋詁〉謂：殺也（參見《公羊》隱公元年）。即不要拒絕（或）殺戮前來投降的人。㉗以役西土 以，因也。役，助也。西土，指周地。意謂：因為投降者可有助於我國周朝。㉘所 《經傳釋詞》謂：猶若也。㉙躬 身也。

【語 譯】 周武王十一年二月甲子日天剛亮的時候，王就在那天早晨，來到了商都郊外的牧地，於是舉行誓師禮。王左手拿著一柄黃色大斧，右手拿著一條白色旄牛尾做的旗子，指揮著軍隊說：「遠來辛苦了！各位西方的諸侯們。」

武王說：「喂！我們各友邦的大王們、治事大臣們、司徒、司馬、司空以及各部門的次長、師長、團長、連長，以及庸、蜀、羌、髳、微、盧、彭、濮諸國的弟兄們，舉起你們的戈，駢立起你們的擋箭牌，豎起你們的矛，我現在要舉行誓師了。」

武王說：「古人曾說過：『母雞是不司晨的，母雞要是司晨，那就是這家衰敗的徵兆。』現在商紂王，專門聽女人的話。他輕視祭祀的禮，不報答先王；蔑棄他的叔父們，不任用他們。只是使四方犯了許多罪的人都逃到他那裏，他尊崇那些人，認為他們是好人；他信任那些人，任用他們，更叫那些人做大夫、卿士等大官。使他們暴虐老百姓，而且作奸作惡於我們商邑。現在我姬發，要恭敬地執行上天對他懲罰的命令。

今天的事很容易，衝鋒前進，不超過六步七步，止此限度而已。各位將士們，要勉勵啊！（衝鋒前進）不過是四次、五次，頂多是六次、七次，止此數而已，敵人必敗，各位將士們多勉勵啊！你們要發揮勇武的精神，要像虎、貔、熊、羆一般勇猛開往商郊去。不要拒絕或殺害來降的人，因為他們可有助於我們周國啊！將士們！努力啊！你們如不勉力去做，那就會殺你們啊！」

洪範

【題解】 洪者，大也；範乃范之叚借字，《說文》云：法也；是洪範者，大法也。因篇內有「洪範」之名，故用以名篇。此乃武王滅殷後，訪於箕子，箕子向其所陳述之治國安民之大法。係我國最古之政治哲學。

〈尚書序〉云：「武王勝殷殺受，立武庚，以箕子歸，作〈洪範〉」。是〈書序〉以為本篇乃箕子所作。然由「王省惟歲，卿士惟月，師尹惟日」師尹地位在卿士之下之情形觀之，與《詩經》及金文皆不合，是知此篇亦必後人述古之作。再由所言之五行內容考之，則本篇當成於鄒衍之前，約當戰國初年。

惟十有三祀❶，王訪於箕子❷。王乃言曰：「嗚呼！箕子，惟天陰騭❸下民，相協厥居❹，我不知其彝倫攸敘❺。」

箕子乃言曰：「我聞在昔，鯀陻洪水❻，汩陳其五行❼；帝❽乃震怒，不畀洪範九疇❾，彝倫攸斁❿。鯀則殛死，禹乃嗣興⓫，天乃錫⓬禹洪範九疇，彝倫攸敘。

初一⑬曰五行，次二曰敬用五事⑭，次三曰農用八政⑮，次四曰協用五紀⑯，次五曰建用皇極⑰，次六曰乂用三德⑱，次七曰明用稽疑⑲，次八曰念用庶徵⑳，次九曰嚮用五福㉑，威用六極㉒。

一、五行：一曰水，二曰火，三曰木，四曰金，五曰土。水曰潤下㉓，火曰炎㉔上，木曰曲直㉕，金曰從革㉖，土爰稼穡㉗。潤下作鹹㉘，炎上作苦㉙，曲直作酸㉚，從革作辛㉛，稼穡作甘㉜。

二、五事㉝：一曰貌，二曰言，三曰視，四曰聽，五曰思。貌曰㉞恭，言曰從㉟，視曰明，聽曰聰，思曰睿㊱，恭作肅㊲，從作乂㊳，明作哲㊴，聰作謀㊵，睿作聖㊶。

三、八政㊷：一曰食㊸，二曰貨㊹，三曰祀㊺，四曰司空㊻，五曰司徒㊼，六曰司寇㊽，七曰賓㊾，八曰師㊿。

四、五紀(51)：一曰歲，二曰月，三曰日，四曰星辰(52)，五曰歷數(53)。

五、皇極：皇建其有極[54]，斂時五福[55]，用敷[56]錫厥庶民。惟時[57]厥庶民于汝極[58]，錫汝保極[59]。凡厥庶民，無有淫朋[60]；人無有比德[61]，惟皇作極。凡厥庶民，有猷有為有守[62]，汝則念[63]之。不協于極[64]，不罹于咎[65]；皇則受[66]之。而康而色[67]，曰：『予攸好德[68]。』汝則錫之福。時人斯其惟皇之極[69]。無虐煢獨[70]；而畏高明[71]。人之有能有為，使羞[72]其行，而邦其昌。凡厥正人[73]，既富方穀[74]；汝弗能使有好于而家，時人斯其辜[75]。于其無好德[76]，汝雖錫之福，其作汝用咎[77]。無偏無陂，遵王之義[78]；無有作好，遵王之道[79]；無有作惡，遵王之路[80]，無偏無黨[81]，王道蕩蕩；無黨無偏，王道平平[82]；無反無側，王道正直。會其有極，歸其有極[83]。曰皇極之敷言，是彝是訓，于帝其訓[84]。凡厥庶民，極之敷言，是訓是行，以近天子之光[85]。曰，天子作民父母，以為天下王。

六、三德[86]：一曰正直[87]，二曰剛克[88]，三曰柔克[89]。平康正直[90]，彊弗友剛克，燮友[91]柔克；沈潛剛克[92]，高明柔克[93]。惟辟作福，惟辟作威，惟辟玉食[94]。臣無有作福作威玉食；臣之有作福作威玉食，其害于而家，凶于而國。人用側頗僻[95]，民用僭忒[96]。

七、稽疑[97]：擇建立卜筮人[98]，乃命卜筮。曰雨，曰霽，曰蒙，曰驛，曰克，曰貞，曰悔。凡七，卜五，占用二，衍忒[99]。立時人[100]作卜筮，三人占，則從二人之言。汝則有大疑，謀及乃心，謀及卿士，謀及庶人，謀及卜筮。汝則從[101]、龜從、筮從、卿士從、庶民從，是之謂大同[102]；身其康彊，子孫其逢[103]：吉。汝則從、龜從、筮從、卿士逆[104]、庶民逆：吉。卿士從、龜從、筮從、汝則逆、庶民逆：吉。庶民從、龜從、筮從、汝則逆、卿士逆：吉。汝則從、龜從、筮逆、卿士逆、庶民逆：作內吉，作外凶[105]。龜筮共違于人：用靜，吉；用作，凶。

八、庶徵[106]：曰雨、曰暘[107]、曰燠[108]，曰寒，曰風。曰時五者來備[109]，各以其敘，庶草蕃廡[110]。一極備[111]凶，一極無[112]凶。曰休徵[113]：曰肅，時雨若[114]；曰乂，時暘若；曰哲，時燠若；曰謀，時寒若；曰聖，時風若。

曰咎徵[115]：曰狂，恆雨若[116]；曰僭[117]，恆暘若；曰豫[118]，恆燠若；曰急[119]，恆寒若；曰蒙[120]，恆風若。曰王省惟歲[121]，卿士[122]惟月，師尹[123]惟日。歲月日時無易[124]，百穀用[125]成，乂用明，俊民[126]用章，家用平康。日月歲時既易，百穀用不成，乂用昏不明，俊民用微[127]，家用不寧。庶民惟[128]星，星有好風，星有好雨[129]。日月之行，則有冬有夏；月之從星，則以風雨[130]。

九、五福：一曰壽，二曰富，三曰康寧，四曰攸好德[131]，五曰考終命[132]。六極：一曰凶短折[133]，二曰疾，三曰憂，四曰貧，五曰惡[134]，六曰弱[135]。」

【注釋】❶祀　年也。《爾雅・釋天》云：「商曰祀，周曰年。」今周朝紀年而曰祀者，或謂此乃箕子陳言，示不臣義。或謂箕子自為，示不忘本。說皆非是。蓋一種思想制度非一日可改也。考西周早期銅器如大、小盂鼎、師遽𣪘等之銘文，亦或稱年曰祀可證。❷王訪於箕子　王，周武王也。武王十一年克殷，則十三祀是克殷後之二年也。箕子，〈宋世家〉以為紂之親戚；馬融、王肅以為紂之諸父；服虔則以為紂之庶兄。按：箕乃方名；子係爵名，因封於箕地，故曰箕子。❸陰騭　陰乃黔之段借字；《說文》云：「黔，雲覆日也。」引申而有覆蓋義。騭或作隲，魯先生謂：乃食之段借字，養也；是陰騭者，即覆蔭生養也，猶言保護也。❹相協厥居　相，助也。協，和也。相協，即協助。厥，其也，乃指天言。居，魯先生謂：乃襾之段借字，《說文》云：「襾，覆也。」此句謂：協助上天，覆蔭下民也。❺彝倫攸敘　彝，〈釋詁〉謂：常也。倫，道也。攸，〈釋言〉謂：所也。敘，次第也，即條理。按：〈宋世家〉作：「常倫所序」，乃以訓詁字代之也。❻鯀陻洪水　鯀，夏禹父，堯封為崇伯，用圍堵法治水無功。陻，應劭曰：塞也。❼汨陳其五行　汨，俗音ㄍㄨ，當讀ㄧˋ，《說文》云：「汨，治水也。」相反為訓，則為亂也。陳，施也。五行：金、木、水、火、土也。❽帝　指上帝。❾不畀洪範九疇　畀，與也。疇，類也。九疇，詳見下文。❿彝倫攸斁　彝倫，常道也。攸，魯先生以為由之段借字，由是也。斁，殬之段借字，《說文》云：「敗也。」⓫嗣興　嗣，〈釋詁〉謂：繼也。興，〈釋言〉謂：起也。⓬錫　賜也。⓭初一　初，始也。初一，猶言首先、第一。⓮敬用五事　敬，謹也。用，猶於也。五事，詳下文。⓯農用八政　農，鄭玄讀為醲，厚也；《廣雅》云：勉也。義皆迂曲。魯先生以為眾之段借字。八政，詳下文。⓰協用五紀　協，調和也。五紀，詳下文。⓱建用皇極　建，立也。皇，君也。極，《說文》云：「棟也。」棟於屋中，四方取以為則，故引申為法則也。⓲乂用三德　乂，治也。三德，即正直、剛克、柔克。⓳明用稽疑　明，謂明事之可否與吉凶也。稽，乃卟之段，卜以問疑也。稽疑，謂有疑問而考之於卜筮也。⓴念用庶徵　念，諗之初文，告也。即上天告人在於眾徵驗上。庶，眾也。徵，證驗也。㉑嚮用五福　嚮，或作饗，賞賜也。五福，即：壽、富、康寧、攸好德、考終命。㉒威用六極　威，害也、畏也，即懲罰。極，窮也。六極，詳下文。㉓水曰潤下　曰，以也。潤，澤也。水性向下，所以潤澤卑下之地。㉔炎　《說文》：「火光上也。」火性燃則向上。㉕曲直　木性柔韌，可揉之使曲，亦可矯之使直。㉘從革　從，順也；革，更改也。凡金屬皆可銷融成液體，可順從人意而改其本形。㉗土爰稼穡　爰，《史記》作曰；稼穡，種之曰稼，斂之曰穡。㉘潤下作鹹　潤下，指水言；作，成也；水流千遭歸大海，而成鹹。㉙炎上作苦　炎上，指火言；凡經火燒焦者，其味必苦。㉚曲直作酸　曲直，指木言，凡木實其味皆酸。㉛從革作辛　從革，指金言。辛，辣也。凡金屬皆有辛辣之味。㉜稼穡作甘　稼穡，指土而言。凡稻、粱、菽、麥、黍、稷等穀物，皆有甜味。㉝五事　指貌、言、視、聽、思。

㉞曰　以也。下同。㉟從　順也。《漢書・五行志》注：「言正曰從。」㊱睿　通也。㊲恭作肅　作，則也。下同。肅，敬也。恭敬則容貌必莊重敬肅。㊳乂　治也。㊴哲　智也。㊵謀　謀慮。㊶聖　通也。㊷八政　政者，國之行政也。即下面所說的八樣國家行政。㊸食　國以民為本，民以食為天，故八政以食為首。㊹貨　《說文》：「財也。」即掌管財貨之官。㊺祀　指掌祭祀之官。㊻司空　掌居民之官。㊼司徒　掌教民之官。㊽司寇　掌刑罰之官。㊾賓　指諸侯朝覲之官。㊿師　謂掌管軍旅之官。51五紀　紀，《廣雅》：「識也。」即五樣識別時日之名。52星辰　星，或謂二十八宿，或謂五星。辰，指十二辰。二十八宿迭見，以敘節氣；十二辰以紀日月所會。53歷數　歷，俗作曆，即曆法；數，步算也。54皇建其有極　君權建立有其法則。55斂時五福　斂，《廣雅》：「取也。」時，是也。五福，指壽、富、康寧、攸好德、考終命。56敷　普之叚借字，即普遍也。57惟時　於是。58于汝極　聽從君的法則。59錫汝保極　錫，與也。保，守持。即與君共守此法則。60淫朋　淫，邪也。朋，黨也。即邪黨。61人無有比德　人，此乃指在位之官吏。比，《論語》孔晁注：「阿黨為比。」德，指行為。62有猷有為有守　猷，謀也，謂有謀略。為，作也，謂有作為。守，謂有操守。63念　《說文》：「常思也。」64不協于極　協，合也，即行為不合（君權）法則。65不罹于咎　罹，乃離之叚借字，遭逢也。咎，過惡也。66受　魯先生謂乃柔之叚借字，寬容也。67而康而色　上而猶能也。下而猶其也。康，和也。即有能和悅其顏色。68予攸好德　攸，所也。好，喜好也。即我所喜好的是道德生活。69時人斯其惟皇之極　時，是也。斯，《經傳釋詞》謂乃也。其，喜也。之，是也。極，法也。由是人乃喜以君王是法。70煢獨　孤獨無所依之人。71高明　指富貴有權勢之人。72羞　《潛夫論・思賢》篇作循，順也，即有作為有才能的人，使能順其所行，不加阻撓。（此乃人才主義。）73正人　正直之人，非指在官者。74既富方穀　既，已也。富，猶祿也。方，常也。穀，魯先生謂：祿也。即：凡屬正直之人，既已給他俸祿，就要祿之以常祿。意即正人君子要常在位。75汝弗能使有好于而家時人斯其辜　好，謂善行。而家，即汝家，指王室言。時，是也。斯，此也。辜，罪也。意謂：前面那些祿之以常祿的正人君子們，你不能使其居官有好的表現於王室，是此人即以此事而言，

已為其罪矣。(拿薪水不做事，豈不就是罪過嗎？) (76)于其無好德　于其，如其也。好，善也。德，行也。按：《史記．宋世家》述此語無「德」字。(77)其作汝用咎　作，為也。容，受也。咎，過也。《尚書故》云：「汝用咎，猶言汝受其咎。」是也。則本句意謂：他的行為會使你受到罪過。(78)無偏無陂遵王之義　偏，《說文》：「頗也。」即不正。陂，本作頗；唐玄宗開元年間詔改為陂。頗，《說文》云：「頭偏也。」引申為邪。遵，循也。義，本作誼，(唐玄宗詔改為義) 法也。(79)無有作好遵王之道　無，勿也。有，猶或也。作好，私心作偏好也。遵，循也。道，法也。(80)無有作惡遵王之路　作惡，擅作威也。(王法不可由人私設公堂。) 路，猶上句之「道」字，法也。(上六句乃謂人民，猶下六句謂君。) (81)無偏無黨王道蕩蕩　黨，助私曰黨。蕩蕩，平易廣大貌。(82)平平　《史記．張釋之馮唐列傳》贊引作「便便」。或作辨、辯，詳見〈堯典〉。辨察也。(83)會其有極歸其有極　會，合也、聚也；謂君聚會臣民。歸，依附往就也；謂臣民歸附君。有極，合於法也。(84)曰皇極之敷言是彝是訓于帝其訓　曰，為之叚借字，是也。皇極，君權之法則。敷言，即所陳述之言。彝，法也。訓，教訓也。于，如也。帝，指上帝。其猶之也。訓，教訓 (以上三句謂君)。(85)是訓是行以近天子之光　訓，《史記．宋世家》作順。行，奉行也。近，接近也。光，指光明 (以上四句謂民)。(86)三德　即正直、剛克、柔克。(87)正直　中正不曲也。(88)剛克　克，勝也。即以剛強勝。(89)柔克　以柔勝者。(90)平康正直　平，和也。康，安也。即：辭色平和安詳，可算是正直的人。(91)燮友　燮，和也。友，順也。(92)沈潛剛克　沈，下也。潛，沈也。沈潛，謂壓抑、貶退也。即凡剛強的人要壓抑、貶退之。(93)高明柔克　高明，猶顯揚也。即對柔順之人要能顯揚他。(94)惟辟作福惟辟作威惟辟玉食　辟，君也。作福，專賞賜爵命也。作威，專刑罰也。玉，美也。玉食，即備珍美也。(95)人用側頗僻　人，謂官吏。側，傾斜也。頗，偏也。僻，邪也。謂邪枉不正也。按：此三字同義，古書未有此例，當衍一字。乃係旁注而闌入正文者。當曰：「人用頗側。」(96)民用僭忒　民，指百姓。僭，差也。忒，惡也。僭忒，即踰越，過分也。按：自「惟辟作福」至「民用僭忒」凡四十八字，甲、以文義審之，乙、以音韻證之，應移五皇極「歸其有極」下。(97)稽疑　卜以決疑也。(98)擇建立卜筮人　擇，選也。建立，設置也。卜筮，以龜占曰卜，以蓍占卦曰筮。99曰雨曰霽曰蒙曰驛曰克曰貞曰悔凡七卜五占用二衍忒　按：自雨至悔七項，統名之曰卜筮之象。自雨至克五項，為龜卜之兆象。貞與悔二項，乃筮占之卦象。即用龜卜者五項，用蓍占二項。雨，兆之體，氣如雨然也；霽，如雨止之雲，氣在上者也；蒙，或作霧，蟊者，氣不釋，鬱冥冥也；驛，古文作圛，色澤而光明也；克，如祲氣之色相犯也；內卦曰貞，貞，正也；外卦曰悔，悔之言晦也；晦猶終也；卦象多變，故言衍忒。以上乃據鄭玄所說（見《史記集解》）。100時人　是人也，指知卜筮之人。101汝則從　則，猶若也。從，同也；求吉得吉曰從。102大同　同，合也；上下無不相合曰大同。103身其康彊子孫其逢　身，指自身。康，安也。彊，健也。逢，大也，猶旺盛。104逆　不順從也。105作內吉作外凶　內，指內事，如建築、宴會等。外，指外事，如征伐、田獵等。106庶徵　眾徵驗。107暘　《說文》：「日出也。」即晴。108燠　《說文》：「日在中也。」即暖。109曰時五者來備　曰時當從下文斷句。曰，有也。時，是也。應曰：有是五者（雨、暘、燠、寒、風）具備（詳說見拙著《尚書新證》）。110各以其敘庶草蕃廡　敘，次序也。蕃，《說文》：「艸茂也。」廡，無之叚借字，《說文》：「無，豐也。」蕃廡即蕃無，茂盛也。111一極備　一，謂上述五者之一。極備，過多也。112極無　過少也。113休徵　休，美也。即美善之徵驗。114曰肅時雨若　曰，有也。肅，敬也。時雨，合乎時宜之雨。若，至也。（《老子》：「貴大，患若身。」王弼注：「若，至也。」）即：有敬肅之儀容，則有合乎時宜之雨至。以下若字仿此。115咎徵　咎，《說文》：「災也。」即災害的徵驗。116曰狂恆雨若　狂，狂妄也。恆雨，即久雨。即：有狂妄之表現（不整肅儀容），就會久雨成災。117僭　過差也。118豫　《史記・宋世家》作舒；《尚書大傳》作荼；《偽孔傳》作悆。按：當以舒為本字。舒、豫、荼、悆皆叚借字。舒，舒緩也。正與下文「急」字為相對之詞。119急　鄭玄謂：聽人之言，而不與人謀之，即急促自用也。120蒙　即蒙蔽、昏暗也。121曰王省惟歲　曰，語詞。省，察也。惟，以也。即：王考察天下政治之得失，以一歲為主。122卿士　指執政大臣，若宰相。123師尹　師，眾也。尹，官也。即眾治事官員。124易　變易，即改變常態。125用　以也。下同。126俊民　《說文》：「才過千人也。」即才智之士。127微　不顯著，即隱而不仕也。128惟　是也。129星

有好風星有好雨　舊說箕星好風，畢星好雨。[130]則以風雨　《詩經・漸漸之石》篇：「月離于畢，俾滂沱矣。」《春秋緯》：「月離于箕，風揚沙。」（《詩疏》引）以，有也。謂月遇畢星則多雨，經於箕星則有風。按：自「庶民惟星」至「則以風雨」二十九字，乃譬喻之言，非具實之論。言庶民之眾如星，民之好惡不同，官吏如接近人民，民情就可知曉，也就可依人民需求而施政。復按：自「曰王省惟歲」至「則以風雨」凡八十七字，與上文「庶徵」之含意不相應，《東坡書傳》移此於五紀「五曰歷數」下，其說可取。[131]攸好德　攸，乃修之初文。《說文》：「修，飾也。」引申而有備意。好，美也。即備有一切美德，亦即謂使人生無憾也。[132]考終命　考，老也。終，正也。即老壽而死。[133]凶短折　鄭玄云：「未齔曰凶，未冠曰短，未昏曰折。」[134]惡　乃謂凶死，非指過惡。[135]弱　指形體孱弱，即發育不全者。

【語　譯】周武王十三年的時候，周武王訪問了箕子。王於是說道：「唉！箕子，上天是保護世間人民的，我如今是協助上天保護下民，但我不知道治國安民之道的條理如何？」箕子於是說：「我聽說在從前有個名叫鯀的，他用堵塞法來治水，這是違反水性就下之理，他是亂行五行。於是上帝動了怒，不給他九類治國安民的大法，治國安民的常法由是敗壞，鯀則被誅；禹於是繼承他的事業而興起，上天因而就賜給他九種治國安民的大法，這些治國大法才有了條理。

首先第一件說五行，其次第二件說敬謹用五事，其次第三件是國家眾事在於八樣行政綱領，其次第四件是調和於五紀，其次第五是建立君權的法則，其次第六謂治民要使用三德，其次第七謂通明事物之吉凶宜否在於卜以決疑，其次第八謂天之告人吉凶，在於很多的徵驗，其次第九謂天之賞賜人民在於五福，天之降災於民在於六極。

第一是五行：一是水，二是火，三是木，四是金，五是土。水性向下，所以潤澤卑下之地，火的本性，燃則向上，木性以能曲能直為主，金的本性柔，其形可順從人之所為而更改其本形，土以種植五穀為主。潤下是水，水最後必流至海，故其味鹹；炎上是火，凡物經火焚燒者，其味必苦；曲直是木，凡木實其味皆酸；從革是金，凡金屬皆有辛辣之味；稼穡是土，土生五穀皆有甜味。

第二是五事：一是儀容態度，二是言語，三是眼光（即觀察力），四是聽覺（即識別力），五是思想。態度以恭敬為主，言以順理為主，視以明白為主，聽以察理為主，思以深通事理為主。態度恭敬，則容貌莊重敬肅；言論正當，則一切事皆可治理得好；能看得分明，則必是有智慧的人；能聽人之言，辨人之急，則必能慮難；能深思，則必能通其理。

第三是八樣政事：一是主管糧食的，二是主管財貨的，三是主管祭祀的，四是掌管人民土地居住的，五是掌管教育的，六是掌管刑罰的，七是掌管朝覲聘享的，八是主管軍事的。

第四是五樣識別時日先後的名詞：一是年歲，二是月數，三是日，四是星辰，五是曆法算數。

第五是君權之法則：君權之建立是有其法則的，要取這五福，普遍地賜予眾人，於是所有庶民，都聽從君的法則，與君共守此法則。所有百姓人等，沒有結黨營私的，為官的也正直不私，沒有邪黨，惟君主一人的法則是從。因此，所有百姓人等，凡是有才能（有謀略），有志向（有作為），有品德（有操守）的人，你要隨時想到他們，起用他們。（若有些）人民的行為不合準則，但還不至於陷入過惡的地步，君王就當寬容懷柔他。（如有人）能和悅其顏色說：『我所喜好的是道德生活。』像這樣的人，你就當賞賜他以福澤。由是人都會以君王是法。不要殘害那些孤獨無依靠的人，而害怕那些富貴有權勢的人。假如有個人，他有才能有作為，就要能順其所行，不加阻撓，（使能發揮他的才智。）那你的國家必然昌盛。凡屬正直之人，既已給他俸祿，就要繼續給他。（要使君子人能常在位。）這些祿之以常祿的人，你若不能使其居官有好的表現於王室，是此人就此事而言，已有罪過了（拿錢不做事）。如其人無善行，你縱使賜給他福祿，他的行為會使你受到罪過（用人不當）。（天下臣民）應平正無邪，以遵行王的法則，（官員）不要行私惠於人，一切要遵行王道行事，也不能擅行作威，一切都要遵循王法去做。（君王）不要偏私，不要阿黨，那王的法則自然平易可行，不阿黨，不偏私，那王法必然開明辨察，不違理，不枉法，那王道就既正且直了。君王要會合（領導）臣民有其法則，臣民要歸向君王（政府）也有其法則的。（以上所述）是君道的陳詞，當以此為法，以此來教訓臣民，如同上帝之教訓。總括所有百姓人等，關於君權法則上所陳述的話，都要順著它、奉行它，來接近天子的光明。（如此）人皆傳誦說：天子既能做民之父母，宜為天下所歸往也。

第六是三德：一是中正不邪曲，二是以剛勝人的人，三是以柔勝人的人。辭色平和安詳，可算是正直的人；桀傲不馴，算是剛強的人；又和氣又馴服，算是柔弱的人。對於剛強的人，要壓抑他；性情柔順的人，則要顯揚他。只有君王可以專有賞賜爵命的權，惟有君王可以專有刑罰之權，只有君王可以享受美食。至於一般官吏，不可封官賞爵，不可私設公堂，不可吃好的。一般官吏如果也可以封賞人，刑罰人，吃好的，那將有害於你的家，有害於你的國。（果真如此）那所有官吏皆邪枉不正，人民也都踰越法治，不守本分了（因上行下效也）。

第七是稽考疑問：選擇設置一個卜人與筮人，於是告之以事而後去卜、去筮。龜兆有的像雨，有的像雨止而雲氣在上，有的像霧，有的像若有若無的浮雲，有的像互相侵犯的凶災氣色；卦象有內卦、外卦，龜兆和卦象總共是七種；屬於龜卜的有五種，用蓍草占的有二種。推演而變化之，以占卜吉凶宜否。設立這知卜筮的人，來主管卜筮的事。如三人來占，則聽從兩個人的說法。你如果有大疑難，在你內心考慮一下，然後跟官員們商量，然後再跟庶民們商量，最後再卜筮看看。你若贊同，龜卜贊同，筮占贊同，官員們贊同，庶民們贊同，這就是全體意見相合；那你自身必然安康強健，子孫也必昌盛，這就是大吉祥。如你贊同，龜卜贊同，蓍占贊同，但官員及庶民不同意，那還是吉祥的。官員贊同，龜卜贊同，蓍占贊同，但你不同意，庶民不同意，那也還是吉的。如庶民贊同，龜卜贊同，蓍占贊同，你及官員不贊同，仍然是吉祥。你贊同，龜卜贊同，但蓍占不贊同，官員及人民不贊同，那做裏面的事吉祥，做外面的事就不吉利。龜卜、蓍占如果皆與人的意見不合，那無所為、不做事是吉利的，若仍以己意去做，那必遭凶險。

第八是眾徵驗：就是下雨、晴天、燠熱、寒冷和刮風。有這雨、晴、熱、冷、風五項都具備，而且都按照該發生的次序發生的話，那草木必定都很茂盛。有一種現象太多了，必有凶險產生，有某一種現象太少，那也是凶的。至於美善的徵驗：有敬肅的儀容，就會有合時的雨到來，有治國的才幹，就會有合時的晴天到來；有能明視的智慧，就會有合時的熱氣到來；有謀略，就會有合時的寒氣到來；有通明的思想，就會有合時的風到來。至於災害的徵驗：有狂妄的表現，就會久雨；有過差的言論，就會久晴不雨；有舒緩的表現，就會久熱；有急促之聽，就會有經久寒冷；思想蒙蔽，就有風災到來。君王考察天下政治之得失，以一歲為主；宰相考察百官行政以月為主；各級主管考察所屬行政以日為主（即天天要考察）。天子、宰相、眾官員在行政上（如）無變易錯亂，百穀因此而有收穫，政治因此而有成就，傑出的人才也可顯達，每一民家也都和樂安康。時令上不正常，即眾官、宰相、天子在行政上已有變易錯亂，那百穀以此而無收成，治績也昏亂無成，才俊之士皆隱匿不仕，一般民家也以此而不能安生。民眾的象徵是星兒，星有喜好風的，也有喜好雨的，日月的運行，而有冬夏正常的季節（意謂天子、宰相正常表現可以成就國家大事），但月亮遇到星兒，就會刮風下雨（意謂人臣官吏接近人民，民情就可知曉，也就可依人民須求而有風有雨）。

第九是五種人生所當具備的（《說文》云：『福，備也。』）一切幸福：一是壽考，二是富有，三是健康安寧，四是備有一切美德，五是老壽而死。六種困厄：一是短命夭折而死，二是生病，三是憂愁，四是貧困，五是遭凶，六是發育不全有缺陷。」

金縢

【題解】縢，《說文》：緘也。緘，所以束匧也。即繩子。金縢，即以金屬之繩所束之匱，中藏符瑞之書。因篇中有「以啟金縢之書」一語，故以名篇。

《書序》謂本篇為周公所作，但篇中屢言「周公」，是知必為後人假周公之名而作。《東坡書傳》云：「金縢之書，緣周公而作，非周公作也。」其說甚是。試觀本篇文辭平易，亦不似西周初葉作品；殆係西周末或春秋魯人據傳說而為之者。

本篇寫周公友愛之情，深切感人，雖未必真能代死，然此忠君愛國之心，實為可貴可敬。

既克商二年❶，王有疾，弗豫❷。二公❸曰：「我其為王穆❹卜。」周公曰：「未可以戚❺我先王。」公乃自以為功❻，為三壇同墠❼。為壇於南方，北面，周公立焉；植璧秉珪❽，乃告太王、王季、文王。史乃冊祝曰❾：「惟爾元孫某，遘厲虐疾❿；若爾三王，是有丕子之責于天⓫，以旦代某之身。予仁若考⓬，能多材多藝，能事鬼神；乃元孫不若旦多材多藝，不能事鬼神。乃命于帝庭⑬，敷佑四方⑭，用能定爾子孫于下地⑮；四方之民，罔不祗畏⑯。嗚呼！無墜天之降寶命，我先王亦永有依歸⑰。今我即命于元龜⑱，爾之⑲許我，我其以璧與珪，歸俟爾命；爾不許我，我乃屏⑳璧與珪。」

乃卜三龜，一習吉㉑。啟籥見書㉒，乃并是吉。公曰：「體，王其罔害㉓；予小子新命于三王，惟永終是圖㉔。茲攸俟㉕，能念予一人㉖。」公歸，乃納冊于金縢之匱中㉗，王翼日乃瘳㉘。武王既喪㉙，管叔及其群弟乃流言於國，曰：「公將不利於孺子㉚。」周公乃告二公曰：「我之弗辟㉛，我無以告我先王。」周公居東二年㉜，則罪人斯得㉝。于後，公乃為詩以貽王㉞，名之曰〈鴟鴞〉㉟；王亦未敢誚㊱公。

秋，大熟，未穫㊲，天大雷電以㊳風，禾盡偃，大木斯拔㊴；邦人大恐。王與大夫盡弁㊵，以啟㊶金縢之書，乃得周公所自以為功㊷、代武王之說。二公及王，乃問諸史與百執事㊸。對曰：「信㊹。噫！公命，我勿敢言。」王執書以泣，曰：「其勿穆㊺卜。昔公勤勞王家，惟予沖人弗及知㊻；今天動威，以彰周公之德；惟朕小子其新逆㊼，我國家禮亦宜之。」

王出郊，天乃雨㊽。反風，禾則㊾盡起，二公命邦人，凡大木所偃，盡起㊿而築(51)之，歲則大熟。

【注　釋】❶既克商二年　按：周武王十一年克商，已克商二年，即周武王十三年。❷弗豫　《禮記・曲禮》疏引《白虎通》曰：「天子病曰不豫，言不復豫政也。」（按今本《白虎通》無此文。）按：《說文・心部》悆下引作「〈周書〉曰有疾不悆，悆喜也」。喜，《說文》云樂也。作悆為本字，豫乃段借字。❸二公　《史記・周本紀》作太公、召公。❹穆　敬也。❺戚　《說文》段注謂戚引申為憂。按：戚乃慼之段借字，《說文》云：「慼，悳也。」即憂愁。❻公乃自以為功　公，即周公。功，貢之段借字。《說文》云：「貢，獻功也。」引申為周公以自身奉獻，欲代武王死也。❼三壇同墠　築土而高曰壇，除地而平曰墠。三壇，指太王（古公亶父）、王季、文王各一壇。❽植璧秉珪　植，鄭玄以為古置字。秉，執也，持也。璧、珪，皆瑞玉，璧為祭品，珪則執之行禮，所以昭信也。❾史乃冊祝曰　史，謂內史。祝，《說文》云：「主贊詞者。」謂內史作冊文告於神靈說。❿惟爾元孫某遘厲虐疾　元，長也。某，指武王發而言，避諱不敢直言，故謂之某。遘，《說文》云：「遇也。」厲，危也。虐，惡也。⓫是有丕子之責于天　是，魯先生謂：當讀為寔，實也。丕，《史記・魯世家》作負。按：負，荷也，即負荷保持，猶言保護。⓬予仁若考　若，《述聞》云：「而也。」考，孝也。金文考與孝通。⓭乃命于

帝庭　謂武王受命於上帝。⓮敷佑四方　即金文盂鼎之「匍有四方」，亦即「普有四方」也。⓯下地　即地上，猶言人間。⓰祗畏　祗，《說文》云：「敬也。」即敬而畏之。⓱無墜天之降寶命我先王亦永有依歸　墜，乃隊之俗字。《說文》云：「隊，從高隊也。」引申為失。降，下也。寶，珍也。寶命，即國運。依歸，倚靠也。即先王們也好有人祭祀。⓲今我即命于元龜　即，即時也。命，告也。凡占卜，必告龜以卜之事，故曰「命龜」。元，大也。凡卜，以大龜為寶（詳〈西伯戡黎〉）。⓳之　猶若也。⓴屏　藏也。㉑乃卜三龜一習吉　三龜，三王各卜以龜也，故曰三龜。一，同也，猶今語「通通」。習，重也。㉒啟籥見書　啟，開也。籥，《說文》云：「書僮竹笘也。」即書簡之屬。按：下文已有「書」字，魯先生以為此字應為⿵門龠之叚借字，俗作鑰，今曰鎖。書，《述聞》云：「占兆之辭。」㉓體王其罔害　體，兆卦之體，即兆象。罔害，無災也。㉔予小子新命于三王惟永終是圖　予小子，周公自稱。新，親也，即躬親。永終，猶永久。圖，謀也。㉕茲攸俟　攸，魯先生以為：乃夷之叚借字（喻紐）。夷，《說文》云：「平也。」《毛傳》：「說也。」此謂：現在當平安喜悅地等待著。㉖予一人　本為天子自稱，此乃周公以稱武王也。按：《白虎通》云：「王者自謂一人者，謙也。……臣謂之一人何？所以尊王也。」㉗乃納冊于金縢之匱中　納，內也，謂收藏也。冊，即上文冊祝之冊。金縢，見題解。㉘翼日乃瘳　翼，本作昱，古或叚借為翌。瘳，《說文》云：「疾瘉也。」㉙武王既喪　喪，亡也。（是在周公卜告後又經過若干時日。）考：武王之喪，眾說不一：《史記．封禪書》謂武王克商後二年，鄭玄於《詩豳譜正義》謂武王崩於克殷後四年，《逸周書．明堂》篇謂武王崩於克殷後六年，《管子．七臣七主》篇謂武王崩於克殷後七年。㉚管叔及其群弟乃流言於國曰公將不利於孺子　管叔，名鮮，文王三子，乃周公之兄。群弟，即諸弟。此處乃指蔡叔度（老五）、霍叔處（老八）。按：武王同母兄弟有十人，詳《史記．管蔡世家》。流言，無根之言，猶今之謠言。孺子，即小子，指成王。㉛我之弗辟　之，猶若此。辟，避之初文，《史記．魯世家》謂：「我之所弗辟而攝行政者，恐天下畔周，無以告我先王。」㉜居東二年　指伐武庚及誅管叔放蔡叔之事。〈魯世家〉謂居東二年，《詩經．東山》篇則曰：「自我不見，于今三年。」按：居二年，路途上來回一年，是二說皆通也。

㉝罪人斯得　罪人，指武庚、管、蔡。斯，於是也。得，獲也。㉞貽王　貽，遺也。王，指成王。㉟鴟鴞　乃〈豳風〉之詩。㊱誚　責讓也。㊲穫　《說文》云：「刈穀也。」即收割。㊳以　與也。㊴斯拔　斯，盡也。拔，連根拔出。㊵盡弁　《史記・魯世家》作朝服。㊶啟　開也。㊷功　貢之叚借字。自以為功者，奉獻己身也。㊸百執事　謂諸史以外之各官吏。㊹信　誠然。㊺穆　敬也。㊻惟予沖人弗及知　惟，為也。沖人，猶小子。㊼新逆　新，親也。逆，迎也。㊽雨　《述聞》謂係霽之殘脫。《說文》云：「霽，雨止也。」㊾則　即也。㊿起　興也。(51)築　復舊也。

【語　譯】在打敗殷商二年後，周武王生了病，很不快樂。於是太公、召公就說：「我們來替王恭敬地卜問一下看。」周公說：「不可以此來憂愁我們先王（即不可讓先王知道我們武王——他們的子孫——有病而擔心憂愁）。」周公於是決定自我奉獻，做了三個臺子，同時打掃乾淨，準備祭祀。另外又築一臺在三臺的南面，面北正對著三壇，周公就立於此壇。擺好了璧，拿著珪，向太王、王季和文王作禱告。史官於是用作好的冊文祝告於神靈說：「你們的長孫某人，遇到了極危險的病，如你們三王實有保護子孫的責任在上天的話，就請求以我姬旦代替某吧。我姬旦為人仁厚，且能孝老，又多才多藝，能奉事鬼神；你們長孫那人，不像我姬旦這麼多才多藝，又不會奉事鬼神。可是他受命於上帝，廣有天下，卻能安定你們的子孫於人間，天下四方的老百姓，沒有不敬畏他的。唉！不要失去上天所賜給的寶貴的國運，那我們先王的神靈，也將永遠有人來祭祀。現在我即時就要告訴大龜版，你們如許可我的請求，那我就把璧跟珪奉上，獻給你們，然後就回去等待你們的命令。你們如不答應我的請求，那我就把璧和珪藏起來不獻給你們。」

（讀罷冊文）於是占卜了三個龜版，通通都是吉利的。再打開櫃子，核對占兆之書，也都是吉利的。周公於是說：「從龜兆來看，王將不會有甚麼災害。我小子躬親向三王接受了命令，先王們也是向長遠處去謀慮的，現在我們應當平安喜悅的等待著，先王一定會眷顧著天子的。」周公回去，就把禱告的冊文藏到用金屬繩捆綁的櫃子中。第二天，武王的病就好了。

（一段時日後）武王崩，管叔及群弟們於是到處流言說：「周公將要對這小孩——成王不利了。」周公於是告訴太公望及召公奭說：「我之所以不迴避成王而攝行政事者，因為小孩不能管事，若不輔之而任其亡國，那我將怎樣向先王交代呢？」周公為了平亂，居留東方二年，罪人於是都俘獲了。以後，周公就作了一首詩送給成王，這首詩的名字叫〈鴟鴞〉。王（心雖不服）也未敢責讓周公。

這年秋天，禾穀大熟，但還沒有收割，天忽然雷電並作，風雨交加，禾苗盡被吹倒，大木連根拔起，國人都驚恐得不得了。成王跟大夫們都戴上弁冕，穿上朝服，同往打開用金屬繩捆的櫃子，拿出周公的禱告書。於是看到周公如何奉獻自己以代替武王死的一些話。太公、召公及成王於是問管金滕書的史官及其他一切有關官員，他們都回答說：「誠然！唉！這是周公的命令，我們不敢說。」成王拿著書哭著說：「（道理明白得很）不需要再去敬謹的卜問了。當年周公為國家勤勞，只是我這年輕人不知道。現在老天發怒，來彰明周公的德行。我將親迎周公至京城，照國家的禮制說，也是應該去迎接的。」

成王來到了郊外，天就晴起來了，風也從相反方面吹來，仆倒的禾穀也都豎立起來。二公於是命令國人，凡是倒了的大樹，通通把它們扶起來，使一切都恢復舊觀。於是這一年大豐收。

大誥

【題解】誥，《說文》：「告也。」「大誥」猶甲骨文中之「大命」，〈酒誥〉篇中之「大令」；亦猶今之布告也。是大誥者，普遍告知天下之人也。因篇首有「大誥」之語，因以名篇。

〈書序〉云：「武王崩，三監及淮夷叛，周公相成王將黜殷，作〈大誥〉。」《史記・魯世家》與此說略同，俱以本篇為周公所作。

按：三監者，邶、鄘、衛也。三監所以拱衛東都成周，監視殷民者，故曰三監。考：三監，《詩譜》謂為管叔、蔡叔、霍叔；《偽孔傳》則以武庚、管、蔡為三監；鄭玄則又以管叔、蔡叔、霍叔為三監。

本篇乃述武王死，成王即位，周公攝政，管、蔡二叔擁武庚欲反，周公乃須此令，將往伐之。是本篇是否係周公之作無法確定，然為西周作品殆無疑義。因其文辭古奧，且與西周金文相似故也。

王❶若曰：「猷❷，大誥爾多邦，越爾御事❸弗弔❹，天降割❺于我家，不少延❻。洪惟我幼沖人❼，嗣無疆大歷服❽。弗造哲❾，迪民康❿，矧曰其有能格知天命⑪？已⑫，予惟小子，若涉淵水，予惟往求朕攸濟⑬。敷賁，敷前人受命⑭，茲不忘大功⑮，予不敢閉于天降威用⑯。

寧王⑰遺我大寶龜，紹天明；即命曰⑱：『有大艱⑲于西土，西土人亦不靜⑳。』越茲蠢㉑。殷小腆㉒，誕敢紀其敘㉓。天降威㉔，知我國有疵㉕，民不康㉖。曰：『予復㉗。』反鄙㉘我周邦。

今蠢，今翼日㉙，民獻有十夫㉚，予翼㉛，以于敉寧武圖功㉜。我有大事㉝、休㉞，朕卜并吉。肆㉟予告我友邦君，越尹㊱氏、庶士㊲、御事，曰：『予得吉卜，予惟以爾庶邦，于伐殷逋播臣㊳。』爾庶邦君，越庶士、御事，罔不反曰㊴：『艱大，民不靜，亦惟在王宮、邦君室㊵。越予小子考翼，不可征㊶；王害不違卜㊷？』肆予沖人，永思艱㊸曰：嗚呼！允蠢鰥寡㊹，哀哉！予造天役㊺，遺大投艱㊻于朕身；越予沖人，不卬自恤㊼。義㊽爾邦君，越爾多士——尹氏，御事，綏㊾予曰：『無毖于恤㊿，不可不成乃寧考(51)圖功。』

已！予惟小子，不敢替[52]上帝命。天休于寧王[53]，興我小邦周；寧王惟卜用，克綏受茲命[54]。今天其相民，矧亦惟卜用[55]。嗚呼！天明畏[56]，弼我丕丕基[57]。」

王曰：「爾惟舊人，爾丕克遠省，爾知寧王若勤哉！天閟毖我成功所[58]，予不敢不極卒[59]寧王圖事。肆予大化誘我友邦君[60]；天棐忱辭[61]，其考[62]我民，予曷其不于前寧人圖功攸終[63]？天亦惟用勤毖我民，若有疾[64]；予曷敢不于前寧人攸受休畢[65]？」

王曰：「若昔[66]，朕其逝[67]。朕言艱日思[68]。若考作室，既厎[69]法，厥子乃弗肯堂[70]，矧肯構[71]？厥父菑[72]，厥子乃弗肯播，矧肯穫[73]？厥考翼其肯曰[74]：『予有後，弗棄基？』肆予曷敢不越卬敉寧王大命[75]！若兄考[76]，乃有友伐厥子[77]，民養其勸弗救[78]？」

王曰：「嗚呼！肆哉[79]爾庶邦君，越爾御事。爽邦由哲[80]，亦惟十人[81]，迪知上帝命[82]。越天棐忱[83]，爾時罔敢易法[84]，矧今天降戾于周邦[85]？

惟大艱人[86]，誕鄰胥伐于厥室[87]；爾亦不知天命不易[88]。予永念[89]曰，天惟喪殷；若穡夫[90]，予曷敢不終[91]朕畝？天亦惟休[92]于前寧人，予曷其極卜[93]？敢弗于從[94]，率寧人有指疆土[95]？矧今卜并吉[96]？肆[97]朕誕以爾東征；天命不僭[98]，卜陳惟若茲[99]。」

【注釋】❶王　指成王。❷猷　蔡沈以為發語詞。❸越爾御事　越，《廣雅》謂與也。御，治也。御事，即治事官吏。❹弗弔　猶言不幸、不淑。此語《尚書》中屢見，如〈多士〉篇：「弗弔，旻天大降喪于殷。」〈君奭〉篇：「弗弔，天降喪于殷。」其義一也。❺割　害之叚借字。馬融本正作害字（見《釋文》）。❻不少延　少，稍也。延，緩也。不稍緩，言武王死得太早（因成王尚幼也）。《偽孔傳》以「不少」屬上句，「延」屬下句，且釋延為大，則非也。❼洪惟我幼沖人　洪惟，猶〈多方〉篇：「洪惟圖天之命。」亦猶毛公鼎之「弘唯乃智」（三代四卷四六葉）之「弘唯」。乃發語詞。孫星衍謂洪與鴻聲相近，〈釋詁〉云：鴻，代也，意謂此亦代成王之詞，非也（參見拙著《尚書新證》）。我、幼、沖，皆成王自稱。此猶〈湯誓〉之「台小子」，以其年幼，故又冠以「幼」字。王莽〈大誥〉曰：「洪惟我幼沖孺子」文例正仿此。❽嗣無疆大歷服　嗣，繼承也。無疆，猶言無邊，指廣大的國境言。大歷：大，長也。歷，指曆數。言長久之曆數。服，〈釋詁〉：事也。指執掌其事也。此謂：繼承先人，執掌此廣大之國土及長久之曆數。❾弗造哲　造，至也。哲，知（智）也。即非才智之士。❿迪民康　迪，導也。康，安也，樂也。即導民進入安樂之境。⓫矧曰其有能格知天命　矧，況也，即何況。其，豈也。有，讀如又。格，至也。天命，（詳拙著《尚書新證》）即上天意恉。⓬已　嘆詞，猶噫，嘻。⓭予惟往求朕攸濟　往，去也。攸，所也。濟，度也。我只有去勤求如何渡此水（以登彼岸）。⓮敷賁敷前人受命敷賁，孫星衍《尚書今古文注疏》云：「敷疑衍文。賁者，《風俗通》云：虎賁，猶言虎之奔，是賁與奔同。」按：王莽〈大誥〉襲此文，以「奔走」二字釋「賁」字。段玉裁遂據莽誥，疑「敷賁」之敷為衍文。若此，則當讀為「賁敷前人受命」。賁為奔走，敷，施行也。其意當為「我（勤勉地）奔走著施行前人所受的天命」。⓯茲不忘大功　茲，今也。大功，謂前人克殷之大功。⓰予不敢閉于天降威用　閉，魯先生謂：當為閈之形譌。毛公鼎云：「罔不閈于文武耿光」與此同例。閈乃斁、扞之叚借字。斁，止也。扞，距也，是閈，拒絕也。降，下也。威用，即用威。意謂：我不敢拒絕上天所賜予我的用威刑的權力。⓱寧王　吳大澂《字說》及方濬益《綴遺齋彝器考釋》均謂金文之「文」與「寧」字形近，此「寧」字乃「文」字之訛。證之金文原文，其說可信。是「寧王」即文王；下文之寧武，即文武（參見拙著《尚書新證》）。⓲紹天明即命曰　紹，《尚書故》謂：乃卲之叚借字，《說文》云：卲，卜問也。明，命之叚借字。天明，即天命。即命曰：即，今也（〈釋詁〉注）。命，告也。即命曰，現在它（龜版）就告訴說。⓳艱　難也。⓴不靜　不安寧。指周本身亦不安，暗示管、蔡為亂也。㉑越茲蠢　越，於也。茲，今也。蠢，動也。即於今果然蠢動起來。此應與下文相連，乃事實之應驗，非卜告之辭。㉒殷小腆　腆，敟之叚借字，主也。小腆，指祿父，即殷之小主人紂子武庚。㉓誕敢紀其敘　誕，《漢書》顏注謂：大也。紀，孫星衍謂今文作犯，形相近。按：王莽〈大誥〉正作犯（見《漢書‧翟方進傳》）。敘，《說文》云：「次弟也。」引申為次序，綱紀。即肆意地膽敢犯亂國家的綱紀秩序。㉔天降威　威，害也（《老子》注）。指武王新喪。㉕疵　病也，即災難。㉖康　安也。謂民心不安定。（因老王死，幼主即位，此乃必然現象。）㉗曰予復　復，指復國，此乃記述武庚之宣言。㉘鄙　圖也。即謀也。按：金文鄙與圖，皆作啚，後人不知而誤作鄙，此處當讀為圖，謀也。㉙今翼日　翼，《說文》作昱，云：「明日也。」謂：就在消息傳來的第二天。㉚民獻有十夫　獻，《尚書大傳》作儀。民，儀者，官吏之可作表儀也。十夫，十人也。即十位賢臣。㉛予翼　翼予也，即輔助我。㉜以于敉寧武圖功　于，往也。即前去。敉，《說文》：「撫也。」即撫定。寧武，指文王、武王。圖功，圖謀之事業也。指滅殷建周。㉝大事　謂戰事。《春秋傳》曰：「國之大事在祀與戎。」

《周禮・天官》注。）此當謂戰事。㉞休 〈釋詁〉謂：美也，即吉利。㉟肆 〈釋詁〉謂：今也。㊱尹官也。王國維曰百官之長皆曰尹。猶〈顧命〉所謂：「百尹御事」是也。㊲庶士 指眾邑宰或眾武官。㊳于伐殷逋播臣 于，往也。逋，亡也。播，棄也、散也。逋播臣，即犯罪逃亡之人，乃指殷人武庚。㊴罔不反曰 反，覆也，謂無不答覆說。㊵亦惟在王宮邦君室 亦惟，亦且也，即而且。在王宮，指管蔡也。邦君室，指武庚。㊶越予小子考翼不可征 越，語詞。予小子，乃邦君、庶士等人之自稱。考，觀察也，考校也。翼，乃亟之叚借，亟，數也。考翼，謂考校（觀察、詳審）再三。于省吾謂考，孝也。朱駿聲謂翼，敬也。意謂孝敬，非也。此句乃謂：我們考慮再三，不可往伐（也許顧慮成王地位不穩，也許顧慮管蔡勢大，甚或其他原因。若說因孝敬管蔡而不去打，則非也）。㊷害不違卜 害，曷也，何也。即何不違背此占卜？即不用此卜。㊸永思艱 永，長也，遠也，即深深地想到這次災難。㊹允蠢鰥寡 允，〈釋詁〉謂：誠也。蠢，《說文》：「蟲動也。」引申為騷擾。鰥寡，指孤苦無依之人。按：《漢書・翟方進傳》所載王莽〈大誥〉正作：「誠動鰥寡」。即真的擾動了孤苦無告之人。㊺予造天役 予，乃成王自稱。造，屈先生謂：遭也。役，役使也。言我受命而為天子。㊻遺大投艱 遺，留也。投，棄也，擲也。魯先生謂：「遺大」「投艱」句內相對為文。「遺大」謂遺留下大的責任，指即位為天子。「投艱」，謂拋擲下艱難的事業，指要應付這動亂的局面。㊼不卬自恤 卬，乃遑之叚借字。不卬，猶〈無逸〉篇：「不遑暇食。」《詩經・小弁》篇：「不遑假寐。」之「不遑」，遑，暇也。不遑，猶無暇。恤，憂也（《說文》）。㊽義 孫星衍謂儀之叚借字，善也。吳汝綸《尚書故》謂宜之叚借字。說皆迂曲。魯先生以為嗟也，（聲同形近之譌）發語詞。猶〈牧誓〉篇：「嗟我友邦冢君。」《詩經・小明》篇：「嗟爾君子。」〈桑柔〉篇：「嗟爾朋友。」㊾綏 《尚書故》謂：告也。㊿無毖于恤 毖，《廣韻》謂：「告也。」恤，憂也。即勿言憂以示弱。(51)寧考 即文考，凡稱有文德之父曰文考，稱文德之祖曰文祖，此乃周代習用語，金文中多見。此文考乃謂武王也。(52)替 乃朁之俗字，《說文》云：「朁，廢也。」(53)天休于寧王 休，《說文》云：「息止也。」引申而有嘉美、福祿之義，謂天降福祿也。猶〈多方〉篇之：「乃大降顯休命于成湯。」《左傳》襄公二十八年之「承天之休」。寧王，指文王，下同。〔54〕克綏受茲命　克，能也。綏，安也（見〈釋詁〉）。意謂當年文王時惟卜是用的，所以他能安然受天命而稱王。〔55〕今天其相民矧亦惟卜用　相，助也。民，乃敃之段借字，勉也，不當作人民解。矧，乃實之段借字。實，寔相通，實，正也。意謂現在上天幫助我們，勉勵我們，（也）正是因我們是惟卜是用。〔56〕明畏　讀如明威，即發揚威嚴以誅惡。〔57〕弼我丕丕基　弼，輔助也。丕丕，丕，大也。上為動詞，擴大也，即成就。基，業也。即（上天張揚他的威嚴來誅罰惡人）幫助我（擴大）成就這樣偉大的事業。〔58〕天閟毖我成功所　閟，至之段借字，《尚書故》作秘也，皆通。毖，乃弼之段借字，輔助也。所，語尾詞，猶天，如、與之為語尾詞。按：〈召誥〉：「王敬作所」，〈君奭〉：「多歷年所」用法與此同。此謂：上天以至（秘密地）輔助我們成功。〔59〕極卒　極，與亟通，《說文》云：「亟，敏疾也。」卒，終也，即完成。即迅速完成。〔60〕肆予大化誘我友邦君　肆，〈釋詁〉云：今也。化，教也。誘，導也。化誘，教導也，即奉告。現在我大大地奉告我各同盟國的各位長官。〔61〕天棐忱辭　棐，與經傳常用之「匪」字，皆為非之段借字，不也。忱，信也。辭，語尾詞，猶哉字。此謂上天未可以盡信。〔62〕考　察也。即當考察人事也。〔63〕予曷其不于前寧人圖功攸終　曷其，何以也。于，對於也。前寧人，即前文人，即前代有文德的人，即先祖。「前文人」金文亦多見。攸，修之初文，善也。終，竟也，即完成。圖功攸終，倒裝則為攸終圖功，即善終圖功，謂善終先祖所謀之事功也。〔64〕天亦惟用勤毖我民若有疾　毖，勞也（《漢書・翟方進傳》引王莽〈大誥〉正作勞）。意謂：上天也因此勤勞我們百姓的事情（即非常愛護我們百姓），一若吾民有疾，特加照護。〔65〕攸受休畢　攸，所也。休，福祿也。畢，完成也。〔66〕若昔　如往，即如同昔日伐紂一樣。〔67〕朕其逝　逝，往也。謂我必往伐武庚。〔68〕朕言艱日思　言，語詞。艱日思，日思艱也。〔69〕厎　定也。〔70〕堂　除地封土而高曰堂，即建地基。〔71〕肯構　肯，能也。構，架木為蓋曰構，即構築屋頂。〔72〕菑　新墾田也。〔73〕厥子乃肯播矧肯穫　播，穜也。穫，《說文》：「刈穀也。」〔74〕翼其肯曰　翼，《經義述聞》以為衍文。其，豈也。肯，可也。即：豈肯說。〔75〕肆予曷敢不越卬敉寧王大命　肆，今也。曷，何也。越，於也。卬，〈釋詁〉：我也。敉，撫也。大命，指國運。即：今我何敢不於我自身來撫定當年文王所承受之國運？[76]兄考　即皇考。經傳及金文無兄考而有皇考，又〈無逸〉篇：「無皇曰」及「則皇自敬德」之皇字，《漢石經》皆作兄字，是皇與兄通也。[77]乃有友伐厥子　友，《漢書》作效。楊筠如《覈詁》疑本當作爻，故《漢書》讀為效，而今本譌為友。爻，交也，即有人交互來打他兒子。[78]民養其勸弗救　民，讀為敃。民養，即助長也。其，猶而也。勸，勉也，即鼓勵。救，止也。即：（做父親的）能助長別人，鼓勵別人，而不去禁止嗎？[79]肆哉　肆，《爾雅．釋言》：力也。即勉力啊！[80]爽邦由哲　爽，魯先生以為刱之叚借字（按即俗用之創字），即刱造也。便讀作明，嫌迂曲。由，用也。此乃謂開創國運在用明哲之人。[81]十人　即上文所謂之十夫。[82]迪知上帝命　迪，或作語詞，或為首之叚借字。意謂：（也只有他們十人）知道（或首先知道）上帝的意旨，是有所依歸的。[83]越天棐忱　越，與粵、曰通，語詞。棐，即匪，非。忱，信也。即：上天意旨不可盡信。[84]爾時罔敢易法　爾時，即那時，指周初創時。易，輕慢也。法，即法則，或至道。謂當周初創時，沒有那一個敢輕慢天命的。（即慎守法則，遵循至道。）[85]矧今天降戾于周邦　矧，況也。戾，拂逆也（《便讀》說），即災害。[86]大艱人　即造大艱難的人，指管叔、蔡叔。[87]誕鄰胥伐于厥室　誕，讀為延，引導也。鄰，近也，鄰近之國，指紂子武庚。胥，相也（〈釋詁〉）。厥室，即王室。[88]爾亦不知天命不易上不，讀為丕，語詞；亦可作未解。不易，未嘗改易也。[89]永念　深思也，即我一直在想。[90]穡夫　即農夫。[91]終　《爾雅》：竟也。終竟，即完成也。[92]休　猶注[53]，謂降福也。[93]予曷其極卜　曷其，何以也。極，亟之叚，數也，屢也。即我何以須屢次卜問？[94]敢弗于從　于，往也。從，依從也。即豈敢不前往（豈敢不依從文王打敗殷人一樣前去打他們）。[95]率寧人有指疆土　率，循也。寧人，即文人，有文德之先人。有，猶保也。指，此之叚借字（十五部）。即遵循前代有文德之人而保有此疆土。[96]矧今卜并吉　況今卜皆吉乎？[97]肆　〈釋詁〉謂今也。[98]僭　差也，即差錯。[99]卜陳惟若茲　陳，列也，即顯示。若茲，如此也（謂東征是吉也）。

【語　譯】成王如此說：「告訴你們這許多諸侯之國，以及你們眾官員等。不幸得很，上天降下災害於我們國家，一點時間都不延長。我這個年輕人，繼承先人，執掌這一廣大的國土及長久的曆數。我非才智之士，不能引導人民進入安樂的境界，豈（何況）能說我能知天命嗎？噫！我這年輕人，如今繼承先人遺業，如渡深水，我惟有去勤求如何渡此水，以登彼岸（之方法）。我勤勉地施行前人所受的時代使命。現在我不忘前人（克殷）的大功，我不敢拒絕上天所賜予我的用刑的權力。

我們文王遺留給我一個大寶龜，可以占知天命。現在它告訴我說：『有大災難於西土，西方本土人也不安靜。』於今果然蠢動騷擾起來了。殷的小主人武庚，肆意地敢犯亂國家的倫常綱紀，而稱兵作亂。上天降下災害（指武王新喪），他（武庚）知我國家今有災難，民心不安定，於是他說：『我們要復國。』反而要圖謀我們周國。

如今他們已經動亂起來了，就在消息傳來的第二天，有賢臣十人來輔助我，要前去撫定文王武王所奠定的功業。如今我有了這件戰爭的大事，這大事是吉的，我卜的結果也統統是吉的。現在告訴我同盟國，與百官之長，以及眾邑宰各級執事的人說：『我得到吉卜，我要用你們去打那犯罪的殷人武庚。』你們眾邦君及眾邑宰，以及管事的人，沒有不答覆說：『這很困難，民心不安定，而且此事之發難在王廷（指管蔡言），又有諸侯的領袖（指武庚言）。我們這些人考慮再三，不可往伐。王！你何不違背此卜？（即不用此卜，卜的結果要，你可違之不打）』

今我小子深深地想到這次艱難，唉！武庚的叛亂，真的騷擾了孤苦無告之人，可憐啊！我受命而為天子，（上天）遺留下重大的責任與艱難之事業於我，對於我個人說，我是不暇自憂的。你們各盟國與各位尹士，及一般官員們應該告訴我說：『不要向人家訴苦說自己有災難在身以示弱，不可不完成你有文德的父親所創下的基業（指滅殷）。』

唉！我小子不敢荒廢上帝興周之命，上天賜福祿於我文王，興起了我們小小的周室。（當年）文王是唯卜是用的，所以他能安然受天命而稱王。現在上天幫助我們，勉勵我們，也正是因我們是惟卜是用。唉！上天張揚他的威嚴，來誅罰惡人，幫助我成就這樣偉大的事業。」

王又說：「你們當思念前代人之行事，你們縱不能省識遠代的事，你們當知文王如何勤勞天下之事。上天秘密輔助我們成功，我不敢不迅速地完成文王所圖謀的事業。現在我大大地奉告我各同盟國的各位長官，天道未必可信，當考諸人事，對祖先所謀之事功，我何得不完成之乎？上天也因此勤勞我們老百姓的事情，一若吾民有疾者，特加照護。我何敢不對於前代有文德的先祖所受天賜之福祿，而不畢其事呢（即我怎敢不將祖先所承受的福祿完成呢）？」

王如此說：「（今日之事）亦如昔日伐紂之事一樣，我必往征伐（武庚）！現在我天天想到這艱難的事，好比父親要建房子，已經決定建築的圖樣，他的兒子甚至不肯去建地基，何況說去構築屋頂？又好比他父親新開一塊地，他的兒子甚至不肯去播種，何況是收穫？（這樣）他的父親豈肯說：『我有後代，他不會棄我的基業嗎？』現在我怎敢不自身來撫定當年文王所承受的國運？像我偉大的父親，有人家交互來打他的兒子，做父親的能助長別人，鼓勵別人，而不去禁止嗎？」

王說：「唉！要努力啊！你們所有眾國君王，及你們治事大臣們。開創國運在用明哲之人，也只有你們十人知道上帝的旨意是有所依歸的！上天的意旨，不可盡信，當周初創時，沒有那一個敢輕慢天命的，何況現在是降災害於我們周邦的非常時期？是造大難的管蔡，引導鄰人武庚來打我們自己的本家（王室），你們未知天命我周室為天子，固未嘗改易啊！我一直在想，天是要亡殷的。就像農夫，我何敢不完成我之農事？上天是降福給我們前代有文德的祖先的，我何須屢次去卜問天是否降福祥於我呢？我豈敢不依從文王打敗殷人前一樣打他們，遵循前代有文德之人而保守我們這塊領土，何況如今所卜皆吉呢？今天我要帶你們去東征，天命是不會有差錯的，卜兆所現示的就是這樣——東征（必勝）是吉的。」

康誥

【題解】〈康誥〉者，乃天子告康叔之辭也。

《史記・衛世家》云：「衛康叔名封，周武王同母少弟也。周公旦以成王命興師伐殷，殺武庚祿父、管叔，放蔡叔，以武庚殷餘民封康叔為衛君。周公乃申告康叔，故謂之〈康誥〉。」〈書序〉謂：「成王既伐管叔、蔡叔，以殷餘民封康叔，作〈康誥〉。」二說略同，皆本於《左傳》定公四年謂成王分康叔以殷民七族之語。是本篇乃武庚之亂平定後，成王封康叔於衛時之誥也。

按：時成王年幼，周公攝政。據此，是知篇中所云之「王若曰」乃周公假成王之名。其曰：「小子封」者，以康叔乃周公之弟也。故有「朕其弟」、「小子封」之文。

復按：康叔之康其說有二：

一、鄭玄《尚書正義》謂康為謚號。

二、《偽孔傳》以康為國名。

考：《史記・衛世家索隱》云：「康，畿內國名。」其引宋忠云：「康叔從康徙封衛。」是康當以國名之說為是。康為國名，復有以下諸證：

1. 武王弟見於《史記・管蔡世家》者，若：管叔鮮、周公旦、蔡叔度、曹叔振鐸、成叔武、霍叔處、冉季載，俱以封地而名，則康叔封之康當亦地名。

2. 謚法非周初所有。《逸周書・謚法解》所言謚法刱於周公，其說不足信。由金文所見昭王、成王、康王等皆生前之號可以證之。

3.《史記・衛世家》云：「康叔卒，子康伯立。」假令康為諡號，則不應父子同諡也。是康乃地名。

4.周代彝器有：

甲、康医斧（三代二十卷五一葉）

乙、康医鼎（三代三卷三十葉）

丙、康医鸞鈴（錄遺五三〇圖）

按：諸康皆方名。是始封於康，故以康稱之，後復徙於衛。然康之故域，今則未詳。今河南禹城西北，有康城縣故址，或以為即康叔所封之康地。其說然否待考。

惟三月，哉生魄❶，周公初基❷作新大邑于東國洛❸；四方民大和會❹，侯、甸、男、邦、采、衛❺，百工播民，和見士于周❻。周公咸勤，乃洪大誥治❼。

王若曰❽：「孟侯，朕其弟，小子封❾。惟乃丕顯考文王❿，克明德慎罰[11]，不敢侮鰥寡，庸庸、祗祗、威威、顯民[12]。用肇造我區夏；越我一二邦，以修我西土[13]。惟時怙，冒聞于上帝，帝休[14]。天乃大命文王，殪戎殷，誕受厥命[15]。越厥邦厥民，惟時敘[16]。乃寡兄勖，肆汝小子封，在茲東土[17]。」

王曰：「嗚呼！封。汝念哉！今民將在祗遹乃文考，紹聞衣德言[18]，往敷求于殷先哲王，用保乂民[19]。汝丕遠惟商耇成人，宅心知訓[20]。別求聞由古先哲王[21]，用康保民，弘于天若[22]。德裕乃身，不廢在王命[23]。」

王曰：「嗚呼！小子封。恫瘝乃身，敬哉[24]！天畏棐忱，民情大可見[25]。小人難保；往盡乃心[26]，無康好逸豫，乃其乂民[27]。我聞曰：『怨不在大，亦不在小；惠不惠，懋不懋[28]。』已，汝惟小子，乃服惟弘王[29]，應保殷民；亦惟助王宅天命，作新民[30]。」

王曰：「嗚呼！封。敬明乃罰[31]。人有小罪非眚，乃惟終，自作不典[32]；式爾，有厥罪小，乃不可不殺[33]。乃有大罪非終，乃惟眚災適爾[34]，既道極厥辜，時乃不可殺㉟。」王曰：「嗚呼！封。有敘時，乃大明服，惟民其勑懋和㊱。若有疾，惟民其畢棄咎㊲。若保赤子，惟民其康乂㊳。非汝封刑人殺人，無或刑人殺人㊴；非汝封又曰劓刵人㊵，無或劓刵人。」王曰：「外事，汝陳時臬司，師茲殷罰有倫㊶。」又曰：「要囚，服念五六日，至于旬時，丕蔽要囚㊷。」王曰：「汝陳時臬事，罰蔽殷彝㊸，用其義刑義殺㊹，勿庸以次汝封㊺。乃汝盡遜，曰時敘㊻；惟曰未有遜事㊼。已，汝惟小子，未其有若汝封之心㊽；朕心朕德惟乃知㊾。凡民自得罪㊿，寇攘姦宄，殺越人于貨(51)，暋(52)不畏死：罔弗憝(53)。」

王曰：「封。元惡大憝，矧惟不孝不友(54)。子弗祗服厥父事，大傷厥考心(55)；于父不能字(56)厥子，乃疾厥子。于弟弗念天顯(57)，乃弗克恭厥兄；兄亦不念鞠子(58)哀，大不友于弟。惟弔茲(59)，不于我政人得罪；天惟與我民彝大泯亂(60)；曰乃其速由(61)文王作罰，刑茲無赦。不率大戛(62)；矧惟外庶子訓人、惟厥正人、越小臣、諸節(63)，乃別播敷，造民大譽，弗念弗庸，瘝厥君[64]；時乃引惡，惟朕憝[65]。已，汝乃其速由茲義率殺[66]。亦惟君惟長，不能厥家人，越厥小臣外正[67]，惟威惟虐[68]，大放王命，乃非德用乂[69]。汝亦罔不克敬典，乃由裕民[70]；惟文王之敬忌，乃裕民。曰：『我惟有及[71]。』則予一人以懌[72]。」

王曰：「封！爽惟民，迪吉康[73]。我時其惟殷先哲王德，用康乂民作求[74]。矧今民罔迪不適，不迪則罔政在厥邦[75]。」

王曰：「封！予惟不可不監，告汝德之說，于罰之行[76]。今惟民不靜，未戾厥心，迪屢未同[77]。爽惟天其罰殛我，我其不怨[78]。惟厥罰無在大，亦無在多，矧曰其尚顯聞于天[79]。」王曰：「嗚呼！封。敬哉！無作怨[80]，勿用非謀非彝蔽時忱[81]，丕則敏德[82]。用康乃心，顧乃德，遠乃猷裕[83]，乃以民寧，不汝瑕殄[84]。」

王曰：「嗚呼！肆汝小子封。惟命不于常[85]；汝念哉，無我殄享[86]。明乃服命，高乃聽，用康乂民[87]。」王若曰：「往哉封！勿替敬典[88]；

聽[89]朕告汝，乃以殷民世享[90]。」

【注釋】❶哉生魄　哉，〈釋詁〉謂：始也。魄，乃霸之叚借字，金文多作霸。《說文》云：「霸，月始生魄然也。承大月二日，承小月三日。〈周書〉曰：哉生霸。」據此，則「哉生魄」乃謂月光始生也，指月之初二、三。〈鄉飲酒義〉云：「月者，三日則成魄。」《白虎通・日月》篇云：「月三日成魄，八日成光（即八日光強也）。《論衡・調時篇》云：「月三日魄，八日弦，十五日望。」揚子《法言》云：「月未望，則載（始也）魄于西，既望，則終魄于東。」是生魄皆在十五以前。至於《漢書・律曆志》所載劉歆之說，以死霸為朔，生霸為望，其說非也。王國維駁之甚是。惟王氏以初吉、生霸、死霸、既望四名為一月四分之說，則未必然。❷基〈釋詁〉謂：謀也。❸洛　當作雒，謂洛（雒）水附近。❹四方民大和會　和，合也。會，謂聚集。《大傳》說：周公營洛，以觀天下之心，於是四方諸侯，率其群黨，各攻位於其庭。周公曰：示之以力役，且猶至，況導之以禮樂乎，然後敢作禮樂。❺侯甸男邦采衛　《周禮・大司馬》云：「職方千里曰國畿，其外方五百里曰侯畿，又其外方五百里曰甸畿，又其外方五百里曰男畿，又其外方五百里曰采畿，又其外方五百里曰衛畿。」畿，猶限也。乃謂各方諸侯。❻百工播民和見士于周　百工，謂百官。播民，指殷民。和，合也、會也。見，獻之叚借，士，與事同義，見士，謂獻力也。❼周公咸勤乃洪大誥治　咸，皆也。勤，勞也。洪，《尚書故》讀為降。大誥，謂大的文告。治，辭也。謂：周公都加以慰勞，於是頒布一篇普告天下的文辭。以上一段文字，究其內容，與本篇〈康誥〉無關，是本篇〈康誥〉之正文，應由第二段起。按：此一段四十八字，因與本篇無涉，當為他篇之錯簡，但眾說紛紜，莫衷一是。一、蘇軾疑為〈洛誥〉之脫簡。二、金履祥謂為〈梓材〉篇首之文。三、陳櫟謂當在〈召誥〉「越七日甲子」之前。四、方苞謂當在〈多士〉篇首。五、吳汝綸以為係〈大誥〉之末簡，以上諸說皆無確證，要之非〈康誥〉原文則斷然可知。惟此，則首句之「惟三月」則不詳其為何年之三月矣。❽王若曰 此乃周公之言。據《史記・周本紀》：封武王少弟封為衛康叔者乃周公，此時周公攝政，代理王事，自可代王發言。❾孟侯朕其弟小子封 孟，《說文》謂長也。孟侯，即諸侯之長者。其，猶之也（第一部）。封，康叔名；上加「小子」者，親之也。❿丕顯考文王 丕顯，丕，《說文》云：「大也。」顯，〈釋詁〉謂光也。即偉大光明也。此乃周代頌揚其祖先之通稱。〈雅〉、〈頌〉及金文多見，惟皆作「不顯」。按：不乃丕之初文。《說文》云：「丕，大也，从一不聲。」段注云：「丕與大同音，故古多用不為丕，如不顯即丕顯。」丕顯訓偉大光明，則一切經傳及金文皆可通解。丕顯考文王，猶：宗周鐘「丕顯祖考先王」，盂鼎「丕顯文王」，毛公厝鼎「丕顯文武」，番生𣪕「丕顯皇祖考」等。⓫克明德慎罰 克，能也。德，謂善行。慎罰，謹於刑罰也。此意猶《孟子・公孫丑上》：「行一不義，殺一不辜，而得天下，皆不為也。」⓬庸庸祗祗威威顯民 庸，用也；庸庸，謂用其當用之人。祗，敬也；祗祗，謂敬其所當敬之人。威，畏也，即刑罰也；威威，謂刑其所當刑之人。顯，明也，著也，謂其執法公允，顯著於民也。⓭用肇造我區夏越我一二邦以修我西土 用，因此也。肇，乃肁之叚借字，《說文》云：「始開也。」區夏，猶《漢書》之「區宇」、「區處」，夏、宇、處同為十五部。居處地曰區，此區夏，謂周室也。越，與也。一二邦，指西方諸侯之國。以，猶而也。修，治也。⓮惟時怙冒聞于上帝帝休 時，是也。怙，于省吾謂為故，惟時怙，謂以是之故也。冒，猶上也。聞，《說文》謂知也，《淮南子》注謂達也。冒聞，即上達於上帝也。休，美也，喜也。⓯殪戎殷誕受厥命 殪，《說文》云：「死也。」此謂：殺也。戎，〈釋詁〉謂大也。戎殷，猶：〈召誥〉之「大國殷」，〈大雅〉之「大商」。誕，爰也，即於是。謂：滅掉大殷，於是受天命而稱王。⓰越厥邦厥民惟時敘 越，於是也。厥邦，即殷邦。惟時，因是也。敘，《說文》云：次弟也，此指安定。意謂：於是乎那個國家的那些老百姓都安定了。⓱乃寡兄勖肆汝小子封在茲東土 乃，汝也。寡兄，猶寡人，乃自謙之辭。勖，勉也，謂黽勉也。肆，《廣雅》謂置也。東土，指康地。⓲今民將在祗遹乃文考紹聞衣德言 民，當讀為敃，勉也。祗，〈釋詁〉謂：敬也。遹，〈釋言〉謂述也。乃文考，指文王。紹，《說文》云：「繼也。」衣，當讀為殷。德言，有德者之言。⓳往敷求于殷先哲王用保乂民 往，去也。敷，普也，即普遍。用，以也。乂，嬖之叚借字，治也。⑳汝丕遠惟商耇成人宅心知訓　丕，語詞。遠，深也，多也。惟，思也。耇，老也。耇成人，謂年高德望重者。宅，度也。訓，〈釋詁〉謂：道也。宅心知訓，謂：度量他人之心，作為己行之道。㉑別求聞由古先哲王　別，《說文》云：「分解也。」引申而有再、又之義，即另外也。聞，知也。由，於也。古先哲王，古代先哲賢王。㉒用康保民弘于天若　康，安也。保，義也。弘，大也。于，如之叚借字。㉓德裕乃身不廢在王命　德，謂善行。裕，充足也。廢，失也。在，此也。謂：有充裕的善行在你身上，那就不會失掉這個王命。㉔恫瘝乃身敬哉　恫，痛也。瘝，乃鰥之俗字，〈釋詁〉謂病也。敬，謹也。㉕天畏棐忱民情大可見　畏，威也。天威，乃指天發威而滅紂。棐，匪也。忱，信也。匪信者，不可盡信天威也。民情，指人民的心意和慾望。大可見，甚易見也。㉖小人難保往盡乃心　小人，即小百姓。保，安也，指安樂言。往盡乃心，謂：去吧，要用盡心力去做。㉗無康好逸豫乃其乂民　康，行也。逸豫，安樂也。乃，始也。其，能也。乂，治也。㉘惠不惠懋不懋　惠，順也。惠不惠，謂要順從不願順從的意見。懋，勉也。懋不懋，謂要勉力做些不願做的事。㉙已汝惟小子乃服惟弘王　已，猶噫，嘆詞。汝惟，惟汝也。服，〈釋詁〉謂事也。惟，是也。弘，與宏通，〈釋詁〉謂大也。弘王，即光大王室也。㉚宅天命作新民　宅，若之叚借字（同屬第五部），〈釋言〉謂順也。作，成也。謂：順應天命，使殷民能革除舊習，成周新百姓。㉛敬明乃罰　敬，謹也，即謹慎。明，〈釋訓〉謂察也。乃，汝也。罰，此謂刑罰。㉜人有小罪非眚乃惟終自作不典　眚，謂過失；非眚，非偶然之過失，乃有意為之者。惟，〈釋詁〉謂謀也。乃惟終，乃至謀思犯罪終其身（無改過之意）。典，法也。自作不典，乃謂他有意犯法。㉝式爾有厥罪小而不可不殺　式，語詞。爾，如此也。有厥罪小，雖其罪小也。乃，而也。謂：他的罪惡雖小，也不能不殺他。㉞乃惟眚災適爾　乃，猶而也。惟，是也。適爾，偶然如此也。㉟既道極厥辜時乃不可殺　既，已也。道，于省吾讀為迪，用也。極，于省吾以為殛之叚借字，誅也。時，是也。謂：既已責罰其罪，是人乃不可殺。㊱有敘時乃大明服惟民其勑懋和　有，魯先生謂：能之叚借字。敘，〈釋詁〉謂順也。時，是也。明服，刑罰明而民服也。勑，勉力也。懋，美也。和，協也，從也。意謂：能照上面所說的法則去做，那必治道（刑罰）明，民服從也。那百姓也才能奮勉地走向美好和平的境界。㊲若有疾惟民其畢棄咎　若有疾，言愛民周到，如撫視有病之人也。其，猶乃也。畢，斁之叚借字，《說文》云：盡也。棄，即拋棄。咎，〈釋詁〉謂病也，即災害疾苦。㊳惟民其康乂　其，能也。康，樂也。乂，治也。㊴無或刑人殺人　或，肊之叚借字，即臆斷。意謂：不可臆斷罰人殺人，要本之天理、國法，以徇人情。㊵又曰劓刵人　又，能也。曰，制之叚借字，專斷也。劓，《說文》云：「刖鼻也。」刵，《說文》云：「斷耳也。」㊶外事汝陳時臬司師茲殷罰有倫　外事，江聲謂：聽獄之事。按：聽獄之事在外朝，故曰外事。陳，示也，即宣示。時，是也。臬，法也。臬司，猶今之法律。師，相師法也。茲，此也。殷罰，指殷之刑法。倫，理也。有理，謂合理。㊷丕蔽要囚　丕，猶乃也，語詞。蔽，決也，斷也。要，幽之叚借字。要囚，幽囚也。㊸罰蔽殷彝　蔽，斷也。彝，法也。謂：刑罰當以殷法為斷獄之資。㊹用其義刑義殺　義，宜也。謂用殷法之宜刑宜罰者，刑之殺之。㊺勿庸以次汝封　庸，容之叚借字。次，恣之初文，《說文》云：「恣，縱也。」謂：不容封恣意為之。㊻乃汝盡遜曰時敘　乃，如也。遜，順也。曰，與粵通，猶於也。曰時敘，於是國政就緒。㊼惟曰未有遜事　惟，宜也。曰，言也。謂：宜言政尚未順，民尚未服也（此所以戒驕也）。㊽心　按：心主思，智之舍也（管子曰：心者，智之舍也）。謂人皆不如你封的智慧高。㊾朕心朕德惟乃知　心，指心情、想法。德，謂行動、表現。惟，獨也。乃，汝也。㊿自得罪　自動犯罪，非受人誘之者。51殺越人于貨　殺越，同義連緜詞。于，取也。貨，指財物。即：殺倒了人，搶取了人家的財物。52暋　《孟子》引此文正作閔字。《說文》云：「冒也。」謂敢於冒犯國法而不畏死也。53罔弗憝　憝，《孟子・萬章下》引作譈，趙岐注：殺也。即：沒有不當殺的。54元惡大憝矧惟不孝不友　元，首也、大也。憝，《廣雅》謂惡也。矧，《經傳釋詞》謂：猶亦也。友，善於兄弟曰友。55子弗祗服厥父事大傷厥考心　祗，敬也。服，行也。考，父也。56字　愛也。57天顯　乃古成語。此猶〈酒誥〉：「迪畏天顯小民。」〈多士〉：「罔顧于天顯民祗。」意謂天道天理也。58鞠子　〈釋言〉謂：鞠，稚也。稚子，即小老弟。59惟弔茲　惟，語詞，猶雖也。弔，乃迅之初文，《說文》云：「至也。」即雖然到了這個地步。(60)天惟與我民彝大泯亂　惟，語詞。與，予也。彝，法也。泯亂，即混亂。(61)曰乃其速由　曰乃，猶言於是也。由，用也。即：於是趕快用。(62)不率不戛　率，循也。戛，常也，法也。(63)矧惟外庶子訓人惟厥正人越小臣諸節　矧惟，猶以及也。外庶子，即《禮記・燕義》之「庶子」。乃掌教公卿子弟之官；加外者，以下文之「小臣」為「內小臣」，小臣之前未加內，故此加外以別之也。訓人，《尚書覈詁》云：「訓人，亦謂掌教之官」。惟，《經傳釋詞》謂：猶與也。正人，即前文之政人，謂行政長官也。越，與也。小臣，即內小臣，猶後來之太監。諸節，諸持符節出使之使臣。《周禮・地官・掌節》云：「凡邦國之使節，山國用虎節，土國用人節，澤國用龍節，門關用符節，貨賄用璽節，道路用旌節。」是節有多種，故稱為諸節也。(64)乃別播敷造民大譽弗念弗庸瘝厥君　別，《說文》：「分解也。」即另外。播，散也。敷，布也。即擅自傳布政令，亦即歪曲政令，討好大眾也。造，成也。譽，稱也。謂造成民間美名也。念，思也。庸，用也。即不顧念政事之體制，不用天子教令也。瘝，鰥之俗字，〈釋詁〉謂：病也。(65)時乃引惡惟朕憝　時，是也，即「此」也。乃，是也。引，〈釋詁〉謂長，猶大也。惟，是也。憝，《說文》云：「怨也。」惡也。(66)汝乃其速由茲義率殺　由，用也。率，讀如律，法也。義率，猶上段之義刑，即用適當之刑法也。(67)外正　外吏之長，即地方小官員。(68)惟威惟虐　惟，讀如為。威，畏也。虐，殘也。(69)大放王命乃非德用乂　放，棄也。放棄，猶違逆。用，以也。乂，治也。意謂：違逆王命的人，非德可治，必須以刑殺威服之。(70)汝亦罔不克敬典乃由裕民　克，能也。敬，謹也。典，法也。乃，始也。由，用也。裕，道也，即導。(71)我惟有及　惟，只也。及，汲汲也，即孜孜不倦。(72)懌　悅也。(73)爽惟民迪吉康　爽，魯先生以為相之叚借字，助也。惟，是也。迪，〈釋詁〉謂進也。吉，善也。康，安也、樂也。(74)我時其惟殷先哲王德用康乂民作求　時，是也。惟，思也。哲，謂明哲。德，指善行。康乂，安治也。求，魯先生以為軌之叚借字，即軌範、法則也。(75)矧今民罔迪不適不迪則罔政在厥邦　矧，語詞。迪，導也。適，從也。罔政，謂無善政也。(76)予惟不可不監告汝德之說于罰之行　惟，思也。監，鑑之初文，觀也。德，指善政。說，解也，釋也。告汝德之說者，即告訴你行善政的一切解釋。于，猶與也。行，道也。

(77)今惟民不靜未戾厥心迪屢未同　惟，語詞。靜，安也。戾，轉也（《文選》注），反也（《淮南子》注）。未戾厥心者，未轉變其思殷之心，亦即未改其思殷之念而為周之新民也。迪，道也。屢，數也。同，《說文》云：「合會也。」迪屢未同，即雖屢次開導他們，尚未與我們合作。(78)爽惟天其罰殛我我其不怨　爽惟，語詞，猶倘使也。罰殛，即責罰也。其，豈也。(79)矧曰其尚顯聞于天　矧曰，語詞。其尚，猶其將也。顯，明也。聞，知也。(80)無作怨　不要製造仇恨。(81)勿用非謀非彝蔽時忱　非謀，不善之謀。非彝，背情之法。蔽，塞也。時，是也。忱，誠也。蔽時忱，即蔽塞這個時候人民的真情。(82)丕則敏德　丕則，王引之謂語詞，猶於是。敏，《說文》云：「疾也。」敏德，疾進於德也。(83)用康乃心顧乃德遠乃猷裕　用，重之叚借字（第九部），再也（《廣雅》）。康，空也、虛也。顧，念也。顧乃德，謂反省自己行為也。猷裕，乃同義疊語，道也。遠，長遠也。遠乃猷裕者，謂長遠汝輔世安民之道也。(84)乃以民寧不汝瑕殄　乃，始也。以，與也。寧，安也。乃以民寧，始能與民安寧也。瑕，《說文》云：「玉小赤也。」指玉有毛病，引申有過惡之義。殄，〈釋詁〉謂絕也。(85)惟命不于常　命，指天命。常，久也，凡事經久不易曰常。謂天命不是經久不變也。也就是說：天命不專在一家。(86)無我殄享　殄，絕也。享，祀也。無我殄享，即無殄我享，即無絕滅我之祭祀也。(87)明乃服命高乃聽用康乂民　明，勉也。服命，指職事。高，遠也、廣也。即廣其聽聞也。康，安也。乂，治也。(88)勿替敬典　替，廢也。敬，謹也、慎也。即勿廢宜敬守之典章法令也。(89)聽　從也。(90)乃以殷民世享　乃，始也。殷民，蓋康地皆殷遺民也。世享，世世祭祀，意即永保其國也。

【語　譯】這年三月初二、三，剛出現一鉤新月的那天，周公開始計劃在東方洛水附近興建一個偉大的新城邑；四方百姓都來會合，各方諸侯，所有百官，以及殷朝遺民，大家都盡力為周朝工作。周公統統加以慰勞，於是頒布了一篇普告天下的文辭。

王如此說：「諸侯的領袖，我的老弟，小子封啊！你那顯赫偉大的父親——文王，能夠發揚他好的德行，而且謹慎刑罰，更不敢輕視那些孤苦無依的人；他用其當用之人，敬其該敬之人，刑其當刑之人，執法公允，民無不信。因此創造了我們周國，以及與我們有關的一些國家，更進而統治我們廣大的西方各國。因為這緣故，上聞於上帝，上帝很高興。老天於是下達命令給我們文王，要他去滅掉大殷。文王也因此受命而稱王。於是乎那個國家的那些人民也就安定了。你少德的哥哥也不敢不勉力從事，現在我要封你，把你安置在東方近衛地的康邑。」

王說：「唉！封啊！你要念茲在茲啊！現在你要勉力地敬述你父王的德業去行事，也要繼續去了解殷朝有德者的言論，再普遍去尋求殷朝先代明哲之王的政教，以此原則來安定治理你的老百姓。你須多多思慮商代老成人的典範懿行，度量他們當時的行政如何，好作為你行政的張本。另外再去尋求知道些關於古代先哲賢王的行事，用來安定長養你的人民。那你才能宏大如天般——無所不容，無所不養，你（身上）有了充足的善行，那就不會失掉這個王命（而能永遠保有康邑）。」

王說：「唉！小子封啊！你受此爵命，有如疾病在身，要謹慎小心啊！老天滅殷的威怒不可盡信。人民的心意和欲望是很容易看出的。要小百姓們都能安樂是件很難的事，去吧！要全心全意地去做，不要貪圖逸樂，才能夠治理百姓。我聽說過：『結怨不論大小，都可生禍（所以要謹慎行事，不使怨生），做領導的人，要順從不願意順從的意見，要做些不願做的事（也就是要擴大心胸，多負責任）。』噫！是你小子封呀！你的任務就是在維護、弘大王室啊！你也要寬容安定亡殷的老百姓，而且要助王順應天命，使殷民能改頭換面，除去舊習，而成周朝新的老百姓。」

王說：「唉！封啊！要謹慎明察你的刑罰啊！一人犯了小罪，（但卻）不是偶然的過失，乃至謀思犯罪終其身，了無改意，那是他有意犯法，像這樣，他的罪惡雖小，也不能不殺他。如果有人犯了大罪，卻不是怙惡不悛，以此終身，而且無心的偶而犯錯，既然已經罰了他，這種人是不可殺的。」王說：「唉！封啊！你能照著這樣（上面所說的）的法則去做，那刑罰必明，人民也必順從，百姓們也都會奮勉地走向美好和平的境界。你愛民要像照看有疾病的人一樣，那人民就會脫離痛苦，可安居無憂了。你對待人民，就像保護嬰兒一樣，那人民必能安樂而生活上軌道。不是你封能夠有罰人殺人的權利，你不能隨便去罰人殺人。不是你封能專斷的擅自的去割人鼻，斷人耳，你不能任憑臆斷去割人鼻，斷人耳。」王說：「審判案子，宣示法律，要取法殷法中有道理的。」王又說：「要囚禁一個人，必須要考慮五六天，以至於十天，然後才決斷是否要囚禁他。」王說：「你宣布法律，審判案件時，當以殷代法律為依據，採用殷法合理的，當罰的罰，當殺的殺，不容許你封任意去做。如果百姓都順從你了，那所有行政也就都上軌道了，（雖然如此）你（還）應當說還有許多事未做好。噫！你這年輕人啊！沒有那個能趕上你的智慧，我的心情我的表現只有你了解。凡是人民有自動犯罪的；或是劫取，或是盜竊的；或是殺了人搶取財貨的；或是敢於冒犯國法而不怕死的，那就該把他殺掉。」

王曰：「封啊！大的罪惡，就是不孝父母，不友兄弟啊！兒子不能恭敬地奉行他父親的志向，那是大大的傷了父心；於是乎父親不能慈愛他的兒子，反而討厭他的兒子。做弟弟的不顧天理天道，不能尊敬他的哥哥，做哥哥的也就不顧念小老弟的可憐，大大的不友愛他的弟弟。雖然到了這個地步，沒有得罪政府官員，但老天給與我們的法則就大大的混亂了；那你就要趕快地用文王所定的法去制止他，懲罰這種不孝不友的人，不要寬赦他們。不遵循國家大法，以及外面掌管教育的官員，所有行政長官，及所有內小臣，出使各國的使節等，不承王命而擅自散布政令，或施恩德於民，在民間造成自己偉大的聲譽，這種人不顧念行政體制，也不秉承天子的教令，以致使君王的權力日漸削弱，憂患日漸到來。這種人是大壞人，是我所深惡的。唉！你要儘快用適當的刑法去殺掉他們。再說諸侯的君長們，他們不能好好地教導他們的家人，而和他們親近的小臣們，以及地方官員們，專門去威脅殘暴眾老百姓，大大地違背王命，像這種人，不是用恩惠可以治理的。你也不能夠不謹守法令，才能用法令來導引人民。也只有敬畏之法，才能導引人民。你說：『我只有黽勉、孜孜不倦地去做』，那我就高興了。」

王說：「封！你要幫助這些百姓們，達到安樂的境地，我是時常思念殷代已故明哲君王的好品德，用他們治安百姓的辦法，作為安定我們老百姓的軌範。何況現在的人民，如不加領導，他們將不知何所適從；你如不引導他們，那就不會有好的政績表現在你的國度裏了。」

王說：「封！我以為不可不觀察古今之治道，告訴你行善政的一切解釋以及施行懲罰的道理。現在人民還沒有安定，（他們還懷念商朝）沒有轉變過思舊的觀念，雖然屢次開導他們，但還不能和我們很融洽。（我們如不即時改正他們的觀念）倘使老天責罰我們，那豈不恨之嫌晚嗎？（要知道）罪不在乎大，也不在乎多，即使小或少，老天也明顯會知道的。」王說：「唉！封啊！要戒慎從事啊！不要製造仇恨，不要用違理的計謀，不要用背情的法規，蔽塞這個時候人民的真情，那你的德行會很快地、迅速地進到好的境界。你再要虛懷向善，時常反省自己的行為，使你輔世安民的道理能偉大久遠。這樣，你才能使百姓安寧，也才不會使你的國運斷絕。」

王說：「唉！你小子封啊！天命是無常的，你要時常思念留心啊！不要斷了我們的祭祀，亡掉這個國家。你要黽勉從事，多去了解（聽聽）民情，用來安定人民，治理人民。」王說：「你去吧！封！不要廢掉了你應當謹守的法令，聽從我告訴你的話，才能和殷的百姓世世代代保有這個國家。」

酒誥

【題解】《史記・衛世家》及〈書序〉皆以本篇為康叔封於衛時，周公以成王命誥康叔之辭。此說可信。蔡沈《書傳》則以為武王誥康叔。此乃宋人之臆說。

本篇所言皆戒酒之事，故謂之〈酒誥〉。《韓非子・說林》篇引本篇作〈康誥〉者，蓋以其為康叔書也。

王若曰：「明大命于妹邦❶。乃穆考文王，肇國在西土❷；厥誥毖庶邦庶士，越少正、御事❸，朝夕曰：『祀茲酒❹。』惟天降命肇我民，『惟元祀』❺。天降威，我民用大亂喪德，亦罔非酒惟行❻。越小大邦用喪，亦罔非酒惟辜❼。文王誥教小子，有正、有事，無彝酒❽。越庶國飲，惟祀，德將無醉❾。惟曰我民迪小子，惟土物愛❿。厥心臧，聰聽祖考之彝訓，越小大德，小子惟一⓫。妹土嗣爾股肱⓬，純其藝黍稷⓭，奔走⓮事厥考厥長，肇牽車牛遠服賈，用孝養厥父母⑮，厥父母慶，自洗腆，致用酒⑯。庶士、有正、越庶伯君子，其爾典聽朕教⑰。爾大克羞耇惟君，爾乃飲食醉飽⑱，丕惟曰：爾克永觀省，作稽中德⑲。爾尚克羞饋祀，爾乃自介用逸⑳。茲乃允惟王正事之臣；茲亦惟天若元德，永不忘在王家㉑。」

王曰：「封。我西土棐徂邦君、御事、小子㉒，尚克用文王教，不腆于酒㉓。故我至於今，克受殷之命。」

王曰：「封。我聞惟曰，在昔殷先哲王，迪畏天顯小民㉔，經德秉哲㉕。自成湯咸至於帝乙，成王畏相㉖。惟御事厥棐有恭㉗，不敢自暇自逸，矧曰：其敢崇飲㉘？越在外服，侯、甸、男、衛、邦伯㉙；越在內服，百僚、庶尹、惟亞、惟服、宗工，越百姓里居，罔敢湎于酒㉚；不惟不敢，亦不暇。惟助成王德顯，越尹人祗辟㉛。我聞亦惟曰，在今後嗣王酣身，厥命罔顯于民，祗保越怨不易㉜。誕惟厥縱淫泆于非彝，用燕喪威儀，民罔不衋傷心㉝。惟荒腆于酒，不惟自息、乃逸㉞。厥心疾很，不克畏死[35]；辜在商邑，越殷國滅無罹[36]。弗惟德馨香，祀登聞于天，誕惟民怨[37]。庶群自酒，腥聞在上[38]；故天降喪于殷，罔愛于殷：惟逸[39]。天非虐，惟民自速辜[40]。」

王曰：「封！予不惟若茲多誥。古人有言曰：『人無於水監[41]，當於民監。』今惟殷墜厥命，我其可不大監撫于時[42]！予惟曰，汝劼毖殷獻臣[43]，侯、甸、男、衛；矧太史友，內史友，越獻臣百宗工[44]；矧惟爾事，服休，服采[45]；矧惟若疇：圻父薄違，農父若保，宏父定辟，矧汝剛制于酒[46]。

厥或誥曰：『群飲。』汝勿佚[47]，盡執拘以歸于周，予其[48]殺。又惟殷之迪諸臣、惟工[49]，乃湎于酒，勿庸殺之，惟姑教之，有斯明享[50]。乃不用我教辭[51]，惟我一人弗恤，弗蠲乃事，時同于殺[52]。」

王曰：「封！汝典聽朕毖[53]，勿辯乃司民湎于酒[54]。」

【注釋】❶明大命于妹邦　明，昭告也。大命，謂重要的命令。妹邦，乃紂之舊都，康叔之封地，在今河南淇縣境。❷乃穆考文王肇國在西土　乃，汝也。穆，美也。肇，乃肁之叚借字，《說文》云：「始開也。」即開創也。西土，指西方。❸厥誥毖庶邦庶士越少正御事　厥，其也。誥毖，猶告白。庶邦，眾邦也，指諸侯各國。庶士，眾主事之臣。越，與也。少正，謂副長官。御事，即各管事之官吏。❹朝夕曰祀茲酒　朝夕，本係早晚，此指經常、日常也。祀，說解甚多，然當讀如本字。茲，才之叚借字（同屬第一部），始也。謂「祭祀時始可飲酒」。作此解始可與下文相貫。❺惟天降命肇我民惟元祀　惟，是也。降命，下令也。肇，《說文》云：「始開也。」引申而有開導義。惟，獨也，即只有。元，大也。惟元祀，謂：只有大的祭才能用酒。❻天降威我民用大亂喪德亦罔非酒惟行　威，害也。用，行也，即行為。喪，失也。罔，無也。惟行，是用也。意謂我們人民敗德亂行，那是老天有意給的懲罰——要大家沉湎於酒。❼越小大邦用喪亦罔非酒惟辜　越，語詞。用，以也。用喪，以此亡國也。惟，讀如為。辜，《說文》云：「辠也。」❽文王誥教小子有正有事無彝酒　誥教，即告誡。小子，謂後生，猶今云：年輕人。有，猶司。有正，即諸官長。有事，即一般官吏。彝，〈釋詁〉謂常也。❾越庶國飲惟祀德將無醉　越，語詞，庶國飲，謂諸侯各國人等飲酒。惟，獨也。惟祀，只有在祭祀時。德，得也。將，量也。德將，即得量為止，不要喝醉。《偽孔傳》謂「以德自將，無令至醉」，將，扶將也，即扶持，即以德行約束自己，不要喝醉，義亦可通。❿惟曰我民迪小子惟土物愛　惟曰，乃語詞；不當於此斷句，魯先生以為當為一句。迪，導也。惟，是也。土物，土所生之物。即：爾時人民受文王感召，教導後生，稼穡是愛也。⓫厥心臧聰聽祖考之彝訓越小大德小子惟一　厥，指上句之小子。臧，善也。聰，明也。彝，法也。越，語詞。德，行也。惟一，專一純正也，謂表裏如一，始終如一也。（按：自注❿惟曰至注⓫惟一，二十九字，乃指文王時之百姓，受文王德化之感召，以至如此。）⓬妹土嗣爾股肱　妹土，即妹邦。嗣，繼也。股肱，謂臣民。⓭純其藝黍稷　純，專也。藝，種也。謂皆專力於田事，賴土以為生也。⓮奔走　謂勤勉也。⓯肇牽車牛遠服賈用孝養厥父母　肇，〈釋言〉謂敏也。敏，勉也，即辛勞。服賈，從事商賈。孝養，孝順奉養也。⓰厥父母慶自洗

腆致用酒　慶，喜也、賀也。指過壽，或為其子遠賈返里等。洗，《漢石經》及京荀諸家皆作先，先，猶導也。腆，《說文》云：「設膳腆，腆，多也。」即設盛饌。用酒，飲酒也。⑰庶士有正越庶伯君子其爾典聽朕教　庶士，眾執事之官。有正，諸官之長。庶伯，謂眾諸侯。君子，各在位之人。其爾，猶爾其。典，殄之叚借字（同為十二部），《說文》云：盡也。⑱爾大克羞耇惟君爾乃飲食醉飽　克，能也。羞，《說文》云：「進獻也。」耇，〈釋詁〉謂老壽也。惟，與也。乃，始也。⑲丕惟曰爾克永觀省作稽中德　丕，語詞。惟，猶乃可。永，長也。觀省，檢點省察也。作，行也。稽，合也。中德，中正之德。⑳爾尚克羞饋祀爾乃自介用逸　尚，向之叚借字，即如果。饋，餽之叚借字，《說文》云：「吳人謂祭曰餽。」是饋祀即祭祀也。自，由也，即由是。介，與匃通，求也。逸，樂也，即放縱。爾乃自介用逸，謂你們才能求得快樂，即稍稍放縱點可以喝點酒。㉑茲乃允惟王正事之臣茲亦惟天若元德永不忘在王家　茲，今也。乃，汝也。允，誠也。惟，是也。正，即上文之有正，即眾長官。事，即上文之有事，即一般官吏。若，善也，順也。元德，謂有善德。忘，與亡通，即滅亡。以上係第二段。係要求妹邦人不要飲酒，不過如係國宴、喜慶、敬老、祭祀，則可以喝。㉒棐徂邦君御事小子　棐，與匪通，彼也。徂，《說文》云：「往也。」棐徂，即往昔。邦君，指君王。御事，猶卜辭中常見之卸史，即治事之臣。小子，此非官名，乃指後生晚輩。㉓不腆于酒　腆，《說文》云：「設膳腆，腆，多也。」引申而有多義，即不多吃酒。以上第三段，言我周所以興，乃受文王之教，不飲酒故。㉔迪畏天顯小民　魯先生以為：此乃係一句。迪，語詞。天顯，猶《孝經》之「天明」，謂天之明命，即天道，天理，天命。亦猶〈康誥〉篇之「于弟弗念天顯」之天顯。小民，即小百姓，與天顯乃係對等詞，句型猶〈多士〉篇之「罔顧于天顯民祇」。㉕經德秉哲　經，行也。秉，操也、持也。哲，智也。㉖成王畏相　謂成就王業，敬畏輔相。㉗厥棐有恭　厥，其也。棐，《說文》云：「輔也。」有，猶以也。恭，謹也。即他們能以恭謹態度輔助天子。㉘崇飲　崇，聚也，即聚飲。㉙越在外服侯甸男衛邦伯　越，語詞。外服，指諸侯。侯、甸、男、衛、邦伯，係五服諸侯。㉚越在內服百僚庶尹惟亞惟服宗工越百姓里居罔敢湎于酒　內服，王朝內之執事者。僚，與寮同，〈釋詁〉謂官也。尹，正也。庶尹，指眾官之長。惟，與也。亞，次也，副也。服，執事之群吏。宗工，宗人之在官者。百姓里居，孫星衍謂致仕家居之百官，即退休者。湎，《說文》云：「湛于酒也。」即沈迷。㉛惟助成王德顯越尹人祇辟　惟，思也。助成，輔助之使成就也。顯，光也，明也。越，與也。尹，治也。祇，敬也。辟，法也。㉜在今後嗣王酣身厥命罔顯于民祇保越怨不易　後嗣王，指紂言。酣，《說文》云：「酒樂也。」厥命，他的命令。顯，昭著也。祇，只之叚借字（照紐）。保，安也。越，於也。易，謂改易。㉝誕惟厥縱淫泆于非彝用燕喪威儀民罔不衋傷心　誕惟，語詞，猶只是。淫，《說文》謂：久雨曰淫，引申為放濫、過度。泆，與佚通，樂也。彝，法也。用，以也。燕，燕飲也。喪，亡也。衋，《說文》云：「傷痛也。」㉞惟荒腆于酒不惟自息乃逸　惟，獨也。腆，多也。惟荒腆于酒，謂只知過度地沈迷於酒。息，止也。不惟自息，謂不思停止一下。乃，仍之初文，乃逸，謂仍舊整天縱樂。㉟厥心疾很不克畏死　疾，倏之初文，《說文》謂毒也。很，俗作狠，形近而訛，《說文》云：「很，不聽從也。」謂其心腸惡毒乖戾也。克，猶肯也。不肯怕死，即肆無忌憚也。㊱辜在商邑越殷國滅無罹　辜，辠也。在，存也。越，於也。罹，〈釋詁〉謂憂也。㊲祀登聞于天誕惟民怨　祀，以之叚借字（第一部）。登，《說文》云：「上車也。」引申為高、上。聞，知也、達也。誕，猶但，語詞。惟，讀如為。㊳庶群自酒腥聞在上　庶群，猶眾庶。自，用也。用酒，即飲酒。腥，乃胜之叚借字。《說文》云：「胜，犬膏臭也。」腥聞在上，謂酒臭氣上達於天。㊴惟逸　惟，以也。即以其逸樂也。㊵速辜　速，召也。即召致罪過。㊶監　照也、視也。即鑑字。㊷我其可不大監撫于時　其，豈也。撫，覽也。時，是也。謂觀察殷亡國的這件事。㊸汝劼毖殷獻臣　劼，《說文》云：「慎也，〈周書〉曰：劼毖殷獻臣。」毖，告也。獻，賢也。即要謹慎地告教殷朝留下的諸賢臣。㊹矧太史友內史友越獻臣百宗工　矧，申之叚借字（同為第十二部）。再令也。太史，掌記言之官；內史，掌記事之官；以上本孫星衍說。友，僚友也，因太史、內史非一人也。越，與也。百宗工，凡宗人（姬姓）之在官者，百言其多也。㊺矧惟爾事服休服采　惟，語詞。事，服事之臣，指一般非主管之官吏。服休，指燕息之臣，即居處時服侍人之官，猶太監、宮女等是。服采，朝祭之臣，即上朝時侍候之人，如大鴻臚等是。

以上本鄭玄說。㊻矧惟若疇圻父薄違農父若保宏父定辟矧汝剛制于酒　矧，申之叚借字。疇，類也。若疇，即彼輩。圻父，即司馬；農父，即司徒；宏父，即司空。以上從《偽孔傳》說。按：司馬掌封圻（疆）之甲兵，有守土之職，故曰圻父；司徒掌農事，故曰農父；司空主度地居民及器用興作，故曰宏父；偁父者，尊之也。薄違，迫擊違戾政令之人。若，善也；保，養也；若保，善養萬民也。辟，法也；定辟，定一切制作之法度也。剛，強也。制，禁也。于，茹之叚借字，食也（〈釋言〉）。㊼佚　逸之叚借字，《說文》云：失也。引申為放縱。㊽其　猶將也。㊾又惟殷之迪諸臣惟工　迪，《經傳釋詞》以為語中助詞。惟，與也。工，官也。㊿有斯明享　有，以也。斯，此也。明享，猶言祭祀。謂以此用之祭祀也。即酒可以用來祭祀，亦即祭祀時始可喝酒。(51)乃不用我教辭　乃，仍之初文，再也。教辭，訓示之言。(52)弗蠲乃事時同于殺　蠲，除也。乃，猶其也。弗蠲乃事，謂不除其飲酒之事。時，是也。于，為也。是同為殺者，是同周人一樣同為殺戮之罪。(53)毖　告也、教也。(54)勿辯乃司民湎于酒　辯，《廣雅》謂使也。乃司民，你屬下之民。

【語　譯】王如此說：「我今在妹邦頒布一項重要的命令。你那美好的先父文王，在西方開創了我們的國家。他告訴各諸侯國主事官員，以及副長官，和一般官吏們，經常誡之說：『祭祀才可以用酒。』也是上天下令開導我民說：『只有祭祀才能用酒。』上天降下災害，我們人們行為大亂，失去好的品德，也沒有一樣不是酒在作祟。大小國家以此而亡國的，也無一不是酒在為害。文王告誡那些後生小子，及各有司長官，以及各部一般執事人等：不要經常飲酒。諸侯各國人等飲酒，也只有在祭祀的時候。但飲時得量為止，不可喝醉。爾時人民受文王感召，教導後輩小子，都很愛惜穀物。他們心地都很純良，明白地聽從他們祖先們給他們的教訓，於是乎，不論在大小的德行上，所有青年皆能表現出專一不二的態度。

現在妹邦的人都是好的臣民，專力田事，賴土為生，勤勉地事奉他們的父兄，還辛苦地趕著牛車，到外地去做生意，賺錢來孝順奉養他們的父母，他們父母如有喜慶的事，自己辦出很多豐美的食品，那可以喝點酒。眾執事官員，各主管長官，以及各國諸侯及在位人等，你們都要經常地聽我的教訓。你們要是能很豐盛地奉獻飲食給老人和長官，那你才可以喝醉吃飽。就是說，你們能永遠地自我檢點省察，就能合乎中正的美德了。你們如能進獻祭祀於鬼神，你們才能求得快樂，稍稍喝點酒。現在你們都是王朝各部長官，老天也會降吉祥給你們這些有善德的人，永不滅絕你們在王朝的功勳和封地。」

王說：「封！我們西方往時的君王，以及各國治事的臣子，還有一些後生小子，他們都能奉行文王的教訓，不多吃酒。所以我們才能有今天的成就，能承受殷的天命。」

王說：「封！我聽說，以前殷代有明智的王，他們都敬畏天命跟小百姓。他們行的是善政，秉持的是明智，從成湯到帝乙，都能敬畏他的輔相，成就了王業。所有治事大臣，也都能以恭謹的態度輔佐天子，不敢偷懶，不敢尋找安逸，更何況說敢聚集群飲嗎？（還有）王朝以外的職官，像侯、甸、男、衛、邦伯等五服諸侯，王城內執事的官員，像眾官之長、次官，和執事群吏，從政的王族，以及退休的百官等，都不敢沈迷於酒，不獨不敢，而且也沒有那閒功夫。他們只想到幫助成就王德，使王德更加光明，同時他們治理人民，使人民能更加敬畏法律，不敢飲酒。我又聽見有人說：他的後代王紂，整天喝酒玩樂，因此教令、政令都不能昭著於民間，安然接受人民的怨恨，行為也不稍加改變，只是縱情的享樂，不守法度，由於整日宴飲，也喪失了威儀，所有人民沒有不為他傷心悲痛的。他過度地沈迷於酒，從不想停止一下，仍舊整天縱樂。他的心腸是惡毒的，肆無忌憚，毫不怕死，他的罪惡昭彰，對殷的滅亡毫不憂慮。他沒有好的表現上達天聽，但為民所怨。所有人民，也只知飲酒，腥殠達於上天，所以上天降下滅殷的災禍，對殷毫無所愛，就是因為他們過於放縱享樂。這不是上天對他們殘暴，是人民自己召致來的罪惡。」

王說：「封啊！我也不多所告誡於你了。古人有句話說：『人不要以水做鏡子，應當以人民做鏡子。』如今殷已失掉了他的天命，我豈可不廣泛地去了解、考察殷亡的原因！我是說，你要謹慎地告誡殷朝來降的賢臣，以及侯、甸、男、衛等諸侯；再申令太史的同僚、內史的同僚，和一般士大夫，及凡姬姓之在官者；也要告訴你左右的服事官員、伺候宴息的臣子、侍奉朝祭的臣子們；告誡彼等說：司馬是懲罰違戾政令的，司徒是養護人民，使民安樂的，司空是制作一切法度的。你要強制禁止他們飲酒。

如有來報告說：『有很多人聚飲』，你不要輕輕放過，要完全把他們捕獲，一起送到王朝來，我要殺掉他們。要是殷朝投降來的臣僕和官員們等沈迷於酒，那就不必殺他們，姑且教導他們，祭祀時可以喝酒。要是再不聽告誡的話，那就是不顧念我的戒令，他們不能除去飲酒舊習，那就把他們和周人一樣看待，一起殺死。」

王說：「封啊！你要多多地聽從我訓戒，不要使你治下的人民沈湎於酒。」

梓材

【題解】《史記‧衛康叔世家》云：「周公旦懼康叔齒少，乃申告康叔曰，必求殷之賢人君子長者，問其先殷所以興所以亡，而務愛民。告以紂所以亡者以淫於酒，酒之失，婦人是用，故紂之亂自此，始為〈梓材〉。」〈尚書序〉云：「成王既伐管叔、蔡叔，以殷餘民封康叔，作〈康誥〉、〈酒誥〉、〈梓材〉。」蔡沈《集傳》以〈梓材〉為武王誥康叔之書，且疑後半自「今王惟曰」以下，乃周公、召公進諫成王之辭，因簡編斷爛，後人誤合為一。

按：《史記》、〈書序〉說法略同，以文義審之，當以蔡說近是。篇中有「梓材」二字，因以名篇。

王曰：「封！以厥庶民暨厥臣、達大家❶，以厥臣達王❷，惟邦君❸。

汝若恆越曰❹：我有師師，司徒、司馬、司空、尹、旅❺。曰：『予罔厲殺人❻；亦厥君先敬勞❼，肆徂厥敬勞❽。肆往，姦宄、殺人、歷人，宥❾；肆亦見厥君事，戕敗人宥❿。』

王啟監，厥亂為民⑪。曰：無胥戕，無胥虐⑫，至于敬寡，至于屬婦，合由以容⑬。王其效⑭邦君、越御事，厥命曷以引養引恬⑮。自古王若茲，監罔攸辟⑯。惟曰：若稽田，既勤敷菑⑰，惟其陳修，為厥疆畎⑱。若作室家，既勤垣墉，惟其塗塈茨⑲。若作梓材，既勤樸斲，惟其塗丹雘⑳。」

「今王惟曰㉑：『先王既勤用明德，懷為夾，庶邦享作，兄弟方來㉒』；亦既用明德，后式典集，庶邦丕享㉓。皇天既付㉔中國民越厥疆土于先王；肆王惟德用㉕，和懌先後迷民㉖，用懌先王受命㉗。已！若茲監㉘。惟曰欲至于萬年惟王㉙，子子孫孫永保民。」

【注釋】❶達大家　達，通也，指通達上下之情。大家，猶《孟子》之巨室，大夫稱家，凡食采邑多而有權力者，則曰大家。❷以厥臣達王　厥臣，即上句之大家，要使這些巨室大家與王相交通。❸惟邦君　惟，讀如為，是也。邦君，指諸侯言。乃謂通達上下之情是諸侯之責。❹汝若恆越曰　汝，指你。若、越，皆語詞。若猶其也，指諸侯言。恆，常也。此謂：你們當諸侯的時常說。❺我有師師司徒司馬司空尹旅　有，誠也（同為第一部）。師師，上師，眾也（《釋詁》）；下師，長也（《廣雅》）；即各級長官。司徒，管教育。司馬，管軍事。

司空，管工程。尹，正也，此謂各單位主管。旅，〈釋詁〉謂眾也，此謂眾僚屬。❻予罔厲殺人　罔，無也。厲，《逸周書・謚法解》謂：殺戮無辜曰厲。即我不會亂殺無辜。❼亦厥君先敬勞　亦，魯先生以為昔之叚借字（同為第五部）。厥君，指各地諸侯。先，首先。敬，與矜通，即憐憫。勞，與勤同義，閔惜也。吳汝綸《尚書故》謂：敬勞猶矜閔。❽肆徂厥敬勞　肆，〈釋詁〉謂今也。徂，與祖通，《廣雅》謂祖法也。即：現在我們做諸侯的，也將祖法前人，矜閔那些犯罪的。❾肆往姦宄殺人歷人宥　肆往，即前此，在此之前。姦宄，指邪惡之人。歷，亂也。歷人，指亂法的人。宥，《說文》云：寬也。❿肆亦見厥君事戕敗人宥　肆，今也。見，憲之叚借字（第十四部），法也。肆亦見，今亦法也。厥君事，指前王對犯罪者之態度。戕，傷也。敗，害也。戕敗人，即傷害人之人。⓫王啟監厥亂為民　啟，教也。監，乃三監之監，此指諸侯言。亂，治也。為，化之叚借字（第十七部）。厥亂為民，謂：治績在教化人民。⓬無胥戕無胥虐　胥，相也。戕，傷也。虐，殘也。⓭至于敬寡至于屬婦合由以容　敬，矜之叚借字，即鰥也。屬婦，謂婢妾也，婢妾所以屬人，故稱屬婦。此乃指低下之人言。合，會也。由，畜之叚借字（第三部），養也。容，寬也。合由以容，謂一體養育之，寬待之。⓮效　教之叚借字（第二部），告語也。⓯厥命曷以引養引恬　命，指政令。曷，何也，即豈不。引，導也。養，長也。恬，安也。⓰監罔攸辟　監，指諸侯而言。攸，魯先生謂乃由之叚借字，從也。辟，讀為僻，《賈子・道術》篇云：襲常緣道謂之道，反道為辟。乃謂：諸侯們不可反行其道的。⓱惟曰若稽田既勤敷菑　惟曰，應當說。若，如也。稽，蔡沈謂治也。勤，勞也。敷，《說文》云：「㪟也。」即施行，從事也。菑，〈釋地〉謂田一歲也，即新墾之田。⓲惟其陳修為厥疆畎　惟，宜也，即應當。陳，魯先生謂乃甸之叚借字（第十二部），古通用，治也。陳修，即修治整理。為，作也。疆，本字作畺，《說文》云：界也。畎，本字作く，《說文》云：「水小流也。」⓳若作室家既勤垣墉惟其塗塈茨　室家，居處也。垣，《說文》謂：牆也。墉，《說文》謂：城垣也。惟，宜也。塗，飾也。塈，《說文》云：「仰涂也。」茨，《說文》云：「茅蓋屋。」⓴若作梓材既勤樸斲惟其塗丹雘　梓，治木器曰梓。材，《說文》云：「木梃也。」梃直始成料可用。樸，《說文》云：「榛也。」即去木質之皮存其素也。斲，《說文》云：「斫也。」惟，宜也。塗，飾也。雘，善丹也。丹雘，即紅漆。㉑今王惟曰 按：自此以下，不似天子戒諸侯之詞，當為人臣戒天子之言，蓋為他篇之錯簡，非〈梓材〉之文也。㉒先王既勤用明德懷為夾庶邦享作兄弟方來 勤，勞也。明德，此指善行。懷，柔也，即懷柔。為，使也。夾，輔也。懷為夾，即懷柔諸侯，使之夾輔王室也。庶邦，指眾國言。享，獻也。作，指營作。㉓亦既用明德后式典集庶邦丕享 亦既，猶今言如果也。后，謂諸侯。式，語詞，猶則。典，常也。集，聚合也。后式典集，謂諸侯常來朝會也。丕，來之叚借字（第一部）。㉔皇天既付 皇，大也。皇天，即老天。付，《說文》云：「與也。」㉕肆王惟德用 肆，〈釋詁〉謂今也。惟德用，唯德是行也。㉖和懌先後迷民 懌，〈釋詁〉謂樂也。和懌，乃指安撫之。先，導其先。後，指護其後。㉗用懌先王受命 懌，乃斁之叚借字，《說文》謂終也，即完成。受命，受上帝之命。㉘若茲監 若茲，如此也。監，臨下也。㉙惟曰欲至于萬年惟王 惟，是也。曰，語詞。謂：那是可千秋萬世而為王也。

【語譯】王說：「封啊！使你的百姓及一般僚屬跟有權勢的巨室大家相通，使巨室大家跟王朝相通，這通達上下感情是為諸侯的責任。

你們諸侯們常說：『我告誡本國的各級長官，管教育的、管軍事的、管工程的，以及各單位主官及僚屬們，我對他們說：我不會殺沒有罪的人，從前他們的諸侯王都能以矜憫態度憐憫他們，現在我們做諸侯的，也將取法前人，憐憫他們。在此之前，凡有邪惡的、殺人的、亂犯的，都被寬赦了。現在我們也效法前人，對那傷害人的、殺人的人，也採寬容的態度。』

王告教諸侯，我們的治績在教化人民。就是說：不要迫害百姓，也不要虐待百姓，以至於無依靠的鰥寡之人，甚至婢僕下人，都要一視同仁的養育他們，愛護他們。王所告教諸侯及治事大臣們的，那教令豈不就是在長養人民，安定人民嗎？自古的王者都是如此，諸侯是不可反行其道的。應當說：治國如治田，既已辛勤地開墾了新田地，就應該繼續加以整理，做好田界和灌溉的溝渠。也好比我們要造一幢房子，既已築好圍牆，就應該粉飾牆壁，蓋好屋頂。也好像作件木器，既已把樹斫倒，作成初胚，那就應當塗飾上紅色，把它美化起來。」

「現在王你應當說：『我們先代王者已勤奮地表現他的善行，以懷柔的手段，使諸侯們自然輔助王朝，所以眾國諸侯都來朝貢，友邦也都同時歸附來朝。』如若天子也行善德的話，那所有的諸侯都會來朝見，眾國也都會來進獻了。老天既已將中原百姓和疆土付與我們先代王者，現今你當王的，只有行道德，用安撫的手段教導所有迷惑的人民。用這一態度來完成先王所受的上天之命。噫！王以如此態度君臨天下，那是可千秋萬世而為王的，子子孫孫也可永遠保有這些人民——而繼續為王。」

召誥

【題解】《史記・周本紀》云：「周公行政七年，成王長，周公反政成王，北面就群臣之位。成王在豐，使召公復營洛邑，如武王之意。周公復卜、申視，卒營築，居九鼎焉。曰：此天下之中，四方入貢，道里均，作〈召誥〉、〈洛誥〉。」

楊筠如《尚書覈詁》云：「按史遷以作洛在成王七年，其說是也。〈雒誥〉末書『惟七年』，〈召誥〉有月無年，蓋因〈雒誥〉而省略也。《大傳》謂周公攝政五年營成周，七年致政，殆不可從。」

是本篇乃周公、召公既營洛邑之後，召公誥成王之詞，故名之曰〈召誥〉也。

惟二月既望，越六日乙未❶，王朝步自周，則至于豐❷。

惟太保先周公相宅❸，越若來三月，惟丙午朏❹，越三日戊申，太保朝至于洛，卜宅❺。厥既得卜，則經營❻。越三日庚戌，太保乃以庶殷，攻位于洛汭❼；越五日甲寅，位成。若翼日乙卯，周公朝至于洛，則達觀于新邑營⑧。越三日丁巳，用牲于郊，牛二⑨。越翼日戊午，乃社于新邑⑩，牛一、羊一、豕一。越七日甲子，周公乃朝用書命庶殷——侯、甸、男、邦伯⑪。厥既命殷庶，庶殷丕作⑫。

太保乃以庶邦冢君⑬，出取幣，乃復入，錫周公。曰：「拜手稽首，旅王若公⑭。誥告庶殷，越自乃御事⑮。嗚呼！皇天上帝，改厥元子茲大國殷之命⑯。惟王受命，無疆惟休，亦無疆惟恤⑰。嗚呼！曷其奈何弗敬⑱！

天既遐終⑲大邦殷之命。茲殷多先哲王在天，越厥後王後民，茲服厥命⑳；厥終智藏瘝在㉑。夫知保抱攜持厥婦子，以哀籲天；徂厥亡出執㉒。

嗚呼！天亦哀于四方民，其眷命用懋，王其疾敬德㉓。相古先民有夏，天迪從子保㉔；面稽天若，今時既墜厥命㉕。今相有殷，天迪格保㉖；面稽天若，今時既墜厥命。今沖子嗣，則無遺壽耇㉗；曰其稽我古人之德[28]，矧曰其有能稽謀自天[29]。嗚呼！有王雖小，元子[30]哉。其丕能諴于小民。今休[31]。王不敢後，用顧畏于民碞[32]。

王來紹上帝，自服于土中[33]。旦曰[34]：『其作大邑，其自時配皇天；毖祀于上下[35]，其自時中乂[36]。王厥有成命，治民今休[37]。』王先服殷御事，比介于我有周御事[38]。節性，惟日其邁[39]；王敬作所，不可不敬德[40]。

我不可不監于有夏，亦不可不監于有殷。我不敢知，曰有夏服天命，惟有歷年[41]；我不敢知，曰不其延[42]，惟不敬厥德，乃早墜[43]厥命。我不敢知，曰有殷受天命，惟有歷年；我不敢知，曰不其延，惟不敬厥德，乃早墜厥命。今王嗣受厥命，我亦惟茲二國命，嗣若功[44]。王乃初服[45]；嗚呼！若生子，罔不在厥初生；自貽哲命[46]。今天其命哲，命吉凶，命歷年[47]。知今我初服，宅新邑，肆惟王其疾敬德[48]。王其德之用，祈天永命[49]。

其惟王勿以小民淫用非彝，亦敢殄戮[50]；用乂民，若有功[51]。其惟王位在德元，小民乃惟刑；用于天下，越王顯52。上下勤恤53，其曰：『我受天命，丕若有夏歷年，式勿替54有殷歷年。』欲王以55小民受天永命。」

拜手稽首曰：「予小臣，敢以王之讎民、百君子、越友民，保受王威命明德56。王末有成命。王亦顯57。我非敢勤58，惟恭奉幣、用供王，能祈天永命59。」

【注釋】❶二月既望越六日乙未　二月，以〈洛誥〉證之，當為成王七年之二月。既，已也。既望，月之十五或十六也。越，踰也。越六日，即廿一日，是日為乙未。❷王朝步自周則至于豐　朝，《說文》云：「旦也。」即早晨。步，《說文》云：「行也。」即出發、首途之謂。自，從也。周，指西周之都城鎬京言。豐，文王所都；地在今陝西鄠縣，距鎬二十五里。《史記．魯世家集解》引馬融說，謂文王廟亦在此。因將營洛邑，以其事告於文王廟，故成王由鎬至豐也。❸惟太保先周公相宅　太保，召公也。先周公，在周公之先。相，《說文》云：「省視也。」即勘察、視察也。宅，〈釋言〉謂居也，即居處，指擬營建洛邑而言也。《史記．魯世家》云：「使太保召公先之雒相土。」❹越若來三月惟丙午朏　越若，猶粵若、曰若，發語詞。來，猶次也。朏，月始生之微明也，即月之三日，初三也。❺越三日戊申太保朝至于洛卜宅　越三日，即初五日（按：乙未日王由豐出發，至戊申來到洛，共十四天）。朝，晨也。洛當作雒。卜宅，謂卜築城的位置。❻厥既得卜則經營　厥，《史記》

作其，此指召公。得卜，得吉兆也。按：《周官・太卜》云：國大遷則貞龜，故須得卜。經，測度也。營，立表識以定建築物之方位也。（按：《詩》云：「經始靈臺，經之營之。」《毛傳》：經，度之也。鄭箋：度始靈臺之基址，營表其位也。）❼越三日庚戌太保乃以庶殷攻位于洛汭　庚戌，初七日。以，《說文》云：用也。庶殷，眾殷人。攻，《廣雅》謂治也。位，此乃指城郭、宗廟、宮殿等位置。汭，《漢書・地理志》注謂：水之北也。洛汭，洛水之北。❽若翼日乙卯周公朝至于洛則達觀于新邑營　翼，或作翌，皆昱之叚借字，《說文》云：「昱，日明也。」即明日。乙卯，十二日。達，《廣雅》謂：通也。達觀，謂通看一遍也。營，指工程，此指新邑一切設施工程。❾用牲于郊牛二　郊，祭天也。牛二，用二牛也。❿乃社于新邑　社，乃后土之神。（按：《詩・甫田》云：「以社以方」，是祭后土之神曰社，祭四方之神為方。）新邑，指新營建之洛邑。⓫越七日甲子周公乃朝用書命庶殷侯甸男邦伯　甲子，二十一日也。乃，與迺通，始也。朝，《說文》云：旦也。用，以也。書，指文告誡命之文。周公乃朝用書，謂周公就在這天早上發表書面談話。庶殷，指眾殷人。侯、甸、男、邦伯，謂侯服、甸服、男服之國君也。⓬庶殷丕作　丕，《說文》云：大也。作，即指工作。⓭乃以庶邦冢君　乃，於是。以，與也。冢，大也，長也。冢君，即首領，猶〈牧誓〉「我友邦冢君」之冢君。⓮拜手稽首旅王若公　稽首，叩頭至地也，吉、嘉禮用之。旅，〈釋詁〉謂：陳也。若，猶及也（見《漢書・高帝紀》注）。⓯誥告庶殷越自乃御事　誥，告也。誥告，乃疊語，即告教也。越，與也。自，乃衍文。御事，即治事之臣。⓰皇天上帝改厥元子茲大國殷之命　皇，大也。皇天，即偉大的老天。改，《說文》云：「更也。」即革除。厥，其也。元，《爾雅》謂首也，《廣雅》謂長也。元子，即天子，此指殷王。按：凡蒼生，皆天之子，而王為之長，故稱殷王為元子。茲，此也。大國殷，尊之也，猶：顧命之「大邦殷」。反之，周則自謙稱曰小邦，如〈大誥〉篇：「天休于寧王，興我小邦周。」命，指國運。⓱惟王受命無疆惟休亦無疆惟恤　受命，受上天之命而為下土之王。無疆，即無窮。休，〈釋言〉謂：慶也。恤，《說文》云：「憂也。」無疆惟恤，即無窮憂患，言事天養民責任重大也。由此可知古人視得天下，並非以利己縱慾為主，亦未嘗視天下為私產。⓲曷其奈何弗敬　曷其，奈何也。曷其奈何，乃後人誤將注文「奈何」闌入為正文，遂至贅複不通。敬，畏慎也。意謂：怎能不謹慎從事啊！⑲遐終　遐，〈釋詁〉謂：遠也。終，窮也、盡也。⑳越厥後王後民茲服厥命　越，語詞。服，服膺，順從也。厥命，係指天命。此乃承上句言，謂先代哲王能服行天命，就是後世的王，後世的民，也都能服從天命。㉑厥終智藏瘝在　厥終，指殷末世。智藏，謂才德之士退而隱藏也。瘝，鰥之俗字，〈釋詁〉謂：病也。瘝在，謂病民之人在位也。㉒夫知保抱攜持厥婦子以哀籲天徂厥亡出執　夫，本係指有家室者言，此乃泛指一般人民。知，《說文》云：詞也。保，乃緥之初文，《說文》云：「緥，小兒衣也。」金文保字正象人負子而子有緥護之形。引申而有背負義。攜持，乃對婦人言。籲，《說文》云：「呼也。」以哀籲天者，言無所告訴，只有呼天也。徂，《尚書故》謂與阻通，止也。亡，《說文》云：「逃也。」㉓其眷命用懋王其疾敬德　眷，《說文》云：「顧也。」即思念。懋，《說文》云：「勉也。」用懋，謂用勉於德者為民之主也。疾，速也。敬，慎也。㉔天迪從子保　迪，攸之叚借字，〈釋言〉謂：所也。子，讀如慈，愛也。保，《說文》云：「養也。」㉕面稽天若今時既墜厥命　面，魯先生以為偭之初文，《說文》云：「鄉也。」〈離騷〉王注謂：背也。于省吾從之。稽，魯先生以為盭之叚借字，《說文》云：「弼戾也！」即違戾。若，〈釋詁〉云：善也。今時，即後世。墜，魯先生以為隊之俗字，與訓落也之隊音義相同。㉖天迪格保　迪，攸之叚，所也。格，若之叚，善也。保，《說文》云：「養也。」此謂殷民亦天所善養者。㉗則無遺壽耇　則，即也。遺，離也、棄也，即棄而不用。壽，《說文》云：「久也。」耇，〈釋詁〉謂：老壽也。壽耇，即老年也。㉘曰其稽我古人之德　曰，語詞。其，能之叚借。稽，魯先生據《廣雅》謂合也、同也。此句謂：此輩老人能合乎古人之德。㉙矧曰其有能稽謀自天　矧曰，語詞，猶況且。有，讀如又。稽，合也。謀，心也，即思慮意志。自，吳汝綸《尚書故》謂：猶於也。稽謀自天者，謀稽自天也。即思慮合於天意也。㉚元子　元，長也。元子，即上帝長子，即天子。㉛其丕能諴于小民今休　丕，《說文》云：「大也。」諴，《說文》云：「和也。」今，猶即也。休，〈釋詁〉謂：美也。㉜王不敢後用顧畏于民碞　敢，可也（同為牙音字）。後，《說文》云：「遲也。」王不敢後，謂：王不可遲緩（指進德愛民事）也。顧，念也。

用，魯先生謂：宜也。碞，《說文》云：「磛碞也，讀與巖同。」即阧壁，引申為險。民碞者，指民情險惡也。㉝王來紹上帝自服于土中　紹，吳汝綸讀為卲，《說文》云：「卜問也。」自，屈先生謂：用也。服，𠬝之叚借字，《說文》云：「治也。」土中，即中土。㉞旦曰　旦，周公之名。此乃召公引述周公旦之話，君前臣名，故直呼之曰「旦曰」。㉟其自時配皇天毖祀于上下　自時，由是、從是也，即從此以後。配，匹也。毖，《說文》云：「慎也。」毖祀于上下，謂慎祭上下神祇也。此乃謂：營作了大邑，自是以後，可以德匹大天，可以敬祀上下神祇也。㊱中乂　謂中土平治。㊲王厥有成命治民今休　成，魯先生謂明也。（按：〈釋詁〉云：明，成也。）今，即也。休，〈釋詁〉謂：美也，引申有喜慶義。此乃謂：我王他有此明令，居此治理人民，是非常值得慶幸的。㊳王先服殷御事比介于我有周御事　服，𠬝之叚借字，《說文》云：「治也。」殷御事，謂故殷治事之臣。比，俾之叚借字，〈釋詁〉謂：使也。介，〈釋詁〉謂：善也。此乃謂：王首先要使那些殷朝的舊臣能親善地和周朝官員融洽相處。㊴節性惟日其邁　節，制也。性，指情慾。惟，宜也。邁，乃勱之叚借字，《說文》云：「勉力也。」㊵王敬作所不可不敬德　敬，慎也。作，〈釋言〉謂為也。此乃謂：王，你要謹慎自己的作為，不可不日日進德也。㊶我不敢知曰有夏服天命惟有歷年　敢，可也。曰，句首語詞，猶〈大雅・大明〉：「曰嬪于京」，〈豳風・七月〉：「曰為改歲」之曰；其義猶蓋、越、粵、厥（同為十五部），本句之曰猶厥，乃指示詞（本魯先生說）。惟，是也。歷，久也。惟有歷年，謂：是有長久的年代了。㊷延　《說文》云：「長行也。」〈釋詁〉謂：長也。㊸墜　乃隊之俗字，《說文》云：「從高隊也。」引申而有失落、失掉義。㊹我亦惟茲二國命嗣若功　惟，〈釋詁〉謂：思也。二國指夏、殷二國。嗣，〈釋詁〉謂：繼也。若，《經傳釋詞》云：猶其也。功，謂功業。㊺王乃初服　乃，語詞。初，《說文》云：「始也。」服，〈釋詁〉謂：事也。始事者，謂開始親政也。㊻若生子罔不在厥初生自貽哲命　生，魯先生謂：長養也。生子，乃謂長養兒子，非生產兒子。罔不在厥初生，謂教養他必定要在其幼年時代。貽，猶遺，餽遺、給與也。哲，明也。明命，即好命。㊼今天其命哲命吉凶命歷年　其，乃將然之詞，猶或也。吉，《說文》云：「善也。」凶，《說文》云：「惡也。」吉凶，乃指歲時之善惡，風俗之良窳也。歷年，久年也（但兼有短祚之意）。此乃謂國運之長短也。㊽知今我初服宅新邑肆惟王其疾敬德　知，《說文》云：「詞也。」服，得也。初服，謂初得天下。肆，〈釋詁〉謂：今也。惟，語詞。疾，急也。㊾王其德之用祈天永命　其，語詞。之，是也。用，行也。祈，《說文》云：「求福也。」永，《說文》云：「長也。」謂：王能依德行事，就可向上天祈求悠久的國運。㊿其惟王勿以小民淫用非彝亦敢殄戮　以，因也。淫，過也，亂也。彝，法也。亦，乃，奕之初文，《說文》云：「大也。」敢，勇也。殄，〈釋詁〉謂：絕也。戮，《說文》云：「殺也。」亦敢殄戮者，謂：大行殺戮也。(51)用乂民若有功　乂，治也。若，乃也（泥紐）。功，善也。意謂：慎刑治民，乃有善政。(52)其惟王位在德元小民乃惟刑用于天下越王顯　位，屈先生謂：當讀立，古位字但作立。在，茲也（同為第一部），此也。元，魯先生謂善也。德元，即元德，善德也。惟，思也。刑，同型。此乃謂：為王行政，善德為貴，身為表率，列民有典型。用，行也。越，〈釋言〉謂：揚也。顯，〈釋詁〉謂：光也。(53)勤恤　勤，《說文》云：「勞也。」恤，《說文》云：「憂也。」(54)丕若有夏歷年式勿替　丕，語詞。式，發語詞。替，廢也。(55)以　與也（喻紐）。(56)予小臣敢以王之讎民百君子越友民保受王威命明德　予小臣，乃周公謙稱之詞。敢，謂膽敢也。以，與也。百君子，指在位眾官員。越，與也。友民，友邦之民。保，持也。受，承也。(57)王末有成命王亦顯　末，終也。成，與明通。成命，即明命。亦，當為奕之初文，《說文》云：「大也。」顯，〈釋詁〉謂：光也。此謂：王終於承受了上天的明命，德行大大地光顯於天地。(58)我非敢勤　此乃自謙之語，謂不敢說我有多勤勞有多功勛也。(59)惟恭奉幣用供王能祈天永命　惟，獨也。恭，敬也。奉，獻也。供，《說文》云：「供給也。」能，以之叚借字。按：古代大祭用玉帛犧牲，中祭用犧牲，小祭用束脩。此奉幣帛者，供王作祈天之祭用也。

【語譯】成王七年二月二十一日乙未早晨，王從鎬京長安首途來到了豐。

太保召公在周公之前先行勘察了經營洛邑的情形。到下個月初三丙午，新月初現，又三天戊中，太保召公就在這天清晨，來到了洛，首先占卜築城的位置，一卜得吉，於是立刻開始測量營作。又過了三天，召公就徵用很多殷人，營治城廓、宮殿、宗廟、市朝等位置於洛水之北。再五天後的甲寅日，所有城廓宮殿等位置都確定好了。第二天乙卯日，周公一早來到了洛，便往各處視察新都邑營建的情形。又三天後丁巳日，在南郊行祭天禮，用兩頭牛。第二天戊午，於是在城南行社祭之禮祭后土之神，用牛、羊、豕各一。又過了七天到甲子日，這天早晨，周公以書面文告告誡眾殷人，以及侯、甸、男、邦伯等。眾殷人接到周公的命令，也就展開了工作。

太保召公於是和眾邦首領會議，為了要準備禮物，就暫時離開會場，去拿取幣帛，回來後就將幣帛送給周公說：「我作揖叩頭，報告王及公，並告教眾殷人及治事官員等。唉！偉大的老天上帝，革去了他長子紂這個大殷國的國運，君王你承受上天命令為帝，有著無窮盡的喜慶，也有著無窮盡的憂患。唉！怎能不謹慎從事啊！

老天已經結束了大殷國運。很多殷朝先代的賢王們，他們都服膺天命，就是後世的王及眾百姓，也都能服從天命行事。(但是) 到了末代，聰明才智的人都隱居不出，只有貪官、酷吏在位。人民都抱著孩子，帶著太太，悲哀地在呼天搶地，政府還阻止他們逃亡，有幸跑掉的，也要盡量把他們抓回來。

唉！上天是哀憫四方百姓的，他為了顧念這些可憐的百姓，因此他要找肯於進德的人來做天子，好拯救那些苦難中的人民。成王呀！你要進德勵行，力爭上游啊！試看古代夏朝，上天對它是愛護有加，到了夏桀，違戾上天的善意，現在已失掉了它的國運。再看殷朝，上天也是善養它們的，但末世殷王，違背了上天的善意，如今也同樣失掉了它的國運。現在你繼位為王，不要把那些年老有經驗的人棄而不用，（要知道）他們老臣們行事常能合乎古人的標準，況且他們的思想也都合乎天意。唉！王啊！你的年紀雖小，究竟是天子。你如果能跟百姓們和樂相處，那就好了。王啊！你要時時進德勵行，不可懈怠啊！要知道，民情是險惡的。

王！你親自來到洛地，並且卜問上帝，營建洛邑來治理中土。（周公）旦曾說：『營作了洛邑以後，我們才能跟偉大的上天相匹配。也可在這祭祀天地神明，從此以後，可以使中土太平。我王有此明令，居此治理人民，是值得慶幸的。』王啊！你首先要使那些殷朝來降的臣子服從你，使他們能親善地和我周朝官員融洽相處。其次，也要節制你的情慾，要經常勉勵自己。王啊！你要謹慎自己的作為，不可不日日進德。

我們不可不以夏朝為借鏡；也不可不以殷朝為借鏡。我們也不可不知道，那夏朝得天命而有帝位，是久歷年所了；我們更不可不知道他們不能延長他們的國運，是不敬重他們所當敬重的道德；於是乎早早就失掉了應享有的國運。我們也不可不知道，那殷朝得天命而有帝位，是有些年代了；我們要知道，它不能延長國運，是他們不敬重所當敬重的道德；於是乎早早失掉了它應享有的國運。現在王繼夏、殷之後而有天命，我們應當想到這兩個朝代興亡的命運，才能把這天命繼續下去。王在這時開始親政。唉！好比長養兒子一樣，沒有不在他年幼時就教導他的，這樣才能給自己帶來好的命運。現在老天賜給我的究竟是愚、是哲；是吉、是凶；國運長還是短，都還不知道。如今我們剛剛得天命，住在這新都會。王啊！你要儘快地敬德勵行，謹慎從事。只要你能依德行事，就可向上天祈求悠久的國運。

希望王不要因百姓干犯刑法而大行殺戮，慎刑治民，才會有善政表現。王能作為道德的表率，百姓才能效法你，如此君臨天下，才能顯揚王的光輝。上自天子下至庶民，都能勤勞國事，那大家都會說：『我們受天承命，要能有像夏朝那麼漫長的年代，更不能少於殷朝那樣長久的年代。』希望王跟百姓們都能承受上天的命令，而保有這天下。」

召公再拜之後又說：「我小臣膽敢跟殷人，以及眾官員等，還有友邦的人民，保持承受王的命令，並尊奉王光明的德行。我王承受了上天的明命，德行光耀於大地。我不敢說我勤勞有功，如今恭敬地奉上貨幣禮品，只是想借此來祈求上天加長我們的國運罷了！」

洛誥

【題解】〈書序〉云：「召公既相宅，周公往營成周，使來告卜，作〈洛誥〉。」

孔穎達《正義》謂：周公將欲歸政成王，乃陳本營洛邑之事以告成王，王因請教誨之言。周公與王更相報答，史敘其事，作〈洛誥〉。

按：洛，應作雒。周公營雒邑既成，成王至雒，命周公留守雒邑。篇中記營雒致政始末，中及成王往雒致祭，命周公後諸事。事涉年餘，亦後世史家紀事本末體也。

王國維〈洛誥解〉謂：史佚因記周公受命之典禮，及君臣問答之言，故名〈洛誥〉。

周公拜手稽首❶曰：「朕復子明辟❷。王如弗敢及天基命定命❸，予乃胤保大相東土，其基作民明辟❹。予惟乙卯，朝至于洛師❺。我卜河朔黎水❻。我乃卜澗水東、瀍水西，惟洛食❼。我又卜瀍水東，亦惟洛食。伻來以圖❽，及獻卜。」

王拜手稽首曰：「公！不敢不敬天之休❾，來相宅，其作周匹休❿。

公既定宅，伻來、來⑪，視予卜休恆吉，我二人共貞⑫；公其以⑬予萬億年。敬天之休；拜手稽首誨言⑭。」

周公曰：「王肇稱殷禮⑮，祀于新邑，咸秩無文⑯。予齊百工，伻從王于周⑰；予惟曰，庶有事⑱。今王即命曰：『記功，宗，以功作元祀⑲。』惟命曰：『汝受命篤弼；丕視功載，乃汝其悉自教工⑳。』孺子其朋㉑，孺子其朋，其往。無若火始燄燄，厥攸灼，敘弗其絕㉒。厥若彝及撫事㉓。如予惟以在周工㉔，往新邑，伻嚮即有僚，明作有功㉕；惇大成裕，汝永有辭㉖。」

公曰：「已！汝惟沖子，惟終㉗。汝其敬識百辟享㉘，亦識其有不享。享多儀；儀不及物，惟曰不享㉙。惟不役志于享㉚。凡民惟曰不享，惟事其爽侮㉛。乃惟孺子頒，朕不暇聽。朕教汝于棐民彝㉜。汝乃是不蘉，乃時惟不永哉㉝。篤敘乃正父，罔不若；予不敢廢乃命㉞。汝往，敬哉！茲予其明農㉟哉！彼裕我民，無遠用戾㊱。」

王若曰：「公！明㊲保予沖子。公稱丕顯德，以予小子，揚文武烈，奉答天命，和恆四方民，居師㊳。惇宗將禮，稱秩元祀，咸秩無文㊴。惟公德明，光于上下㊵，勤施于四方，旁作穆穆㊶，迓衡不迷文武勤教㊷。予沖子夙夜毖祀㊸。」

王曰：「公功棐迪篤，罔不若時㊹。」

王曰：「公！予小子其退即辟于周，命公後㊺。四方迪亂，未定于宗禮，亦未克敉公功㊻，迪將其後，監我士師工㊼。誕保文武受民，亂為四輔㊽。」

王曰：「公定㊾，予往已。公功肅將祗歡㊿，公無困哉(51)。我惟無斁(52)，其康事，公勿替刑(53)，四方其世享(54)。」

周公拜手稽首曰：「王命予來承保乃文祖(55)受命民；越乃光烈考武王弘朕恭(56)。孺子來相宅，其大惇典殷獻民，亂為四方新辟(57)；作周(58)，恭先。曰：其自時中乂(59)，萬邦咸休，惟王有成績(60)。予旦以多子越御事，篤前人成烈，答其師61；作周，孚先62。考朕昭子刑，乃單文祖德63。

伻來毖殷，乃命寧予64；以秬鬯二卣65，曰：『明禋，拜手稽首休享66。』予不敢宿67，則禋于文王武王。惠篤敘，無有遘自疾68，萬年厭乃德，殷乃引考69。王伻殷乃承敘70，萬年其永觀朕子懷德71。」

戊辰72，王在新邑，烝，祭歲73；文王騂牛74一，武王騂牛一。王命作冊逸祝冊，惟告周公其後75。王賓，殺、禋，咸格76，王入太室祼77。王命周公後，作冊逸誥，在十有二月。惟周公誕保文武受命，惟七年78。

【注釋】❶拜手稽首　拜，《說文》云：「首至手也。」即手在空中作揖。稽，乃䭫之叚借字，《說文》云：「䭫，䭫首也。」稽首，頭向地而額不至也，即彎腰，猶今之鞠躬。❷朕復子明辟　朕，周公也。復，白也，即報告。明辟，猶言明君。❸王如弗敢及天基命定命　如，而也，猶汝。弗敢及，不可不趕上也。基命，謂始創業時。定命，謂武王之克殷而有天下。❹予乃胤保大相東土其基作民明辟　胤，嗣也，即繼續。胤保，即繼續輔佐也。以往輔文王、武王，而今也將輔佐成王也。相，謂視察。東土，指雒邑。基，謀也。其基作民明辟，謂謀畫使你能成為民之英主也。❺予惟乙卯朝至于洛師　乙卯，據〈召誥〉文，知為成王七年三月十二日。朝，晨也。師，眾也。洛師，謂雒邑。❻我卜河朔黎水　河，指黃河。朔，北也。《尚書便讀》謂：「河朔黎水，在今河南衛輝府濬縣東北。」❼澗水東瀍水西惟洛食　澗水、瀍水，並見〈禹貢〉。食，謂吉兆。❽伻來以圖　伻，使也。伻來，使成王來雒也。圖，謀也。❾休　善也，謂福祥。❿作周匹休　作周，謂成就周之王業也。匹，配合也。休，謂天之休命。⓫伻來來　謂要我來，我已來了。⓬視予卜休恆吉我二人共貞　視，示也。卜休，指所卜之休命。恆，偏也。貞，馬融謂當也。（按：貞無當義。貞應是鼎字。《漢書・匡衡傳》服虔注：「鼎猶言當也。」朱駿聲謂鼎當雙聲。考：貞與鼎古文不分。）謂：周公親示成王占卜的結果通通是吉的，這結果後的決定由二人共同承擔。⓭以　與也。⓮誨言　吳大澂謂誨即謂字。于省吾謂：誨言，猶咨言也。⓯王肇稱殷禮　肇，始也。稱，舉行也。殷禮，祀天改元之禮；殷王即位時舉之，文王受命建元亦行之於周，及雒邑既成，成王至雒始舉行，非有故事，故曰肇。此乃據王國維〈洛誥解〉。⓰咸秩無文　咸，皆也。秩，謂次第，有序也。文，讀為紊，亂也。謂典禮進行得有條不紊也。⓱予齊百工伻從王于周　齊，同也，共也。百工，謂百官。伻，使也。周，指鎬京。謂：我擬會同百官，使隨從王到鎬京去。⓲庶有事　庶，庶幾也。有事，謂祭祀之事也。王國維〈洛誥解〉謂：周公本欲使百官從王至宗周行此祭禮；故云「伻從王于周」。⓳今王即命曰記功宗以功作元祀　即命，謂就而命之。二「功」字，皆指營洛之事功。宗，崇也，謂隆重。作元祀，〈洛誥解〉謂行祀天建元之禮。並云成王是年後改為元年。⓴惟命曰汝受命篤弼丕視功載乃汝其悉自教工　惟命曰，乃追述成王之命也。受命，謂受武王顧命。篤弼，忠誠輔佐也。丕，語詞。載，事也。汝，乃指你們，包括周公及營洛諸臣。悉，皆也，盡也。教，效也。〈洛誥解〉謂：欲令周公效雒邑之功以示天下也。㉑孺子其朋　孺子，即稚子，指成王言。朋，作動詞用，猶交友。重複言之者，加強語氣也。㉒無若火始燄燄厥攸灼敘弗其絕　無若，不要像。燄，《說文》云：「火行微燄燄也。」即燃燒貌。灼，光盛也。敘，與緒同，此謂火勢蔓延也。㉓厥若彝及撫事　若，順也。彝，即常法。及，猶汲汲。撫，治理也。㉔如予惟以在周工　如，猶而。周工，此指隨周公來營雒之原鎬京之官吏。㉕伻嚮即有僚明作有功　伻，使也。嚮，向也。即，就也。有僚，謂同事。明，勉也。作，為也。謂：使以往就在一起的同事們，勉勵地建功立業也。㉖惇大成裕汝永有辭　惇，《說文》云：「厚也。」裕，《說文》云：「衣物饒也。」引申為安泰也。辭，本作嗣，訛為𤔲，再訛為辭。（按：古文嗣與金文𤔲形近，而籀文辭作嗣。故有是誤也。）㉗已汝惟沖子惟終　已，噫也，嘆詞。沖者，幼也。沖子，即小子，年輕人。終，謂善其終也。㉘識百辟享　識，記也。辟，〈釋詁〉謂君也；百辟，指諸侯言。享，《說文》云：「獻也。」㉙儀不及物惟曰不享　曰，語詞。意謂：禮儀不及禮物隆重，那就算是沒有進獻。此乃重禮輕物也。㉚惟不役志于享　惟，是也。役志，謂真心誠意也。謂：那是不真心誠意來獻禮。㉛凡民惟曰不享惟事其爽侮　事，指政事。爽，差失也。侮，輕慢也。謂：如民不來獻禮，那必是政事有毛病。此以民之表現來觀測行政，才是真民主之精神也，也只有如此，才能虛心奮勉，勵精圖治。㉜乃惟孺子頒朕不暇聽朕教汝于棐民彝　頒，班之段借字，分也，謂分別、辨別也。聽，謂聽聞其事也。棐，〈釋詁〉謂輔也。彝，謂常法。㉝汝乃是不蘉乃時惟不永哉　乃，猶若也。蘉，鄭康成謂勉也。永，長也、久也。㉞篤敘乃正父罔不若予不敢廢乃命　篤，厚也。敘，此謂銓敘。正，謂政人。父，《說文》云：「家長率教者。」是為長也。則正、父於此皆指官長言。若，順也。廢，棄也。乃命，即汝之令。㉟明農　猶黽勉。㊱彼裕我民無遠用戾　彼，通被。裕，《廣雅・釋詁》謂容也。彼裕，猶覆蔽保護也。遠，指遠方，東都洛邑。用，以也。戾，止也。意謂：保護我們的百姓們，不要因為遠在東方，就停止對他們的愛護。㊲明　勉也。㊳公稱丕顯德以予小子揚文武烈奉答天命和恆四方民居師　稱，顯揚也。丕，語詞。顯德，猶明德。以，使也。揚，發揚也。烈，《說文》云：「火猛也。」引申為功業。答，報答也。恆，和也（雙聲），即和順。師，謂洛師。居師者，定居洛邑也。㊴惇宗將禮稱秩元祀咸秩無文　惇，厚也。宗，尊也。將，行也。稱秩，猶言舉行。元祀，首祀也。文，猶紊，亂也。㊵惟公德明光于上下　德明，謂德行昭明也。上下，指上天、人民。㊶旁作穆穆　旁，普也。作，為也。穆，乃㣎之段借字，《說文》云：「㣎，細文也。」引申為一切美善之謂。謂：由於周公的勤勞國事，也給人民帶來普遍的美善。㊷迓衡不迷文武勤教　迓，與御通。御衡，《尚書覈詁》謂：猶柄政。勤教，謂殷勤地教訓。㊸毖祀　毖，慎也，謂謹慎地祭祀。㊹公功棐迪篤罔不若時　棐，與斐通，文彩貌。迪，語詞。篤，竺之段借字，《說文》云：「厚也。」時，是也。㊺予小子其退即辟于周命公後　退，謂自洛退去也。即辟，就君位也。周，指鎬京。後，王先歸宗周，周公留雒則為後矣（見〈洛誥解〉）。此謂王要去鎬京，命周公留守也。㊻四方迪亂未定于宗禮亦未克敉公功　〈釋詁〉謂：迪，進也。亂，治也。宗禮，宗，崇也。謂崇禮功臣之禮也。敉，《說文》云：「撫也。从攴米聲。〈周書〉曰：亦未克敉公功。讀若弭。」孫星衍謂：四方維進於治，猶未定尊禮功臣之事，亦未能撫循公之功績。㊼迪將其後監我士師工　迪，道也。將，《詩箋》云：猶扶將也。監，引也。士，《說文》云：「事也。」師，〈釋詁〉謂眾也。工，官也。言公功以道扶助其後，監領我執事眾官。以上本孫星衍說。㊽亂為四輔　亂，《經義述聞》讀為率，用也。四輔，孫星衍謂：「文王世子云：虞夏商周，有師保，有疑臣，設四輔。疏引《尚書大傳》云：天子必有四鄰：前曰疑，後曰丞，左曰輔，右曰弼。」㊾公定　定，〈釋詁〉云：「止也。」謂：公你留下吧。㊿公功肅將祗歡　功，事也。肅，〈釋詁〉謂進也。將，《詩箋》云：奉也。祗，〈釋詁〉云：敬也。孫星衍謂：公其留止我往日以公功進奉而敬說之。(51)哉　一作我。(52)斁　《說文》云：「解也。」即懈怠。(53)其康事公勿替刑　康，〈釋詁〉云：安也，其康事，謂使政事平康也。替，〈釋言〉云：廢也。刑，通型，典型也。公勿替刑，謂公不要廢去為人民的表率。(54)世享　謂世世代代都來進貢。(55)承保乃文祖　承保，猶言保護也。乃，汝也。文祖，鄭康成曰：文祖者，周曰明堂，以稱文王，是文王德稱文祖也。(56)越乃光烈考武王弘朕恭　越，語詞。光烈，光顯也。弘，〈釋詁〉云：大也。朕，莊寶琛謂乃佚字之訛。按：《說文・人部》謂佚，古文以為訓字。其說是也。意謂：我也只有恭敬地遵守著偉大顯揚的先父武王的教訓。(57)其大惇典殷獻民亂為四方新辟　惇，于省吾謂厚也。典，此作動詞用，猶言錄用也。獻，賢也。亂，《經義述聞》讀為率，用也。新辟，謂新封之諸侯。(58)作周　謂成就周之王業也。(59)曰其自時中乂　時，是也。中乂，謂中土平安也。(60)萬邦咸休惟王有成績　休，善也。績，功也。謂萬邦皆慶，惟王有成功也。(61)予旦以多子越御事篤前人成烈答其師　予、旦，皆周公自稱。多，眾也。子，男子之美稱，猶卿。多子，即眾卿。越，與也。御事，指一般治事官員。篤，《廣雅》謂理也。烈，〈釋詁〉謂業也。答，謂報答。師，眾也。指一般民眾而言。(62)孚先　謂以信為先也。(63)考朕昭子刑乃單文祖德　考，〈釋詁〉謂成也。昭，《說文》云：「日明也。」昭子，猶「明辟」，謂成王也。刑，〈釋詁〉云法也。孫星衍謂為法度。實即典型也。單，大也。文祖，謂有文德之祖先。謂：要使我開明君王成為人們的典型，才能發揚光大已故祖先的美德。64伻來毖殷乃命寧予　伻，使也。伻來，謂成王遣使來。毖，《廣雅》云：勞也。寧，安也。謂：成王命使來勞殷民，亦使人來問候我也。65秬鬯二卣　秬鬯，黑黍酒，祭祀時用以灌地者。卣，酒器。66曰明禋拜手稽首休享　曰，乃成王曰。禋，謂牲下置柴而燎之，使其煙上達曰禋，與柴、賁同義。明禋，此謂舉行禋祭也。休，善也。享，獻也。67宿　謂經宿。68惠篤敘無有遘自疾　惠，惟也，語詞。篤，厚也。敘，次第也。厚敘，即安樂順遂也。遘，《說文》云：「遇也。」自，於也。69萬年厭乃德殷乃引考　萬年，謂永久也。厭，乃猒之段借字（雙聲），《說文》云：「飽也、足也。」殷，盛也。引考，吳汝綸《尚書故》謂：長壽也。70王伻殷乃承敘　伻，使也。承敘，承順也。謂：王使殷遺民都承順服從也。71萬年其永觀朕子懷德　觀，觀法也。朕子，猶言吾子，謂成王也。懷，眷念也。謂：自是萬年，其長觀法我周家子孫，而懷其德也。72戊辰　《漢書・律曆志・三統》云：「十二月戊辰晦。」73烝祭歲　烝，《禮記・祭統》謂：冬祭曰烝。祭歲，《尚書故》謂祈年也。74騂牛　《禮記・郊特牲》：「牲用騂，尚赤也。」騂牛，即純色牛。《說文》無騂字，即甲骨文之𦍌字。75王命作冊逸祝冊惟告周公其後　作冊，官名，猶今之秘書。逸，人名，即史逸，或稱尹逸。祝冊，猶〈金縢〉篇言史乃冊祝。謂宣讀禱告之冊文也。惟，為也。告，謂告於文王、武王之神也。後，謂留守也。76王賓殺禋咸格　賓，讀為儐，導也。此謂迎神也。殺，謂殺牲。禋，指禋祭。咸格，謂眾神皆臨也。77王入太室祼　太室，王國維〈明堂廟寢通考〉謂：寢廟中央之大室也。祼，《周禮・大宗伯》：以肆獻祼享先王。注云：祼之言灌，灌以鬱鬯。即以酒澆地。78惟周公誕保文武受命惟七年　此上紀事，下紀年者，王國維〈洛誥解〉謂：「此猶觥尊云：惟王來正人方，惟王廿有五祀矣。誕保文武受命，即上成王所謂誕保文武受民，周公所謂承保乃文祖受命民皆指留守新邑之事，周公留洛自是年始，故書以結之。書法先日、次月、次年者，乃殷周間記事之體。殷人卜文及庚申父丁角、戊辰彝皆然。周初之器或先月後日，然年皆在文末，知此為殷周間文辭通例矣。」

【語 譯】周公作揖又鞠躬說：「我告訴你賢明的王。王呀！你不可不趕上文王開國時和武王平定天下時的功業，我輔佐你營建東土洛邑，統一周朝，那是想使你成為百姓們心目中的英明君主。我在乙卯這天早晨，來到了雒京。先占卜擬在黃河北岸黎水一帶營建都邑（結果不吉）。又占卜澗水以東、瀍水以西一帶地方，結果只有洛水一帶是吉的。我又占卜瀍水以東一帶，還是只有洛水一帶是吉的。於是請君王你來定奪，並且把占卜的結果獻給王。」

王作揖又鞠躬說：「公！我不敢不謹慎老天所賜給的福祥，到這裏來視察居住的地方，以便成就周的王業，而配合天所賜予的福祥。公既然決定在這裏修建城邑，要我來，我已來了，公親示我占卜的結果通通是吉的，這吉卜的結果，就由我倆來共同承當吧！那公和我將會千秋萬代子孫無窮。我敬謹地接受老天所賜予的福祥，作揖鞠躬請你賜教。」

周公說：「王在新城舉行的祭祀，典禮進行得有條不紊。我本想集合官員們隨從王到周京去才舉行的；我是說：會有祭祀大典。現在王命令我們說：『為了紀念這功績，我們要隆重些，要為這功績舉行祭天改元的典禮。』又命令我說：『你接受了先王的遺命，要能忠實地輔佐王朝；現在我到這裏來視察你們的工作，你們都能自動地盡力工作。』從今以後，王啊！你要和官員們友好相處，可要跟官員們友好相處啊。不要像火一樣，剛開始燃燒時很微弱，到燃燒熾盛時，火勢蔓延就不能撲滅了。你要遵循著正常的法度努力不懈地治理政事。至於我呢，只是和原來在鎬京的官員們來到新邑，大家在一起，奮勉地建功立業；功業深厚偉大，國勢也就隨著安泰，你的王業就更可以永遠地延續下去了。」

公說：「唉！你這年輕的人呀！處事要能夠善終啊！你要慎重地記著諸侯們的進獻與否。但進獻禮儀甚多，如果禮儀不及禮物隆重，那就算是他沒有來進獻。因為他們的誠意敬禮不夠。要是他們根本不來進獻，那必是政事有錯亂，政府也因此就要受到侮慢了。像這些事情，只有你年輕人自己去辨別，我就沒有空閒來過問了，我是只能教你些輔佐民眾的經常法則。你若對這些事情不奮勉，那你的國家命運就不會長久。你要優厚地銓敘你的官員人等，那他們就沒有不順從你的；我也不敢不顧你的命令。從今以後，要謹慎啊！我自己也要奮勉。保護我們的百姓們，不要因為百姓們遠住在東方洛邑，就停止了對他們的愛護。」

王如此說：「公！你要勉力地來保護我這年輕人。公能顯揚光明的品德，使我這年輕人也能光揚文王、武王的功業，以報答老天給我們的國運，使四方人民都能和樂順適地住在洛師。我們敬謹隆重地舉行典禮，這第一次祭典表現得有條不紊。這都是公光明的品德，顯耀於天上人間的關係，公的勤勞國事，也給天下人民帶來普遍的完美，行政措施也不失文王、武王那殷殷地教訓。我這年輕人只有早晚謹慎地祭祀就是了。」

王說：「公的功勞完美而偉大，沒有不是這樣的。」

王說：「公呀！我這年輕人就要回周京去了，命你留在洛邑。四方雖進於治，關於尊禮功臣的禮制，還沒有釐定，也還未能遵循公的功績。公的功績在引導扶助後代，監督我執事的眾官員們，你要安定文王、武王所留下來的民眾，做我輔弼臣。」

王說：「公！你留下吧！我要回去了。公的功績表現，使我衷心歡愉，也非常敬你。公你沒有甚麼困難吧！我只有努力不懈地工作下去，才會使政事順利平和，公，你不要廢掉了作為人們的表率。那麼，天下人民就會世世代代來進貢了。」

周公作揖又鞠躬說：「王命令我來保護祖先的子民們，我也只有恭敬地遵守著偉大顯揚的先父武王的教訓。王啊！你來視察洛邑，可要優厚地錄用殷的賢良人才，使他們做四方的新諸侯；成就周的王業，要以恭敬為先。也就是說：從此以後，中原就可太平，諸侯各國都歡欣向善，王也就算是成功了。我旦呢，就帶著眾卿及官員們，來治理先人已成就的功業，來答謝殷的民眾；成就周的王業，要以誠信為先。使我開明君王成為人們的典型，才能發揚光大已故祖先的美德。王派遣使者來慰勞殷遺民，因而命令使者也來問候我，並且帶來了兩瓶黑黍酒，說：『要舉行禋祭，要禮貌莊重地好好祭祀。』我不敢把酒留著過夜，就對文王及武王舉行了禋祭。希望萬事安樂順遂，不要有人有疾苦，那神靈永遠都會對你的美德滿意，使你隆盛地享著高壽。王使殷遺民都服從王朝，千秋萬世，他們將會永遠觀法我周家，且懷念我君王的德惠。」

戊辰這天，王在新城舉行烝祭以祈禱豐年：祭文王用了頭純色牛，祭武王也用了頭純色牛。王命令作冊官名叫逸的來宣讀禱告文，報告了周公留在後方——洛邑的事。王迎神、殺牲、燎牲，神靈都降臨了，王就進入了中央的大廳，把酒澆在地上。王命周公留在後方，這事是作冊官逸報告神靈的，時間是在十二月。周公在維護著文王、武王所承受之天命，輔佐王室，是在成王七年。

多士

【題解】〈書序〉謂：「成周既成，遷殷頑民，周公以王命誥，作〈多士〉。」

《史記・周本紀》云：「成王既遷殷遺民，周公以王命告，作〈多士〉。」

按：《史記》之「殷遺民」，即〈書序〉之「殷頑民」；亦即本篇篇名「多士」。此「多士」自周而言，謂之頑民；然自殷言之，則為義士矣。故《左傳》謂：武王克商，遷九鼎於洛，義士猶或非之。此「義士」，蓋即「頑民」、「遺民」、「多士」也。

本篇乃成王遷殷民於雒後，周公代成王所發布告多士之辭。因篇中屢言多士，故以名篇。

惟三月❶，周公初于新邑洛，用告商王士❷。

王若曰：「爾殷遺多士，弗弔❸，旻天大降喪于殷❹。我有周佑命❺，將天明威，致王罰，勑殷命終于帝❻。肆爾多士，非我小國敢弋❼殷命，惟天不畀允罔固亂，弼我❽；我其敢求位？惟帝不畀❾。惟我下民秉為，惟天明畏❿。

我聞曰：『上帝引逸⑪。』有夏不適逸，則惟帝降格，嚮于時夏⑫。弗克庸帝，大淫泆，有辭⑬。惟時天罔念聞，厥惟廢元命，降致罰⑭。乃命爾先祖成湯革⑮夏，俊民甸四方⑯。自成湯至于帝乙，罔不明德恤祀⑰。亦惟天丕建，保乂有殷⑱。殷王亦罔敢失帝⑲，罔不配天，其澤⑳。在今後嗣王㉑，誕罔顯于天，矧曰其有聽念于先王勤家㉒？誕淫厥泆㉓，罔顧于天顯民祗㉔；惟時上帝不保，降若茲大喪㉕。惟天不畀不明厥德㉖。凡四方小大邦喪，罔非有辭于罰㉗。」

王若曰：「爾殷多士！今惟我周王丕靈承帝事㉘。有命曰：『割殷！』告勅于帝㉙。惟我事不貳適，惟爾王家我適㉚。予其曰，惟爾洪無度㉛，我不爾動，自乃邑㉜。予亦念天即于殷大戾，肆不正㉝。」

王曰：「猷㉞，告爾多士，予惟時其遷居西爾㉟。非我一人奉德不康寧，時惟天命㊱。無違！朕不敢有後㊲，無我怨。惟爾知，惟殷先人有冊有典，殷革夏命㊳。今爾又曰：『夏迪簡在王庭，有服在百僚㊴。』

予一人惟聽用德，肆予敢求爾于天邑商㊵。予惟率肆矜爾㊶；非予罪，時惟天命。」

王曰：「多士！昔朕來自奄㊷，予大降爾四國民命㊸。我乃明致天罰，移爾遐逖㊹。比事臣我宗，多遜㊺。」

王曰：「告爾殷多士！今予惟不爾殺，予惟時命有申㊻。今朕作大邑于茲洛，予惟四方罔攸賓㊼。亦惟爾多士攸服，奔走臣我多遜㊽。爾乃尚有爾土，爾乃尚寧幹止㊾。爾克敬，天惟畀矜㊿爾。爾不克敬，爾不啻不有爾土，予亦致天之罰于爾躬。今爾惟時宅爾邑，繼爾居(51)，爾厥有幹有年于茲洛，爾小子，乃興從爾遷(52)。」

王曰：「又曰時予乃或言，爾攸居(53)。」

【注釋】❶三月　當為成王七年三月。❷商王士　士，乃泛指各級官員，此乃指前商王之官吏。❸弗弔　王國維謂：猶言不幸也。❹旻天大降喪于殷　旻天，馬融曰：秋曰旻天，秋氣殺也，方言降喪，故稱旻天也。降，《說文》云：「下也。」喪，《說文》云：「亡也。」❺佑命　佑，《尚書故》謂：配也。命，謂天命。此乃謂周朝能配合天命。❻將天明威致王罰勑殷命終于帝　將，猶奉也，即奉行。明威，謂褒善、懲惡也。致，《說文》云：「送詣也。」即推行。勑，屈先生謂令也、使也。令殷命終于帝者，使殷朝國運終了於上帝之前也。❼弋　馬融作翼，曰取也。❽惟天不畀允罔固亂弼我　畀，《說文》云：「相付與也。」允，〈釋言〉謂佞也。罔，誣罔也。固，謂固陋。亂，惑也。弼，《說文》云：「輔也。」❾我其敢求位惟帝不畀　其，豈也。位，指王位。乃謂：我豈敢求有帝位？是上帝不把國運再給你們。❿惟我下民秉為惟天明畏　秉，順也。為，化也。(從《尚書故》說)惟，是也。畏，讀為威。謂我們在下百姓都能順從教化，老天這樣做，是在揚善懲惡。⓫上帝引逸　《尚書便讀》謂：引，引導也。逸，安樂也。謂上帝能帶引人往安樂處，此乃古格言。⓬有夏不適逸則惟帝降格嚮于時夏　不，當讀為丕，語詞。適，曾運乾《尚書正讀》謂：節也，即適度。降格，謂下臨也。嚮，乃俗字，當為向。時夏，即夏。按：時夏、時周，《詩》《書》中習見。嚮于時夏者，孫詒讓《尚書駢枝》謂：嘉勸于是夏國也。其言得之。⓭弗克庸帝大淫泆有辭　克，能也。庸，《說文》云：「用也。」帝，謂上帝之命，弗克庸帝，謂：夏本受顧愛於上帝的，但到了夏桀，不能遵上帝旨意。淫，《說文》謂：久雨曰淫，引申凡過度皆曰淫。泆，樂也。《說文》段注謂：「凡言淫泆者，皆謂太過，其引申之義也。」有辭，謂使人(上帝)有說辭也。因桀過度淫亂，予人以藉口。⓮惟時天罔念聞厥惟廢元命降致罰　惟時，猶言於是。念，眷念，關心也。聞，屈先生謂：恤問也。元，大也。元命，即國運。降，下也，即賜給。⓯革　《說文》云：「更也。」即更改。⓰俊民甸四方　俊，《說文》云：「才過千人也。」俊民，猶今所謂：才俊之士。甸，《毛傳》謂：治也。乃謂：任用才俊來治理天下。⓱明德恤祀　明德，謂昭明其德。恤，與卹通，慎也。恤祀，謂謹於祭祀也。⓲亦惟天丕建保乂有殷　丕，《說文》云：「大也。」建，《說文》云：「立也。」亦惟天丕建，乃謂也就因此，老天建立了殷朝。保乂，猶言保護。⓳失帝　謂違失帝命。⓴罔不配天其澤　配天，謂配合天意。其，《經傳釋詞》謂：猶乃也。澤，《說文》云：「光潤也。」乃澤，謂國運潤澤，國勢光輝也。㉑今後嗣王　指紂言。㉒誕罔顯于天矧曰其有聽念于先王勤家　誕，語詞。誕罔顯于天，馬融謂：無所能顧念于天，即不能遵循天意，顯揚自己明德也。矧，《說文》云：「況詞也。」聽，《尚書故》謂察也。聽念，謂體察思念也。勤家，謂勤勞國事也。㉓誕淫厥泆　誕、厥，皆語詞。淫、泆，謂過度享樂也。㉔天顯民祇　天顯，猶言天道（詳〈康誥〉注）。民祇，《尚書故》謂：猶民病也。㉕降若茲大喪　降下如此大的災害，謂亡國也。㉖惟天不畀不明厥德　惟，是也。畀，《說文》云：「相付與也。」不明厥德，謂不能明其明德之人。㉗有辭于罰　謂皆有罪惡可數也，即罪有應得也。㉘丕靈承帝事　丕，《說文》云：「大也。」靈，《詩》鄭箋謂：善也。帝事，謂上帝所命之事。㉙割殷告勑于帝　割，《史記》作奪，即滅也。勑，令也。告令于帝，謂告令出於上帝也。㉚惟我事不貳適惟爾王家我適　事，乃指任務。貳，〈釋詁〉謂：疑也。不貳，意謂單純也。適，曾運乾謂：主於一也。惟我事不貳適者，謂我的任務純一不二。惟爾王家我適者，謂你們殷王朝惟我為主。㉛洪無度　洪，〈釋詁〉謂：大也。度，謂法度。即太無法度。㉜我不爾動自乃邑　謂：非我驚動你們，騷動自你們地方起。實乃武庚首先發難也。㉝予亦念天即于殷大戾肆不正　即，就也。戾，〈釋詁〉謂：罪也。肆，〈釋詁〉謂：故也。正，鄭注《周禮・大司馬》云：正之者，執而治其罪也。意謂：爾君既首先發難，我自可奉辭伐罪，殺其首領，誅其黨徒。但我念上天就要降大禍於殷，天命使然，非汝多士之由，故不正其罪也。㉞猷　同繇，〈釋詁〉謂：於也，此乃發語詞。㉟予惟時其遷居西爾　惟時，於是也。其，猶乃也。遷居西爾，指遷殷人於雒也。㊱非我一人奉德不康寧時惟天命　奉，孫星衍謂：猶秉也。康寧，安靜也。時，是也。意謂：不是我秉性好戰，這是上天的命令。㊲不敢有後　有，猶或也。後，謂後命。不敢有後，謂不敢復有後命也，意謂言出必行也。㊳惟爾知惟殷先人有冊有典殷革夏命　意謂典冊記載殷革夏命之事，汝所深知也。㊴夏迪簡在王庭有服在百僚　夏，謂夏士。迪，〈釋詁〉謂：進也。指進用。簡，擇也。王庭，指殷王朝廷。服，〈釋詁〉謂事也，即職務。僚，與寮同，〈釋詁〉謂官也；百僚，謂百官。㊵予一人惟聽用德肆予敢求爾于天邑商　聽，謂聽從。用，以也。求，求取也。天邑商，猶卜辭屢見之大邑商，天、大古通也。此乃謂：周公言周家用人，惟聽從有德，故予敢求爾于汝大邑商，今遷爾于雒，亦庶幾興賢而使能也。㊶予惟率肆矜爾　率，用也。肆，語詞。矜，憐憫也。㊷奄　國名，後為魯地。㊸予

大降爾四國民命　降，《說文》云：「下也。」此謂發布。四國，四方之國。民，明也。民命，即明令。㊹遐逖皆遠也。㊺比事臣我宗多遜　比，《廣雅》謂近也，即親近。事臣，謂以臣事奉也。我宗，即我周，當指周官員言。遜，同愻，《說文》云：「順也。」㊻今予惟不爾殺予惟時命有申　時，是也。時命，謂這個命令；乃指「不爾殺」之命令。有，又也。申，述也。乃謂：我不殺你們的命令，如今我又再度申述。㊼予惟四方罔攸賓　惟，為也。攸，所也。賓，〈釋詁〉謂：服也。㊽亦惟爾多士攸服奔走臣我多遜　服，謂服從。奔走，謂勤勉也。遜，順也。㊾寧幹止　幹，《廣雅．釋詁》謂：事也。孫星衍謂：寧幹，當為安汝之事。止，語已詞。㊿畀矜　猶言賜憐。51今爾惟時宅爾邑繼爾居　時，是也。宅，居也。謂：你們現在有你們地方可住，有你們房屋可居。52爾厥有幹有年于茲洛爾小子乃興從爾遷　有幹，謂：保有其事。有年，謂永年、長年。爾小子，謂你們後代子孫。興，起也，即興盛起來。從，《說文》云：「隨行也。」即隨著。從爾遷，謂隨從你們的遷往雒邑。53時予乃或言爾攸居　時，是也。乃，汝也。或，有也。攸，所也。居，安也。謂：是我告汝之言，希爾安所居也。

【語　譯】成王七年三月，周公第一次在雒邑新城代表成王告誡商朝所遺留下的官員們。

王如此說：「你們殷朝眾官員們，不幸得很，老天動怒，給你們帶來了亡國厄運。我們周人能配合天命，照著老天表揚善人懲罰惡人的意旨，推行王者的懲罰，使殷的命運在上帝面前結束了。告訴你們眾官員們，不是我們小小的周國敢奪取殷的政權，只是老天不把天下給那諂佞、誣蔑、固陋、迷亂的人，而來輔助我們；我們那裏敢來奪取你們的政權？是上帝不把國運給你們的。我們的百姓都能順從教化，老天這樣做是在揚善懲惡。

我聽說過：『上帝是常導民於樂土的。』夏朝能夠適度地賜民安樂，上帝也就適時地降福給夏朝。傳到夏桀，不能依照上帝的意旨，過度地享樂，使上帝有了藉口。於是老天就不再關心他，憐憫他，更廢除了他的國運，給他以應得的懲罰。接著老天就命令你們的祖先成湯，革了夏的命，任用傑出的人才來統治天下。從成湯到帝乙多少代來，沒有不昭明其德而又謹慎於祭祀的。也就因此，老天建立了殷朝，並保護了殷朝。殷王們無人敢違背上帝的命令，也沒有一個不配合著天意行事的，於是殷的國勢非常光輝。到了現在這位紂王，不但不能顯揚他的品德，那還能體察考慮到殷先王們為國家辛勞的情形？他過度地享樂，不明天理，也不顧人民的痛苦；上帝就不再保護他了，於是降下滅亡的災禍。這也是老天不願把國運給予那品德低劣的人。凡是天下大小國家的滅亡，無一不是罪有應得的。」

王如此說：「你們殷朝眾官員們！現在只有我們周王能好好地承擔起上帝所付與的使命。祂命令說：『滅掉殷國！』這是由上帝宣布的命令。我的任務不是別的，就是在安定你們，使你們一意承周。我說你們是太過分了，並不是我們來擾亂你們，是武庚造反，你們自亂起來的。我也考慮到老天將要給殷嚴厲的懲罰，那不是由於各位的緣故，所以不會加罪你們的。」

王說：「告訴你們殷的眾官員們，我就要把你們遷到西方去。並不是我秉性不好安寧，這是上天的命令。不要違背我這措施，我說話算數，不會再有後令，請不要抱怨我。那是你們所知道的，殷朝書冊中有關滅夏的記載是斑斑可考的。現在你們會說：『當年夏官員被選用於殷朝的，各種職位都有。』我告訴各位，我們周朝也是惟德是用，如今我要遷你們往雒，也就是要在你們偉大的商邑中訪求你們。這是我在憐憫各位，並不是我有什麼罪過，這乃是老天的命令。」

王說：「眾官員們！以前我從奄來此，曾發布給你們天下百姓一個命令。我明白地說明是在推行老天的懲罰，把你們遷移到遙遠的地方。你們要多多和我周室親近，更要表現馴服。」

王說：「告訴你們殷朝眾官員們！如今我不會殺害你們，只是在重申命令。現在我所以在雒地建一個大城，那是因為天下還有人不服從、不朝貢我周朝。你們眾官員們首要服從，勉勵地多多服從我們。你們還可以保有你們的土地，也還能照舊從事你們自己的工作。你們若能凡事謹慎，上天就會憐憫你們。如果不能謹慎，那不但不能保有你們的土地，我還要奉行天意，懲罰你們。現在你們還是有地方可住，有房屋可居，還能保有你們的工作，永久地住在這雒邑，你們子孫也將從此興盛起來，隨著你們這次遷來雒邑。」

王說：「再說一次，這是我忠告你們的話，希望你們能安定地住下來。」

無逸

【題解】〈書序〉云：「周公作〈無逸〉。」《史記・魯世家》云：「周公歸，恐成王壯，治有所淫佚，乃作〈多士〉，作〈毋逸〉。」〈無逸〉，《熹平石經》作毋劮；《尚書大傳》作毋佚。無，毋古通。逸，韋昭注〈吳語〉云：樂也；佚，《廣雅・釋詁》云：樂也。是逸與佚同義。劮，《廣雅・釋詁》云：戲也；〈釋言〉云：豫也。義亦相通。

是無逸者，勿安逸也。本篇主旨在戒逸樂，故以名篇。史遷謂：「〈毋逸〉稱為人父母，為業至長久，子孫驕奢忘之，以亡其家，為人子者可不慎乎？」正所以發揮經義也。

周公曰：「嗚呼！君子所其無逸❶。先知稼穡❷之艱難，乃逸，則知小人之依❸。相小人❹，厥父母勤勞稼穡，厥子乃不知稼穡之艱難，乃逸，乃諺既誕❺。否則❻侮厥父母曰：『昔之人，無聞知❼！』」

周公曰：「嗚呼！我聞曰：昔在殷王中宗❽，嚴恭寅畏，天命自度，治民祗懼，不敢荒寧⑨。肆中宗之享國七十有五年⑩。其在高宗，時舊勞于外，爰暨小人⑪。作其即位，乃或亮陰，三年不言⑫；其惟不言，言乃雍⑬。不敢荒寧，嘉靖殷邦⑭。至於小大，無時或怨⑮。肆高宗之享國五十有九年⑯。其在祖甲，不義惟王，舊為小人⑰。作其即位，爰知小人之依；能保惠于庶民，不敢侮鰥寡。肆祖甲之享國三十有三年。自時厥後，立王生則逸；生則逸，不知稼穡之艱難，不聞小人之勞，惟耽樂⑱之從。自時厥後，亦罔或克壽：或十年，或七八年，或五六年，或四三年。」

周公曰：「嗚呼！厥亦惟我周太王、王季，克自抑畏⑲。文王卑服，即康功田功⑳。徽柔懿恭，懷保小民，惠鮮鰥寡㉑。自朝至于日中昃㉒，不遑暇食，用咸和㉓萬民。文王不敢盤于遊田，以庶邦惟正之供㉔。文王受命惟中身，厥享國五十年㉕。」

周公曰：「嗚呼！繼自今嗣王㉖，則其無淫于觀于逸于遊于田，以萬民惟正之供㉗。無皇㉘曰：『今日耽樂。』乃非民攸訓，非天攸若，時人丕則有愆㉙。無若殷王受之迷亂，酗于酒德㉚哉！」周公曰：「嗚呼！我聞曰：『古之人猶胥訓告，胥保惠㉛，胥教誨；民無或胥譸張為幻㉜。』此厥不聽，人乃訓之㉝；乃變亂先王之正刑，至于小大㉞。民否則厥心違怨，否則厥口詛祝㉟。」

周公曰：「嗚呼！自殷王中宗，及高宗，及祖甲，及我周文王，茲四人迪哲㊱。厥或告之曰：『小人怨汝詈汝。』則皇自㊲敬德。厥愆，曰：『朕之愆，允若時。』不啻不敢含怒㊳。此厥不聽，人乃或譸張為幻。曰：『小人怨汝詈汝。』則信之。則若時，不永念厥辟，不寬綽厥心㊴；亂罰無罪，殺無辜。怨有同，是叢于厥身㊵。」周公曰：「嗚呼！嗣王其監于茲！」

【注釋】❶君子所其無逸　鄭康成：君子，止謂在官長者；所，猶處也；君子處位為政，其無自逸豫也。❷稼穡　《毛傳》曰：種之曰稼，斂之曰穡。❸小人之依　小人，謂人民百姓。依，孫星衍謂：「依同衣。《白虎通・

衣裳》篇云：衣者，隱也。《說文》云：衣，依也。謂知小人之隱也。」❹相小人　相，〈釋詁〉謂：視也。此謂看看有些無知小子。❺乃諺既誕　諺，孫星衍謂：《漢石經》作憲，自喜之意。誕，〈釋詁〉謂：大也。自大狂妄也。❻否則　否，當讀作不。《漢石經》正作不。不，與丕通。「丕則」之語，〈周書〉屢見，楊筠如謂：「丕則」猶「於是」也。❼昔之人無聞知　昔之人，猶言老古董也。無聞知，謂無見識也。❽中宗　祖乙也。按：《史記》、鄭箋皆謂中宗太戊。惟《太平御覽》八十三卷引紀年曰：「祖乙滕即位，是為中宗。」今考之殷虛卜辭：「中宗祖乙」之辭多見，而未一見「中宗太戊」。是中宗者，祖乙也。（詳拙作《甲骨學導論》）❾嚴恭寅畏天命自度治民祇懼不敢荒寧　嚴，莊重也。寅，敬謹也。嚴恭在貌，寅畏在心。度，忖度、圖度也。猶言了解。祇懼，敬謹恐懼也。荒寧，馬融謂：知民之勞苦，不敢荒廢自安也。❿肆中宗之享國七十有五年　肆，《史記》作故。中宗，乃祖乙，蔡沈謂為太戊，非也。今本《竹書紀年》承其誤，乃曰：「太戊七十五年陟」，猶非也。（詳見拙著〈竹書紀年繫年證偽〉）享國，謂在位也。⓫其在高宗時舊勞于外爰暨小人　高宗，《史記．殷本紀》云：「帝小乙崩，子帝武丁立，武丁修政行德，天下咸歡，殷道復興，帝武丁崩，子帝祖庚立，祖己嘉武丁以祥雉為德，立其廟為高宗。」時，《中論．夭壽》篇引作寔。〈釋詁〉謂：時，是也。按：鄭箋云：寔，是也。舊，久也。《史記．魯周公世家》正作久。爰暨，《史記》作為與。《集解》引馬融曰：「武丁為太子時，其父小乙使行役，有所勞役於外，與小人從事，知小人艱難勞苦也。」⓬作其即位乃或亮陰三年不言　作，《經傳釋詞》謂：猶及也。或，《史記》作有。亮陰，《史記》作亮闇，《大傳》作梁闇，說高宗居凶廬，三年不言，此之謂梁闇。鄭康成曰：諒闇，轉作梁闇，楣謂之梁；闇，謂廬也。小乙崩，武丁立，憂喪三年之禮，居倚廬柱楣，不言政事。馬融則曰：亮，信也；陰，默也。為聽于冢宰，信默而不言。以上參見孫星衍《尚書今古文注疏》。按：應以馬說較簡明。蓋武丁久在外，與政事脫節，即至即位，聽言於宰輔，乃當然之事，三年不言，在觀察見習也。⓭其惟不言言乃雍　惟，止也。雍，《史記》作讙。謂其只是不說，一說出來，大家都感到歡愉和諧。⓮不敢荒寧嘉靖殷邦　荒寧，乃古成語，猶逸樂。嘉，美善也。靖，安靜也。⓯至於小大無時或怨　小，指百姓。

大，謂群臣。時，是也，指高宗。或，有也。無時或怨，即無人對他有怨聲也。⑯五十有九年　《史記》作五十五年。《漢石經》作百年。未審孰是。⑰其在祖甲不義惟王舊為小人　祖甲，武丁子。馬融謂：祖甲有兄祖庚，而祖甲賢，武丁欲立之，祖甲以王廢長立少不義，逃亡民間，故曰：「不義惟王，久為小人」也。武丁死，祖庚立，祖庚死，祖甲立。（見《史記集解》引）惟，猶為也。⑱耽樂　耽，同媅，〈釋詁〉謂：樂也。耽樂，過於逸樂也。⑲太王王季克自抑畏　太王，王季之父，古公亶父也。王季，文王之父，季歷是也。按：武王即位，尊崇其祖，於是追封其父為文王，追封其祖季歷為王季，追封古公亶父為太王。克，能也。抑，謙抑也。畏，敬畏也。⑳文王卑服即康功田功　卑服，蔡沈謂：惡衣服。即，就也。康功、田功，曾運乾《尚書正讀》謂：康功者，平易道路之事。田功者，服田力穡之事。前者職在司空，後者職在農官，文王皆親涖之，故曰卑服。其說得之。㉑徽柔懿恭懷保小民惠鮮鰥寡　徽，〈釋詁〉謂：善也，即和善。柔，韋昭注云：仁也，即仁愛。懿，〈釋詁〉謂：美也。恭，〈釋詁〉謂：敬也。懷，和也；保，安也（見《詩傳》）。惠，〈釋詁〉謂：愛也。鮮，曾運乾謂斯也，聲相近。㉒日中昃　昃，《說文》云：日在西方時側也。此乃謂日中至黃昏也。㉓咸和　咸，讀為諴，《說文》云：和也。咸和乃複語。㉔文王不敢盤于遊田以庶邦惟正之供　盤，〈釋詁〉云：樂也。田，謂畋獵。以，猶與也。惟正之供，《國語・楚語》引此語「正」作「政」；「供」作「恭」。之猶是也。即惟政是恭也。㉕文王受命惟中身厥享國五十年　受命，受命嗣位也。中身，謂中年。據《禮記・文王世子》，文王年九十七而終。則其即位之年當為四十八。《呂氏春秋》及《韓詩外傳》皆謂文王在位五十一年；故《偽孔傳》謂文王即位時年四十七。此言五十年，蓋舉成數言之。（以上本屈先生說）㉖繼自今嗣王　謂從今後繼位的君王。㉗則其無淫于觀于逸于遊于田以萬民惟正之供　則，無義；《漢書・谷永傳》引此文無則字。淫，《說文》云：「浸淫也。」凡過度之謂。觀，指臺榭之樂。遊、田，乃謂田獵也。正，政也。供，恭也。㉘皇　《漢石經》作兄，古同音字。兄，況詞也（本曾運乾說）。㉙乃非民攸訓非天攸若時人丕則有愆　攸，所也。訓，順也。若，〈釋言〉謂：順也。時，是也。丕，語詞，丕則，猶斯則。即那豈不。愆，〈釋言〉作㑋，云過也。㉚酗于酒德　酗，

《說文》作酗，酒醬也。德，指行為。乃謂：沈迷於酒也。㉛胥訓告胥保惠　胥，相也。訓告，相互勸導也。惠，愛也。㉜譸張為幻　譸，《說文》云：「詶也。」詶張，誑也，謂欺詐。幻，相詐惑也。㉝人乃訓之　人，指官吏言。訓，順也。乃謂官吏們也都跟你學不聽從古訓之敗行，此正所謂上行下效。㉞乃變亂先王之正刑至于小大　正，指政治、政風。刑，指刑法。小大，乃言人小法度。㉟民否則厥心違怨否則厥口詛祝　否，讀為丕，語詞。違，恨也。詛祝，猶詛咒，謂人民不止心恨，而且口怨。㊱迪哲　迪，〈釋詁〉謂：作也。哲，《方言》云：智也。即明智。㊲皇自　《熹平石經》作兄曰，韋昭《國語》注曰：兄，益也。皇曰敬德者，益曰進德也。㊳朕之愆允若時不啻不敢含怒　愆，過也。允，誠也。時，是也。不啻，猶不但。含怒，猶生氣。㊴不永念厥辟不寬綽厥心　永，久也。辟，法也。綽，緩也。㊵怨有同是叢于厥身　同，會合也。叢，聚集也。即集中也。

【語　譯】周公說：「唉！在官位的人可不要享樂啊！先要了解耕種收穫的艱難，然後再去享樂；那你就知道民眾的痛苦了。看看有些無知小子，他們父母辛勤地耕耘，兒子們卻不知道個中艱辛，只曉安逸、享樂、妄誕。於是侮辱他們父母說：『你們老古董，沒有知識，懂得什麼？』」

周公說：「唉！我曾聽說，殷王中宗，他莊嚴恭謹而又畏天，他了解老天賦與他的任命，非常謹慎戒懼地統治著人民，不敢過度地享樂。因此中宗祖乙在位七十五年。到了高宗，他曾遵從父命，早就在民間和百姓們一起生活。他即位後，非常沈默慎言，一切聽從宰輔，三年中不曾隨便發表言論，他只是不說就是了，一說出來，大家都聽得非常和諧。平常也不敢過度享樂，政治清明，民生樂利，不論小百姓或是大官員，對他都沒有一點抱怨，所以高宗享國有五十九年。到了祖甲，他以為父王廢長立幼，讓自己繼位是不合理的，因而逃亡民間，作了很久的平民。等到他繼其兄後為王時，深深了解人民的痛苦，因此能夠保護百姓，愛憐百姓，連孤苦無告的人也不敢欺侮。所以祖甲在位達三十三年之久。從此以後，繼位的君王，一出生就過著安逸的日子，安逸慣了，當然就不知道耕種收穫的艱難，當然也就不知道人民的辛苦，只知尋求逸樂。從此以後，繼位諸王也就沒有一個享高壽的。有的是十年，或者七八年，五六年，甚者三四年。」

周公說：「唉！只有我們周朝的太王、王季，能委屈自己，敬畏天命。文王曾穿著粗劣的工作服，從事開路墾田的工作。他溫和、善良，而又恭謹，保護大眾，照顧孤苦無依的人。從早到晚，整天忙碌，連吃飯工夫都沒有，希望能與民眾和洽相處。文王從不敢耽於遊樂打獵，每天謹慎地處理各國有關的政務。他到中年才接受了君位，在位五十年。」

周公說：「唉！今天在位的君王，可不要過分地沈醉於歌臺舞榭之樂，也不可過分安逸，以及遊樂田獵，要能親和百姓，敬謹政事。何況會說：『今天且痛快一番吧！』這樣，不僅百姓們不順從你，就是老天也不會喜歡你，那你豈不就有了罪過。不要像殷代末王那樣迷惑昏亂，那樣過度地沈迷於酒啊！」周公接著又說：「唉！我聽說過：『古人都是相互勸勉，相互關顧，相互教誨的，彼此間從沒有欺詐造假的行為。』你若不接受古人的教訓，那官員們也就跟著你學了。那豈不就改變了先王的政風，亂了政府法令，以至於大小法度。那人民也就有了怨恨，口中也就不免要詛咒了。」

周公說：「唉！從殷王中宗、高宗，到祖甲，以及我們周朝的文王，他們都是明智的。如有人告訴他們說：『百姓們在怨恨你，責罵你。』那他們會更加注意自己的行為，若真是他們的錯，就會說：『我的過失真是這樣。』從不敢生氣。這種從善如流的道理如不聽從，官員們自然就相互欺詐作偽了。有人說：『百姓在怨恨你，責罵你。』你就相信了。這樣輕信人言，不深深地去考慮國家的法度，也不放寬自己的心胸，和緩自己的態度，就胡亂地懲罰沒有過失的人，隨意殺害沒有罪惡的人。那樣，怨恨真的就都集中到你的身上了。」周公又說：「唉！先王的繼承者，可要把這番話作為鑑戒啊！」

君奭

【題解】《史記·燕世家》云：「成王既幼，周公攝政，當國踐阼，召公疑之，作〈君奭〉。君奭不說周公。周公乃稱湯時有伊尹，假于皇天；在太戊時則有若伊陟、臣扈，假于上帝；巫咸治王家。在祖乙時則有若巫賢。在武丁則有若甘盤。卒維茲有陳，保乂有殷，於是召公乃說。」史公之意，召公作〈君奭〉，且在踐阼之時。然〈書序〉則謂在還政以後，周公作〈君奭〉。

〈書序〉云：「召公為保，周公為師，相成王為左右，召公不說，周公作〈君奭〉。」

按：《禮記·文王世子》云：「師也者，教之以事而諭諸德者也。保也者，慎其身以輔翼之而歸諸道者也。」相成王為左右者，馬融謂：分陝為二伯，東為左，西為右。《公羊傳》云：自陝以東，周公主之；自陝以西，召公主之。此正相成王為左右也。召公不說者，馬融謂：召公以周公既攝政，致太平，功配文武，不宜復列在臣位，故不說。以為周公苟貪寵也。

證諸經文，篇中實未見有召公疑周公之語，但見周公勉召公輔成王之言耳。是史公之說，允有未當。通觀全篇皆記周公語，〈書序〉謂：「周公作〈君奭〉」，其言有自。開首即有君奭二字，因以名篇。

周公若曰：「君奭❶！弗弔❷，天降喪于殷，殷既墜厥命，我有周既受。我不敢知曰厥基永孚于休③；若天棐忱④，我亦不敢知曰，其終出于不祥。嗚呼！君！已曰時我⑤，我亦不敢寧于上帝命，弗永遠念天威⑥。越我民罔尤違，惟人在⑦。我後嗣子孫，大弗克恭上下⑧，遏佚前人光在家⑨；不知天命不易，天難諶⑩，乃其墜命，弗克經歷嗣前人恭明德。在今予小子旦，非克有正⑪；迪惟前人光，施于我沖子。」

又曰：「天不可信，我道惟寧王德延⑫，天不庸釋⑬于文王受命。」

公曰：「君奭！我聞在昔，成湯既受命，時則有若伊尹⑭，格于皇天⑮。在太甲，時則有若保衡⑯。在太戊⑰，時則有若伊陟、臣扈⑱，格于上帝；巫咸，乂王家⑲。在祖乙，時則有若巫賢⑳。在武丁，時則有若甘盤㉑。率惟茲有陳，保乂有殷㉒；故殷禮陟配天㉓，多歷年所。天惟純佑命則，商實百姓王人，罔不秉德明恤㉔。小臣屏侯甸，矧咸奔走㉕。惟茲惟德稱，用乂厥辟㉖，故一人㉗有事于四方，若卜筮，罔不是孚㉘。」

公曰：「君奭！天壽平格，保乂有殷㉙；有殷嗣天滅威㉚。今汝永念，則有固命，厥亂明我新造邦㉛。」

公曰：「君奭！在昔，上帝割申勸寧王之德，其集大命于厥躬㉜。惟文王尚克修和我有夏㉝。亦惟有若虢叔，有若閎夭，有若散宜生，有若泰顛，有若南宮括㉞。又曰：無能往來茲迪彝教㉟，文王蔑㊱德降于國人。亦惟純佑秉德，迪知天威㊲，乃惟時昭文王㊳；迪見冒聞于上帝，惟時受有殷命哉㊴。武王惟茲四人，尚迪有祿㊵。後暨武王，誕將天威，咸劉厥敵㊶。惟茲四人，昭武王惟冒，丕單稱德㊷。今在予小子旦，若游大川，予往暨汝奭其濟㊸。小子同未㊹，在位誕無我責，收罔勖不及㊺。耇造德不降，我則鳴鳥不聞，矧曰其有能格㊻？」

公曰：「嗚呼，君！肆其監于茲。我受命無疆惟休，亦大惟艱。告君乃猷裕，我不以後人迷㊼。」

公曰：「前人敷乃心，乃悉命汝，作汝民極㊽。曰：『汝明勖偶王，在亶。乘茲大命㊾，惟文王德丕承，無疆之恤㊿。』

公曰：「君！告汝朕允51。保奭！其汝克敬以予監于殷喪大否，肆念我天威52。予不允惟若茲誥，予惟曰襄我二人。汝有合哉，言曰：在時二人53。天休滋至，惟時二人弗戡54。其汝克敬德，明我俊民55，在讓後人于丕時56。嗚呼！篤棐時二人，我式克至于今日休57。我咸成文王功于不怠，丕冒58；海隅出日，罔不率俾59。」

公曰：「君！予不惠60若茲多誥，予惟用閔于天越民61。」公曰：「嗚呼，君！惟乃知民德，亦罔不能厥初，惟其終62。祗若茲63，往敬用治64。」

【注　釋】❶君奭　君，乃尊稱；奭，召公名。《說文》謂讀若郝，俗讀音適。按：召公，姓姬；或以為文王子，或以為文王從子，或以為周之支族，說法紛紜，尚無定說。❷弗弔　弔，鄭注〈費誓〉云：善也。即不幸得很。❸我不敢知曰厥基永孚于休　曰，語詞。基，業也。孚，《尚書故》讀為符，合也。休，美也、善也。❹若天棐忱　若，與越通，語詞。棐，同匪。忱，同諶，〈釋詁〉謂誠也。即天命不可信賴也。❺君已曰時我　君，謂君奭。時，〈釋詁〉云：是也。已曰是我，謂已說我是了。❻我亦不敢寧于上帝命弗永遠念天威　寧，即寍字，《說文》云：「安也。」念，顧念也。威，怒也。❼越我民罔尤違惟人在　越，語詞。尤，怨也。違，恨也。

民罔尤違，謂人無怨恨也。惟人在，惟恃有人導之也。❽上下　指天地言。❾遏佚前人光在家　遏，〈釋詁〉謂止也。佚，失也。光，謂光明的德業。❿天命不易天難諶　天命不易，謂天命不易保有。天難諶，謂老天難以信賴。⓫正　《尚書故》謂：善也。⓬我道惟寧王德延　道，馬融本及《魏石經》皆作迪，迪惟，發語詞。寧王，文王也。德延，延德也。⓭庸釋　《尚書覈詁》謂：猶捨棄也。⓮伊尹　太乙宰相。按：伊、尹，乃其姓氏。其名當為十干之一，鄭玄謂：伊尹名摯，湯以為阿衡。阿，倚；衡，平也。伊尹，湯所以倚而取平以尹天下，故曰伊尹，按：此乃臆說。⓯格于皇天　格，至也，謂其德能感動天帝也。⓰保衡　鄭玄謂即伊尹，太甲改為保衡。保，安也，言天下所取安，所取平，阿衡、保衡，此皆三公之官，當時為之說也。⓱太戊　太甲孫。（按：太甲係湯武王太乙孫。）《史記》及鄭玄皆以為中宗，考之甲骨文，其說非是（詳〈無逸〉篇注）。⓲伊陟臣扈　伊陟，鄭玄謂伊尹子。臣扈，湯時有臣扈，但湯至太戊凡五世，是臣扈不得至太戊時還在，孫星衍疑為別一人。⓳巫咸乂王家　巫咸，《經義述聞》謂：當作巫戊。乂，《史記》作治。乂王家，謂治理王家也。⓴在祖乙時則有若巫賢　祖乙，《史記》以為河亶甲之子，王國維據甲骨文證知係仲丁子。王說是也。乃太戊之孫，殷中宗也。巫賢，《偽孔傳》以為巫咸子。㉑在武丁時則有若甘盤　武丁，《史記》謂殷高宗。甘盤，蔡沈以為武丁臣名。《偽古文》謂：小子（武丁）舊學于甘盤。盤，與般通，故《史記》作甘般。㉒率惟茲有陳保乂有殷　率，孫星衍謂：同聿，語詞。有陳，指有道者，言惟此有道之臣，安治有殷。㉓殷禮陟配天　殷禮，孫星衍謂殷之祀禮。陟，升也，謂帝王之殁。配天，謂祭天時而以先王配享也。㉔天惟純佑命則商實百姓王人罔不秉德明恤　純佑，乃古成語。金文多見，如克鼎、頌毁等，皆作屯右。〈釋詁〉云：純，大也。佑，勵也，勵即助也。是純佑，即輔佐也。則，〈釋言〉謂：威則也。天惟純佑命則者，言天大助命於有威儀可則者。實，〈釋詁〉云：是也。百姓，指百官。王人，江聲謂：王氏族人，同姓之臣也。即王之同宗臣。恤，曾運乾謂：慎也。即恭謹。㉕小臣屏侯甸矧咸奔走　孫星衍謂：臣之微者。屏，應從《魏石經》作并。侯甸，曾運乾謂：侯服、甸服也，皆係諸侯。矧，《說文》作矤，況詞也。咸，皆也。奔走，謂勤勉也。《詩・緜》篇云：「予曰有奔奏」，謂奔走服從王事也。㉖惟茲惟德稱用乂厥辟　惟，語詞。茲，此也，指上述諸臣。稱，舉也、揚也。乂，保也。辟，君也。謂：這些官員們都能顯揚其德，用以保護其王。㉗一人　指殷天子。㉘若卜筮罔不是孚　若，像也。卜，指龜卜。筮，指蓍占。罔，無也。孚，信也。罔不是孚，無不見信於神人也。㉙天壽平格保乂有殷　壽，當讀為疇，昔也，即以往。天，謂老天。平，《尚書覈詁》謂：當為丕之譌，語詞。有殷，即殷。㉚有殷嗣天滅威　曾運乾謂：天壽平格，保乂有殷，乃言殷先世任賢承天，故致隆盛；有殷嗣天滅威，乃言後嗣易天滅威，故致覆敗。是此乃謂：殷繼夏天命後，即消失了威嚴，故墜其厥命。㉛今汝永念則有固命厥亂明我新造邦　永念，常常思慮也。固，定也（見《國語・晉語》韋昭注）。命，謂國運；固命者，固定國運，即國運昌隆也。亂，〈釋詁〉云：治也。明，光也。亂明，即治理光明，即將新成立的國家治理得有條有理。㉜在昔上帝割申勸寧王之德其集大命于厥躬　《禮記・緇衣》引〈君奭〉曰：「在昔上帝，周田觀文王之德，其集大命于厥躬。」鄭注謂：古文周田觀文王之德，為割申勸寧王之德。孫星衍謂：「割，言蓋也。『割申勸』與『周田觀』字形相近。言文王有誠信之德，天蓋申勸之，集天命于其身，謂使之王天下也。」按：割，蓋也。中，重也。勸，觀之誤。寧王，文王也。大命，即天命。是謂：往昔上帝曾仔細觀察文王之德，遂降天命於他，使有天下。㉝惟文王尚克修和我有夏　尚克，還能也。修和，孫星衍謂修和於紂也。有夏，即夏朝。此乃謂：雖天命至文王，文王仍能與紂修好。《論語・泰伯》篇云：「三分天下有其二，以服事殷，周之德可謂至德也已矣。」正與此相互輝映。

㉞亦惟有若虢叔有若閎夭有若散宜生有若泰顛有若南宮括　《左傳》襄公三十一年疏引《尚書大傳》說文王四年伐畎夷，紂乃囚之；五年，四友獻寶，乃得免於虎口，出而伐耆。又說文王以閎夭、大公望、南公括、散宜生為四友。虢叔，乃文王卿士，見《左傳》僖公五年。泰顛，〈周本紀〉作太顛。以及閎夭、散宜生等人皆文王賢臣。㉟又曰無能往來茲迪彝教　又曰，王樹枏《尚書商誼》謂：猶言有曰，亦猶今言如果說。往來，猶言奔走，勸勉之意。茲，曾運乾謂讀為孜，勉也。迪，〈釋詁〉謂道也。彝，〈釋詁〉謂常也。㊱蔑　無也。㊲亦惟純佑秉德迪知天威　亦，也也。前段云：「天惟純佑命則」，故此云「亦」。純佑，輔助也。乃指虢叔等輔佐之

人言。秉，持也。迪，語詞。天威，即天畏。即知天意。㊳乃惟時昭文王　乃，語詞。惟時，於是也。昭，孫星衍謂同詔，〈釋詁〉謂：勴也，助也；即輔導。㊴迪見冒聞于上帝惟時受有殷命哉　孫星衍謂：「迪，用也。見猶顯也。」冒聞，上聞也。惟時，於是也。受有殷命，謂接受了殷朝終了的國運。㊵武王惟茲四人尚迪有祿　鄭康成曰：至武王時，虢叔等有死者，餘四人也。迪，孫星衍謂從由得聲，亦或同猶。言至武王時，惟此四人尚猶有祿也。㊶後暨武王誕將天威咸劉厥敵　後，指所剩四人。暨，〈釋詁〉謂與也。誕，語詞。將，奉行也。威，《廣雅》謂力也。咸，《說文》云：悉也。劉，〈釋詁〉云：殺也。謂彼四人與武王奉行天威，殺盡其敵。㊷昭武王惟冒丕單稱德　昭，同詔，〈釋詁〉謂勴也、助也，即輔導。冒，勉也。丕，語詞，猶乃也。單，曾運乾謂盡也；丕單稱德，謂盡稱其德也。按：此言武王由諸賢輔佐乃成其德，況今年幼之成王嗎？意謂要召公不要避嫌，大家同心合力，共輔成王。㊸濟　〈釋言〉謂渡也。㊹小子同未　小子，乃周公自稱。同未，《尚書故》謂：與詷昧、童昧同義，言愚昧無知也。㊺在位誕無我責收罔勖不及　在位，指官吏言。無我責，謂無人責我也。收，《尚書駢枝》疑為攸。勖，勉也。不及，謂行事不周到。此乃示自己孤獨無依，做好做壞都沒有人說一句話。㊻耇造德不降我則鳴鳥不聞矧曰其有能格　鄭康成曰：「耇，老也。造，成也。《詩》曰：小子有造，老成德之人，不降志與我並在位，則鳴鳥之聲不得聞，乃曰有能格於天者乎？言必無也。鳴鳥，謂鳳也。」孫星衍曰：「天不降下老成德之人，我則猶望鳴鳳之不可聞也，況其有德能陞于天乎？不降志與我並在位者，《論語》云：不降志，言不事王侯，高尚其志也。」㊼告君乃猷裕我不以後人迷　鄭康成曰：「召公不說似隘急，故令謀於寬裕也。」孫星衍云：「猷，〈釋詁〉云：謀也。《廣雅‧釋詁》云：裕，容也。迷，誤也。言告君乃謀人之道，我之心迹，不與後人疑誤也。」按：周召二公輔政，管蔡流言。周公要召公不要輕言去職，要放寬胸懷，以國家為重。㊽前人敷乃心乃悉命汝作汝民極　前人，江聲、曾運乾皆謂武王。曾云以下乃述武王顧命之言也。敷，布也。悉，〈釋詁〉謂：盡也。極，謂準則。㊾汝明勖偶王在亶乘茲大命　明勖，黽勉也。偶，曾運乾云：《爾雅》謂偶，合也。猶言夾輔也。亶，〈釋詁〉云：誠也。乘，孫星衍謂讀若承。注㊽㊾孫星衍謂：言前人布乃心，其盡汝命立民中，謂曰：汝其以明德勉侑王，惟在誠心。㊿惟文王德丕承無疆之恤　丕，大也。恤，憂也。(51)告汝朕允　允，〈釋詁〉云：誠也。朕允，謂我的誠心。(52)保奭其汝克敬以予監于殷喪大否肆念我天威　保，召公官名。〈文王世子〉云：保也者，慎其身以輔翼之，而歸諸道者也。克，能也。敬，謹也。以，與也。否，謂不善。肆，語詞。念，《說文》云：「常思也。」天威，謂天之威嚴。肆念我天威者，乃謂：你我也要常念我們也可能遭受天之懲罰也。(53)汝有合哉言曰在時二人　合，謂意志相合也。時，是也。在是二人，謂：就在此二人。(54)天休滋至惟時二人弗戡　休，美也，善也，此指幸福言。滋，《說文》云：「益也。」猶言盛多也。戡，〈釋詁〉云：勝也。惟時二人弗戡者，孫星衍謂：周公謙言己不敢任太平瑞應。(55)明我俊民　明，揚也，即舉用。俊民，謂才智之士。(56)在讓後人于丕時　在，曾運乾謂終也。讓，讀為襄，輔助也。丕，大也。時，善也。(57)篤棐時二人我式克至于今日休　篤，〈釋詁〉云厚也。即真誠也。棐，〈釋詁〉謂輔也。時，是也。言厚輔王業者，惟是我二人。式，〈釋言〉云：用也。孫星衍謂：「我用（因而）能至于今日有此休慶。」(58)丕冒　謂大大黽勉也。(59)海隅出日罔不率俾　鄭康成曰：「率，循也。俾，使也。四海之隅，日出所照，無不循度而可使也。」(60)惠　與惟通。(61)于惟用閔于天越民　閔，憂也。于，及也。越，與也。(62)惟其終　謂善終難也。(63)祗若茲　祗，但只也。謂只如此。(64)往敬用治　往，謂自今以往。用治，謂從事也。

【語　譯】周公如此說：「君奭！不幸得很，老天降下了災害給殷朝，使它失掉了政權，就是我們周朝已經接受了的政權。我可不知道，我們的功業會不會永遠符合美善的標準；天命是不可信賴的，我可也不知道，我們將來會不會走到邪惡的路上去。唉！君奭！老天已認為我們是善良了，那我們就不敢安然享受上帝所給的命運而不努力，也不敢不顧慮著老天的威怒。我們民眾能無過失，不怨恨，那是憑恃有人在教化導引他們。我們後代子孫要是不能尊敬天地，失掉了祖先的光彩；不了解天命是不易保有的，老天是難以信賴的，那就會失掉國運，就不能永遠繼承著祖先那恭謹而光明的美德。現在我旦這個人，沒有什麼長處，只是把祖先的光彩，來施給我們年幼的君王罷了。」

又說：「天命是不可信賴的，我們只有把文王那種美德延續下去，老天才不會廢棄文王所接受的國運——政權。」

周公說：「君奭呀！我聽說，從前成湯接受天命有了政權的時候，出了個伊尹其人，他能以精誠感動偉大的天神降臨。大甲時，又有保衡其人。太戊時，又有像伊陟、臣扈等人，他們都能以精誠感召上帝降臨；還有個巫咸，來保護王朝。祖乙時，有個巫賢。武丁時，也有個甘盤。因為有這些人在朝保護殷國，所以殷代的祭禮，當君王死後，他的神靈就配合著天帝享受祭祀，經歷了許多年代。老天是要輔佐有威信可則的人的，於是商的一般官員們和王的同宗們，就沒有不保持美德，沒有不心懷恭敬的。在王左右的微賤官員以及諸侯們，也都能勤勉奮發。因為這些官員都能表現美德，來保護他們的君王，所以殷天子只要對天下有所行動，他的政令就像龜卜、著占般，沒有人不信賴的。」

公說：「君奭！老天以往曾經降臨保護殷朝；但殷繼承夏朝天命後，就消失了威嚴，所以又失掉了天命。現在你必須永遠記取這教訓，那我們的國家根本才能鞏固，也才能把我們新成立的國家，治理得有條不紊。」

公說：「君奭！以往上帝重複地觀察文王的品德，於是就把國運降到他身上。而文王他仍能夠修行和睦與紂共處。同時還有像虢叔、像閎夭、像散宜生、像泰顛、像南宮括一批賢臣。如果說：他們不能勤勉地遵循著常法教化人民，那文王對國民就沒有德惠可言了。也只有他們輔助王朝的人能保持美德，知道天意之所在，輔導著文王；他們的表現上聞於天，於是文王就接受了殷朝終了的國運——政權。武王時還有四個人活著，他們和武王共同奉行老天的懲罰，把他們的敵人通通殺了，也只有這四個人輔導著武王奮勉工作，於是能盡稱其德。現在我這小弟旦，就好像渡過一條大河一般，我要和你奭一起才能渡過去。為弟我愚昧無知，但在職的官員們，卻無人來責備我；我所做不到的，也無人來勉勵我。你老而有成，若不降志與我同事，那我連鳳鳥叫都不可能聽到，何況說能感動神明降臨嗎？」

公說：「唉！君奭！以上所說，你要加以正視啊！我們周人接受了天命，是無窮盡的吉祥，也是非常大的艱難。告訴你君奭，要胸懷坦蕩有擔當，不要輕言去職，我不會因為後人的疑誤而放棄對國家應負的責任。」

公說：「武王把他的心意，曾詳盡地告訴你，為了要使你成為民眾的表率。他說：『你要奮勉地來輔助君王，忠實為先。你承受重責大任，只有本著文王的德行，黽勉努力，永為國事操心。』」

公說：「君奭！我跟你說句真心話。我的太保奭啊！你我要謹慎地以殷人的滅亡作為鑑戒，從而顧慮到我們也可能遭到天的懲罰。我不用再多說了，我只希望各官員們來協助我們兩人。你我意見是相合的，也就是說，一切都在我們兩人身上。老天賜予我們的幸福源源而來，真使我們有點受不了。你可要謹慎你的德行，提拔傑出人才，最後輔助我們後人都能走到最美善的境界。唉！真誠輔佐王業的只我們二人，所以我們才能到達今天的幸福境地。我們要黽勉地成就文王的功業，勤奮地去做；那麼，就是濱海日出的荒遠地方，也沒有不服從我們的。」

公說：「君奭呀！我不再多說了。我只是憂慮老天降罰，以及百姓們不順服啊！」

公說：「唉！君奭！只有你了解民情最深，善始容易，善終難。我所要告訴你的不過這些，從今以後，謹慎地從事吧！」

多方

【題解】〈書序〉云：「成王歸自奄，在宗周，誥庶邦，作〈多方〉。」《史記・周本紀》云：「成王自奄歸，在宗周，作〈多方〉。」徵諸經文，乃周公以成王命誥東土諸國之辭。

考：「多方」一辭，卜辭屢見。多方，猶言眾國也。卜辭及西周文獻，常謂「國」曰「方」。周公引成王誥曰：「告爾四國多方」，實係誥東方諸國及殷遺民也。

惟五月❶丁亥，王來自奄，至于宗周❷。

周公曰：「王若曰：『猷，告爾四國多方，惟爾殷侯尹民❸。我惟大降爾命，爾罔不知。洪惟圖天之命，弗永寅念于祀❹。惟帝降格于夏，有夏誕厥逸。不肯慼言于民❺；乃大淫昏❻，不克終日勸于帝之迪，乃爾攸聞❼。厥圖帝之命，不克開于民之麗❽；乃大降罰，崇亂有夏，因甲于內亂❾。不克靈承于旅，罔丕惟進之恭，洪舒于民❿。亦惟有夏之民，叨懫日欽，劓割夏邑⑪。天惟時求民主⑫，乃大降顯休命于成湯，刑殄有夏⑬。

惟天不畀純⑭，乃惟以爾多方之義民，不克永于多享⑮。惟夏之恭多士，大不克明保享于民⑯，乃胥惟虐于民；至于百為⑰。大不克開⑱。乃惟成湯，克以爾多方，簡代夏作民主⑲。慎厥麗，乃勸；厥民刑，用勸⑳。以至于帝乙，罔不明德慎罰，亦克用勸。要囚，殄戮多罪㉑，亦克用勸。開釋無辜，亦克用勸。今至于爾辟㉒，弗克以爾多方享天之命。』

嗚呼！王若曰：『誥告爾多方，非天庸釋㉓有夏，非天庸釋有殷，乃惟爾辟，以爾多方，大淫圖天之命，屑有辭㉔。乃惟有夏，圖厥政，不集于享，天降時喪，有邦間之㉕。乃惟爾商後王，逸厥逸，圖厥政，不蠲烝㉖；天惟降時喪。

惟聖罔念作狂，惟狂克念作聖㉗。天惟五年須暇之子孫，誕作民主；罔可念聽㉘。天惟求爾多方，大動以威，開厥顧天㉙。惟爾多方，罔堪顧之㉚。惟我周王，靈承于旅，克堪用德，惟典神天㉛。天惟式教我用休㉜，簡畀殷命，尹爾多方㉝。

今我曷敢多誥？我惟大降爾四國民命，爾曷不忱裕㉞之于爾多方？爾曷不夾介乂㉟我周王，享天之命？今爾尚宅爾宅，畋爾田，爾曷不惠王熙天之命㊱？爾乃迪屢不靜，爾心未愛㊲。爾乃不大宅天之命，爾乃屑播天命㊳，爾乃自作不典，圖忱于正㊴。我惟時其教告之，我惟時其戰要囚之㊵，至于再，至于三㊶。乃有不用我降爾命，我乃其大罰殛㊷之。非我有周秉德不康寧，乃惟爾自速㊸辜。』

王曰：『嗚呼！猷，告爾有方㊹多士，暨殷多士。今爾奔走臣我監五祀㊺，越惟有胥伯小大多正㊻，爾罔不克臬㊼。自作不和，爾惟和哉！爾室不睦，爾惟和哉！爾邑克明，爾惟克勤乃事㊽。爾尚不忌于凶德，亦則以穆穆在乃位㊾，克閱于乃邑，謀介㊿。爾乃自時洛邑，尚永力畋爾田，天惟畀矜爾(51)。我有周惟其大介賚爾(52)，迪簡在王庭，尚爾事，有服在大僚[53]。』

王曰：『嗚呼！多士！爾不克勸忱我命，爾亦則惟不克享[54]，凡民惟曰不享。爾乃惟逸惟頗，大遠王命[55]，則惟爾多方探天之威[56]，我則致天之罰，離逖[57]爾土。』

王曰：『我不惟多誥，我惟祗告爾命[58]。』又曰：『時惟爾初[59]，不克敬于和[60]，則無我怨。』

【注釋】❶五月　《尚書覈詁》謂：當為周公監雒後五年之五月，故文中有「奔走臣我監五祀」之語。❷宗周　鎬京也。按：宗周本指鎬京，但周室東遷，無復西都，東都王城亦曰宗周。此處乃係鎬京。❸猷告爾四國多方惟爾殷侯尹民　猷，語詞。四國，指四方之國。多方，非言一也。惟，與也。尹，《說文》云：「治也。」殷侯，指眾侯言。❹洪惟圖天之命弗永寅念于祀　洪惟，猶〈大誥〉之「洪惟我幼沖人」之洪惟，乃發語詞。圖，于省吾謂：當讀為鄙；古圖、鄙同字。永，長也。寅，〈釋詁〉謂：敬也。❺惟帝降格于夏有夏誕厥逸不肯慼言于民　降格，謂神降臨也。誕，〈釋詁〉謂：大也。逸，過也。誕厥逸，謂恣其縱逸也。慼，憂也。言，語詞。不肯慼言于民，謂：不顧人民疾苦也。❻乃大淫昏　謂：大為淫逸昏亂也。❼不克終日勸于帝之迪乃爾攸聞　勸，勉也。謂：終日崇朝也。迪，道也。攸，所也。謂：紂不能終日崇朝之事，你是所知道的。❽不克開于民之麗　開，釋也，即開放。麗，讀為離，離於罪網也。即不能對人民放開法網。❾乃大降罰崇亂有夏因甲

于內亂　乃大降罰，謂大事殺戮也。崇，重也。甲，讀為狎，習也，即經常也。崇亂有夏，謂大亂夏朝。⑩不克靈承于旅罔丕惟進之恭洪舒于民　靈，善也。承，保也，即保護。旅，〈釋詁〉謂：眾也。丕，讀為不。進，讀為賮（《漢書》顏師古注），財也。恭，與共通，供給也。洪，大也。舒，《困學記聞》曰：古文作荼，毒害也。⑪叨懫日欽劓割夏邑　叨，《說文》作饕，貪也。懫，《說文》引作𡒄，謂忿戾也，引〈周書〉云：有夏氏之民叨𡒄，𡒄讀若摯。欽，與廞通，〈釋詁〉謂：興也。劓割，猶言殘害。⑫天惟時求民主　惟時，於是也。民主，人民之主。⑬乃大降顯休命于成湯刑殄有夏　顯，光也。休，美也。殄，絕也。刑殄有夏，謂滅了夏朝。⑭惟天不畀純　畀，予也。純，《方言》云：好也。曾運乾謂：大也。此猶《詩》言純嘏，〈多士〉言純佑也，不畀純者，不予以大福也。⑮乃惟以爾多方之義民不克永于多享　乃惟，語詞。以，屈先生謂使也。義民，江聲云：猶民儀，謂賢者。享，受也，謂受天福佑常享祿位也。⑯惟夏之恭多士大不克明保享于民　恭，讀為共，與供通。恭多士，謂供職群臣。明，勉也。保，安也，保享，猶言保護。⑰乃胥惟虐于民至于百為　胥，〈釋詁〉謂：皆也。百為，指所為百事。乃謂：夏桀暴虐於民，無所不為也。⑱大不克開　乃上文「不克開于民之麗」之省。即大不能開釋於麗罪者，乃謂桀不能用賢慎罰，錫民純嘏也。⑲簡代夏作民主　簡，同間，〈釋詁〉謂：代也。民主，民之主宰。言惟成湯能以汝多方，代夏為民之主宰也。⑳慎厥麗乃勸厥民刑用勸　麗，謂刑罰。勸，謂勸勉。孫星衍謂：慎其麗于罪者，乃所以勸勉其民。刑，型也。厥民型，謂：為民表率也。用，以也。以勸者，謂：民皆勉勵為善也。㉑要囚殄戮多罪　要囚，即幽囚，監禁也。殄戮，謂殺也。多罪，謂罪之大者，謂因禁、殺戮那些罪大惡極者，亦是勉勵人民向善之一法也。㉒爾辟　指紂王。辟，君也。㉓庸釋　曾運乾謂：厭斁也，即捨棄。㉔大淫圖天之命屑有辭　淫，凡過度之謂。圖，與鄙通。屑，楊倞注《荀子》云：雜碎眾多之貌。辭，《說文》云：「訟也。」㉕有邦間之　有邦，指殷言。間，代也。㉖逸厥逸圖厥政不蠲烝　逸厥逸，謂過度享樂。圖厥政，鄙棄政事也。蠲，《詩傳》云：絜也。烝，祭名。謂不敬於祭也。㉗惟聖罔念作狂惟狂克念作聖　罔，不也。念，思慮也。作，則也。克，能也。蔡《傳》云：「聖而罔念，則為狂矣；愚而能念，則為聖矣。」

按：一念之差，聖狂互易，其幾甚微，敢不勉夫。故聖人須有日新之功，愚人亦匪無遷善之路，端視人為也。

㉘天惟五年須暇之子孫誕作民主罔可念聽　五年，鄭玄謂：文王八年至十三年。孫星衍謂：當從文王七年數至武王十一年伐紂。曾運乾謂：文王受命九年而崩，武王服喪三年，還師二年，至受命十三年，乃遂伐殷也。須，〈釋詁〉謂：待也。《說文》作頦，云：「立而待也。」暇，寬假也。之，猶其也。誕，曾運乾謂延也。罔可念聽，謂：終無善政聞於上也。㉙天惟求爾多方大動以威開厥顧天　求，屈先生謂：意謂問罪也。動威，謂降災也。開，曾運乾謂：啟示也。顧天，指顧念天威也。㉚罔堪顧之　堪，猶能也。謂：老天考驗你們，結果你們卻無人能顧慮及此。㉛靈承于旅克堪用德惟典神天　靈，善也。承，保也。旅，眾也。堪，能也。用德，謂以美德行事。典，法也。典神天，謂以神天為法也。㉜天惟式教我用休　式，用也。用，以也。休，美也。謂：天以善教我。即教我以求善之道。㉝簡畀殷命尹爾多方　簡畀，簡擇付與也。尹，《說文》云：「治也。」㉞忱裕　忱，《詩傳》云：信也。裕，《方言》謂道也。信道，猶言道告。㉟夾介乂　《尚書便讀》謂：夾，輔也；介，助也；乂，安也。㊱畋爾田爾曷不惠王熙天之命　畋，《說文》云：「平田也。」惠，〈釋言〉謂：順也。熙，光也。㊲爾乃迪屢不靜爾心未愛　孫星衍謂：迪屢，猶言屢迪，汝數作不靜，汝心無愛順之意。按：愛，惠也。謂你們屢次騷動，存心搗亂。㊳爾乃不大宅天之命爾乃屑播天命　宅，度也。屑，通泆，過也。播，棄也。屑播，即隨意播棄。㊴爾乃自作不典圖忱于正　典，法也。圖，圖謀，即企圖。忱，讀如抌，《說文》謂：告言不正曰抌。正，謂正道。圖忱于正，曾運乾謂：詶張誑惑也。㊵我惟時其教告之我惟時其戰要囚之　惟，語詞。時，是也。戰，與單通，公伐郘鐘「攻戰」作「攻單」。單，讀殫，盡也。（參于省吾及《尚書覈詁》說）要囚，曾運乾謂：受其要辭而囚之。戰要囚之，謂全部囚禁起來。㊶至于再至于三　《偽孔傳》云：再，謂三監淮夷畔時。三，謂成王即政又叛。㊷罰殛　謂誅殺也。㊸速　鄭注〈鄉飲酒禮〉云：召也。㊹有方　有，初文作又。乃方名繫文之一例。有方，猶有虞、有夏，此有方，猶多方。㊺今爾奔走臣我監五祀　奔走，謂辛勤也。我監，《尚書覈詁》謂：周公留雒監殷，故云我監。五祀，曾運乾謂：周公攝政三年踐奄，至成王即政元年，

適五祀也。㊻越惟有胥伯小大多正　《尚書大傳》引作：越維有胥賦小大多政。越惟，語詞。胥，繇役也。伯當為賦，聲之誤也。賦，賦稅也。正與政通。正，貢賦也。《周官．太宰》，以九賦斂財賄，以九貢致邦國之用。司書職謂之九正；注：九正，謂九貢九賦正稅也。此云小大多政，蓋關口賦地稅及邦國之貢而言也（以上參曾運乾《尚書正讀》）。㊼臬　法也。㊽爾邑克明爾惟克勤乃事　爾邑，指殷人所居之城邑。明，盛也。克勤，謂要能辛勤地工作。㊾爾尚不忌于凶德亦則以穆穆在乃位　尚，庶幾也，希冀之詞。不，讀為丕，《說文》云：「大也。」忌，惡也。凶德，指惡行。穆穆，乃㣎之叚借字，《說文》云：「細文也。」引申而有美好意。在乃位，保有你的職位也。㊿克閱于乃邑謀介　克，能也。閱，屈先生謂：歷久也。謀，謀慮也。介，〈釋詁〉云：善也。謀介，即慮善，即要時思與王朝和善相處也。(51)爾乃自時洛邑尚永力畋爾田天惟畀矜爾　時，是也。自是洛邑者，謂常居洛邑也。永力，猶盡力也。畋，治也。畀，予也。矜，憐憫也。(52)大介賚爾　介，助也。賚，賜也。即大大地扶助你們，賞賜你們。(53)迪簡在王庭尚爾事有服在大僚　迪，進也。簡，擇也。尚，崇尚也。服，事也，即職位。僚，官也。大僚，謂大官，高位。(54)爾不克勸忱我命爾亦則惟不克享　勸，勉力也。忱，信也。享，指安樂言。謂：你們勸勉信我之教令，汝亦惟不能享安樂，汝之民亦不能享安樂。(55)爾乃惟逸惟頗大遠王命　逸，放也。頗，邪也。遠，謂遠離也。大遠王命，謂違背王朝命令也。(56)探天之威　探，〈釋言〉謂：試也。探天之威，猶以身試法，觸犯天威也。(57)逖　遠也，謂流放也。(58)命　謂天命。(59)時惟爾初　時，是也。謂：這是你們的開始。(60)敬于和　敬，謹也。于，猶與也。謂敬謹與和洽也。

【語　譯】五月丁亥日，王從奄回到了宗周。

周公說：「王如此說：『嗯，告訴你們天下眾國家，以及你們這些殷國治理下的民眾們，我曾頒布了一道命令，你們無人不知的。你們鄙棄了老天的命令，不能永遠虔敬地關心著祭祀。以往上帝降臨到夏朝，但夏只知享樂，不顧人民的疾苦；荒淫昏聵，不能勉勵於上帝之道；這是你們聽說過的。他們鄙棄上帝的命令，不肯放開對付民眾的羅網；所以上帝就降下懲罰，使夏朝一片混亂，經常發生內亂。夏朝不能善保民眾，盡力搜括民財，深深地害苦了百姓。以致夏朝百姓也都變得貪財、忿恨，風氣一天比一天壞；真害慘了夏朝。於是老天為人民另尋君主，降下美好的命令給成湯，滅了夏朝。

如今老天不再把福祥賜給夏桀，致使你們眾國賢良們，不能長享祿位。那夏朝供職的官員們，不太能夠保護民眾，反而互相對民眾施行暴虐；真是無所不為。不用賢者，更不慎罰。到了成湯，才能和你們各國諸侯，代夏朝來做人民的主宰。由於他慎刑，百姓們都能勉力向善。由於他能為民表率，人民也能勉勵向善。一直到帝乙，沒有一個不是重視品德，慎重刑罰的，因此也能使人民勉勵向善。就是監禁、刑殺，也能夠用以勉勵人民。赦免無辜，亦同樣能使人民勉勵。現在到了你們的君主，就不能和你們這些國家來享受老天所賜予的命運了。』

唉！王如此說：『告訴你們列國，這並不是老天捨棄夏國，也不是老天捨棄殷國，只是你們的君主和你們許多國家，鄙棄了老天的命令，造成很多的罪惡。先是夏鄙棄他的政治，不能安享天命，天就降下滅亡之禍，讓另一國家代替了夏。到你們商代末君，不但不知警惕，反而過度享樂，鄙棄政事，不慎重地舉行祭祀，老天也同樣讓他亡了國。

一個明哲的人，若凡事不能常加思慮，就會變成個狂妄的人，一個狂妄的人，若能凡事思慮，一樣能成為明哲的人。老天以五年的時間寬待商的子孫，讓他做人民的主宰，但是他卻不深入考慮，不聽從天意。所以老天就問罪你們眾國，給你們帶來大災難，為的是啟發你們，要你們能顧慮天意。可是你們諸國，竟無人顧慮及此。而我們周朝呢，卻能好好地保護民眾，能夠以美德行事，凡事取法於天。老天於是教導我們求福之道，選擇了我們，而把殷國的國運交給了我們，讓我們來統治你們眾國家。

現在我何敢嘮叨多話？我曾發布過一道命令給你們四方諸國民眾，你們為何不把我的話轉告你們各國人民？你們為什麼不輔助、安定我們周王，來享受老天所賜的命運？現在你們有宅可居，有田可耕，一切依舊，你們為什麼不順從王朝來發揚光大老天所賜給的命運？你們反而常常騷動，存心搗亂。你們也不度量度量天命，竟然隨意廢棄，那是你們自作不法，企圖煽惑眾人。我是誠意地在勸導你們，我是會通通把你們抓起來的，你們這樣三番兩次的叛亂。如還有人不服從我的命令，那我就通通殺死他們。這不是我周人本性不好安寧，乃是你們自找罪受。』

王又說：『唉！告訴你們列國眾官員們，以及殷國的眾官員們。你們在我監督下已辛勤地服務了五年，對於勞役賦稅以及大大小小的許多徵召征收，沒有不守法的。現在你們這種自己造成的不和局勢，你們要自行設法融洽，如家庭不和，也要自行和睦，你們的地方要興盛，那只有靠你們能勤勉地工作。希望你們能厭惡那些罪惡的行為，那才可以好好地保有你們的職位，也才能夠長久地安居，要時時想著和王朝合作。你們從此長居雒邑，希望盡力去整理你們的田地，老天會憐憫你們的。我們周人也會扶助你們，賞賜你們，選拔你們到王朝來，給你們高尚的職務，使你們也能在高位。』

王又說：『唉！眾官員們！你們若不能勉力地信賴我的命令，那你們就不能享受安樂，那民眾也同樣不能享受安樂了。你們要是放蕩、邪惡，有意違背王朝命令，那是你們冒犯了天威，我只有奉行天命去懲罰你們，把你們放逐到遠方去。』

王又說：『我不再多說了，我只告訴你們天命如此。』

又說：『這是你們的開始，若不能謹慎和洽，懲罰了你們，那可不要怨恨我。』

立政

【題解】〈書序〉云：「周公作〈立政〉。」

《史記・魯世家》云：「天下已安，周之官政未次序，於是周公作《周官》，官別其宜，作立政，以便百姓。」

曾運乾謂：「依〈書序〉編次，〈立政〉在《周官》前，則是時《周官》六典尚未頒行，故公依舊制，而言用人行政之大法也。」

王引之曰：「政與正同；正，長也。立正，謂建立長官也。篇內所言皆官人之道，故以立正名篇，所謂惟正是乂之也。」核之經文，王氏之說甚諦。《尚書故》云：「政事對文，則政為長官，事為群職，單文則政即是官。」本篇所言，乃周公告成王以設官之道也。

周公若曰：「拜手稽首，告嗣天子王矣❶。」用咸戒于王❷，曰：王左右常伯、常任、準人、綴衣、虎賁❸。

周公曰：「嗚呼！休茲，知恤鮮哉❹！古之人迪惟有夏，乃有室大競❺，籲俊尊上帝，迪知忱恂于九德之行❻。乃敢告教厥后曰：『拜手稽首，后矣❼。』曰：『宅乃事，宅乃牧，宅乃準，茲惟后矣❽。謀面用丕訓德，則乃宅人，茲乃三宅無義民❾。』桀德❿，惟乃弗作往任，是惟暴德，罔後⓫。亦越成湯陟，丕釐上帝之耿命⓬，乃用三有宅，克即宅⓭；曰三有俊，克即俊⓮。嚴惟丕式，克用三宅三俊⓯。其在商邑，用協于厥邑⓰。其在四方，用丕式見德⓱。

嗚呼！其在受德暋⓲，惟羞刑暴德之人，同于厥邦⓳；乃惟庶習逸德之人，同于厥政⓴。帝欽罰之，乃伻我有夏㉑，式商受命，奄甸萬姓㉒。亦越文王、武王，克知三有宅心，灼見三有俊心㉓；以敬事上帝，立民長伯㉔。立政：任人、準夫、牧，作三事㉕。虎賁、綴衣、趣馬、小尹，左右攜僕，百司庶府㉖。大都、小伯、藝人、表臣、百司㉗。太史、尹伯、庶常吉士㉘。司徒、司馬、司空、亞旅㉙。夷、微、盧、烝、三亳、阪、尹㉚。文王惟克厥宅心，乃克立茲常事司牧人，以克俊有德㉛。文王罔攸兼于庶言㉜。庶獄、庶慎，惟有司之牧夫，是訓用違㉝。庶獄、庶慎，文王罔敢知于茲。亦越武王，率惟敉功，不敢替厥義德㉞，率惟謀從容德，以並受此丕丕基㉟。

嗚呼㊱！孺子王矣！繼自今，我其立政，立事㊲。準人、牧夫，我其克灼知厥若，丕乃俾亂㊳。相我受民，和我庶獄、庶慎㊴。時則勿有間之，自一話一言㊵。我則末惟成德之彥，以乂我受民㊶。

嗚呼！予旦已受人之徽言咸告㊷。孺子王矣！繼自今，文子文孫㊸，其勿誤㊹于庶獄、庶慎，惟正是乂之㊺。自古商人，亦越我周文王，立政，立事：牧夫、準人，則克宅之，克由繹之，茲乃俾乂國㊻。則罔有立政，用憸人，不訓于德，是罔顯在厥世㊼。繼自今立政，其勿以憸人，其惟吉士，用勱相㊽我國家。

今文子文孫，孺子王矣。其勿誤于庶獄，惟有司之牧夫。其克詰爾戎兵，以陟禹之迹㊾；方行天下，至于海表㊿，罔有不服。以覲文王之耿光，以揚武王之大烈(51)。嗚呼！繼自今後王立政，其惟克用常人(52)。」

周公若曰：「太史！司寇蘇公53！式敬爾由獄，以長我王國54。茲式有慎，以列用中罰55。」

【注釋】❶拜手稽首告嗣天子王矣　曾運乾謂：立政之作，在周公致政以后，故稱告嗣天子王。時王在宗周，公在洛，命使陳言，故稱拜手稽首矣。矣，語已詞。❷用咸戒于王　用，因而也。咸，箴之叚借字。因而箴誡於王。❸曰王左右常伯常任準人綴衣虎賁　曰，與越通，與也。常伯，猶秦漢時之侍中。常任，猶漢之中常侍。準人，猶秦漢時之廷尉（以上據《尚書便讀》）。綴衣，官名；孫星衍謂：主管王之衣服。虎賁，係武官，護衛天子者。❹休茲知恤鮮哉　休，〈釋詁〉謂：美也。茲，乃嘆詞。恤，憂也。鮮，罕也、少也。謂知憂者少。❺古之人迪惟有夏乃有室大競　迪惟，語詞。有室，猶云有家，謂卿大夫也。競，〈釋言〉云：彊也，大競，猶言要強。❻籲俊尊上帝迪知忱恂于九德之行　籲，呼也。俊，〈釋言〉謂：髦也，謂士之俊傑者（見《說文》注）。尊，敬也。忱，《詩傳》謂：誠也。恂，〈釋詁〉謂：信也。九德，孫星衍謂：「〈皐陶謨〉云：亦行有九德。言古之人，有道者惟夏王，時其巨室多賢，其君招呼賢俊以尊事上帝，以道知人誠信於九德之行。」❼后矣　謂你做了王了。❽宅乃事宅乃牧宅乃準茲惟后矣　宅，度也，即度量。《東坡書傳》謂：事，謂常任；牧，謂常伯；準，謂準人。茲，如此也。❾謀面用丕訓德則乃宅人茲乃三宅無義民　謀面，《尚書故》謂：黽勉也。用，以也。丕，語詞。訓，順也。乃，猶能也；則乃宅人，謂：則能量才用人矣。三宅，指上文事、牧、準三事而言。義民，王念孫謂邪民。❿桀德　謂桀的行為。⓫惟乃弗作往任是惟暴德罔後　弗作，即不為，不遵循也。往任，即前人任官之道。是惟，是以也。暴德，即暴行。罔，毋也；罔後，謂亡國絕後也。⓬亦越成湯陟丕釐上帝之耿命　亦越，《經傳釋詞》謂：承上起下之詞。陟，升也、登也；謂登天子位。丕，語詞。釐，《詩箋》云：理也。耿，《說文》引杜林說：光也。乃謂：到成湯即位，能理上天之光，即能尊奉上帝之命令。⓭乃用三有宅克

即宅　用，意謂從事。有，語詞。三宅，謂常任之事，常伯之牧，準人之準，以之度量人才。克即宅，能就其位而度其才。⑭曰三有俊克即俊　曰，有，皆語詞。三俊，《尚書故》謂：以三者進用人。克即俊，言所用皆才俊之士。⑮嚴惟丕式克用三宅三俊　嚴，儼然也。式，法也。即他儼然地成為天下表率，就是由於他能多方遴選人才，多方面的用人才。⑯其在商邑用協于厥邑　商邑，指殷都言。協，和也。厥邑，即商邑。⑰用丕式見德　丕，語詞。見德，被人稱德也。⑱其在受德暋　受德者，《逸周書．克殷解》云：殷末孫受德，孔晁注云：紂字受德。《呂氏春秋．當務》篇云：紂之同母三人，長曰微子啟，其次曰中衍，其次曰受德。受德，乃紂也。馬融曰：受德，受所為德也。又蔡邕獨斷謂紂為謚法，曰：殘義損善曰紂。然不見《逸周書．謚法解》。是以上諸說皆非也。按：紂乃受之叚借字，二字同屬段表第三部。〈牧誓〉、〈無逸〉則稱紂為受。考之卜辭，只有受方，而無紂方。〈西伯戡黎序〉曰：奔告于受，皆係用本字。是受，即帝辛，德，乃指行為。暋，〈釋詁〉謂：昏、暋，強也。謂商王受行為強暴。⑲惟羞刑暴德之人同于厥邦　羞，曾運乾謂：當讀為敁，聲之誤也。羞刑暴德，謂任刑棄德也。同于厥邦者，同惡相濟也。〈牧誓〉言：「紂乃惟四方之多罪逋逃，是崇是長，是信是使，是以為大夫卿士，俾暴虐於百姓，以姦宄於商邑。」蓋即指此而言。⑳乃惟庶習逸德之人同于厥政　庶，〈釋詁〉謂：眾也。習，狎也。逸德，意謂失德，慣於為惡也。同，共也。乃謂：與眾狎習放蕩之人共謀國政也。㉑帝欽罰之乃伻我有夏　帝，謂上帝。欽，孫星衍謂：與廞通，〈釋詁〉云：興也。伻，〈釋詁〉謂：使也。夏，《說文》云：「中國人也。」有夏，猶〈康誥〉：「用肇造我區夏」之區夏，乃周人自謂，謂使我周人有了中國。㉒式商受命奄甸萬姓　式，曾運乾謂：讀為代。奄，《說文》云：「覆也，大有餘也。」猶言普被。甸，治也。萬姓，即萬民。謂：代商而有天下，統治所有百姓。㉓克知三有宅心灼見三有俊心　克知三有宅心，言能知事牧準三宅之心，而使在官。灼，《說文》引作焯，明也。灼見三有俊心，言明見事牧準三俊之心，而不失實也。克知、灼見，互文也；知、見皆言心意。㉔立民長伯　伯亦長也。謂文王武王能知事、牧、準人之心，明見三德俊士之心，以敬事上天，為民立長。㉕立政任人準夫牧作三事　立政，猶言設官。任人、準夫、牧，《東坡書傳》以為即常任、準人、常伯。作，為也。三事，即三卿。㉖虎賁綴衣趣馬小尹左右攜僕百司庶府　以上皆內官侍御之臣。虎賁、綴衣，江聲謂：于《周禮》為校人屬。趣馬，掌養馬之官。小尹，圉師之屬，即趣馬部下。左右攜僕，江聲謂：蓋若《周禮》大僕射人也；鄭注《周禮・射人》云：射人與僕人俱掌王之朝位也。曾運乾謂：攜，提攜之謂，《禮記・檀弓》，扶君，僕人師扶右，射人僕扶左，是其職也。百司庶府者，《周官》官名言司者多；府則有太府、王府、內府、外府、泉府、天府之屬；言百言庶，皆凡最之詞。此司、府，係主管財物券契典藏者。㉗大都小伯藝人表臣百司　據曾運乾說：以上「蓋外臣都家之官也」。大都，三公之采邑；小都，卿大夫之采邑。伯，長也。大都言都不言伯，小伯言伯不言都，互文見意也。藝人，蓋徵稅官也。《左》昭十三年傳：貢之無藝，《家語》：合諸侯而藝貢焉；注：藝，分別貢獻之事。表臣百司，表之言外，是外百司也」。㉘太史尹伯庶常吉士　此復言內官也。太史，掌建邦之六典，即史官之長。尹伯，《尚書覈詁》謂：蓋謂尹士。庶，眾也。常，祥也。吉，善也。庶常、吉士，《偽孔傳》謂為眾掌常事之善士也。㉙司徒司馬司空亞旅　此侯國官制。司徒、司馬、司空，三卿也。亞旅，指次卿眾大夫也。㉚夷微盧烝三亳阪尹　微、盧，皆戎國名，已見〈牧誓〉。夷、烝、阪、尹，《群經平議》謂：皆蠻夷雜居之地。三亳，皇甫謐謂：蒙為北亳，穀熟為南亳，偃師為西亳。此三亳蓋皆殷遺民聚居之處。㉛文王惟克厥宅心乃克立茲常事司牧人以克俊有德　克厥宅心，謂能度其心，即上文忱恂於九德之行也。《漢石經》刪克字，非也。常事，即上常任，所謂宅乃事也；常司，即上準人，所謂宅乃準也；牧人，即上常伯，所謂宅乃牧也。立茲常事司牧人，即上文三有宅，克即宅也。克俊有德，即上文三有俊，克即俊也。皆言文王官人之法。㉜文王罔攸兼于庶言　罔，無也。攸，所也。兼，謂兼顧。庶言，猶教令也；此言即下文「一話一言」之言。下文云：「時則勿有閒之」，此云「罔攸兼于庶言」，其義一也。文王勤於求賢，逸於任賢，持其大體，不侵庶職，故云「文王罔攸兼于庶言」矣。㉝庶獄庶慎惟有司之牧夫是訓用違　庶獄，諸獄訟之事。庶慎，于省吾謂慎與訊通。庶慎，亦謂諸訊獄之事。有司，謂主持其事者。牧夫，謂官吏。訓，順也。言諸獄訟之事，或用或違，惟有司牧夫是順也（按：此正專家政治，分層負責也）。㉞率惟敉功不敢

替厥義德　率惟，語詞。敉，與彌同義，終竟也；此猶〈大誥〉「敉寧王大命」之敉，敉功者，竟文王所圖之功也。替，廢也。義德，謂善行。㉟率惟謀從容德以竝受此丕丕基　謀，讀為敏（見《禮．中庸》注）。容德者，休休有容也。丕，大也。基，謂基業。謂：武王竟文王之功，不敢廢文王官人之道，惟敏從文王任賢之法，能相與承受這偉大的基業。㊱嗚呼　《熹平石經》作於戲。㊲繼自今我其立政立事　繼自今，謂從今以後。立政，謂建立長官。立事，謂建立群職。以上本《經義述聞》。㊳我其克灼知厥若丕乃俾亂　克，能也。灼，明也。厥，指詞。若，〈釋詁〉謂：善也。丕，語詞。俾，使也。亂，〈釋詁〉謂：治也。謂要能洞悉其善，俾使其能從事各項事務也。㊴相我受民和我庶獄庶慎　相，助也。受民者，受之於天，受之於祖也。和，適當也（見《淮南子》注）。庶獄，諸獄訟之事。庶慎，諸訊獄之事。㊵時則勿有間之自一話一言　此乃倒語。猶云自一話一言，時則勿有間之。時，是也。間，代之。自，猶於也。㊶我則末惟成德之彥以乂我受民　末，劉逢祿謂終也。彥，〈釋訓〉謂美士為彥。乂，謂治理。此乃官人之法。意謂：是則君無一言所與，惟垂拱仰成，則人才自出，賢必在位。㊷予旦已受人之徽言咸告　旦，周公名；禮：君前臣名，故稱予旦。已受，《漢石經》作以前。蓋已、以古通；而金文「前」字與「受」字形近，因而致訛也。徽，美也。咸，箴也。㊸文子文孫　周人稱已故之祖及父曰文祖文考，金文中習見。此文子文孫，乃對文祖文考言，謂武王之子文王之孫也，此即謂成王。㊹誤《尚書故》謂虞也；即顧慮。㊺惟正是乂之　正孫星衍謂：即〈周書〉之大正，掌刑事之官也。乂，治也。㊻克由繹之茲乃俾乂國　由繹，曾運乾謂雙聲聯詞，猶言籌著審慎。此乃指選擇人才言。茲，如此也。能慎審人才，選拔人才，如此才能使治其國，即惟如此，方能使有才者在位也。㊼用憸人不訓于德是罔顯在厥世　憸，憸人，利佞之人。訓，順也。《漢石經》無于字。不訓德，即上文「謀面用丕訓德也」。是，《尚書故》謂則也。是罔顯在厥世，謂：天子明政就不能顯耀於當世了。㊽勱相　勱，《說文》云：「勉力也。」相，助也。㊾其克詰爾戎兵以陟禹之迹　詰，《周禮》鄭注謂：謹也。戎兵，即武備。陟，升也。迹，同蹟。禹平水土，其迹遍天下；故禹迹，猶言天下也。陟禹之迹，意即君臨天下也。㊿方行天下至于海表　方，旁也，普也。表，外也。(51)以覲文王之耿光以揚武王之大烈　覲，〈釋詁〉云：見也。即顯現、表彰也。耿，明也。耿光同義詞。揚，曾運乾謂：續也。烈，業也。52常人　常，通祥，善也。常人，即善人。53太史司寇蘇公　太史，掌記事之官，周公欲記此事，故再呼之。司寇，官名；主刑罰。蘇公，《左》成十一年傳云：昔周公克商，使諸侯撫封，蘇忿生以溫為司寇。杜注：蘇忿生，周武王司寇也。54式敬爾由獄以長我王國　式，語詞。敬，謹也。《尚書便讀》謂：由，以也；猶用也。長，久也。55茲式有慎以列用中罰　式，用也。有，助詞。列，《禮記・服問》鄭注謂：等比也。中罰，適當之刑罰。

【語　譯】周公如此說：「我鞠躬叩頭，報告大王。」

周公於是勸誡王，以及王左右的常伯、常任、準人、綴衣、虎賁等官員。

周公說：「唉！好啊！凡事能知憂慮就好啊！像古時夏代，他們大夫們都很要強想好，呼籲傑出的人們要尊敬上帝，彼此都能真誠地遵照九德行事。於是才敢告訴他們的君王說：『鞠躬叩頭，你做了君王了。』並且說：『要揣度怎樣任用你的常任官，要揣度怎樣任用常伯之官，也要想想怎樣任用準人之官，能知用人，那就配算是君主了。能奮勉地順著美德去做，量才用官，這樣，在各方面都不會有邪惡不正的官員。』可是夏桀繼位，不遵循以往用人的道理，行為暴虐，所以就沒有了後代。到成湯即位，他能奉行上帝命令，凡事都能從多方面去考慮，考慮也都很適當，從多方面去選拔人才，所選也都能是才俊之士。他儼然地成為天下表率，就是由於他能夠在多方面去審選人才，多方面的才俊都能各得其任。他在都城裏，和都城的人處得非常融洽，在四方各國來說，他的美德也就成為各方模範。

唉！在商王受的時候，他的行為昏暴，國家中都是任刑棄德，同惡相濟的官員，政治上都是邪惡失德的小人。上帝於是懲罰了他，就讓我們西方的周代商而有天下，統治所有的民眾。我們文王、武王，他們了解多方面量用人才的意思，也明顯地見到多方面任用人才的道理，虔敬地侍奉上帝，為民眾設立各長官。所設立的官員是：仕人、準夫、牧（常伯）為三卿。虎賁、綴衣、趣馬、小尹，左右攜僕，和各種管理財物契券的官員。大國諸侯、小國諸侯、藝人、封臣、屬於諸侯的管理財物的官員們。太史、尹伯，及許多辦理經常事務的官員們。司徒、司馬、司空，及亞旅。還有專管夷、微、盧、烝、三亳、阪、尹這些野蠻民族和殷遺民的官員。文王能用心度量，所以他能設立這些常設的主管各種政事的官員，能夠選用傑出而有德行的人。文王不兼管那些瑣碎的事。關於訴訟事件、判案子等事，都順從主事官員們的意見。那些訴訟事件、判案子的事，文王從不敢加以過問。到了武王時代，他完成了文王的事業，不敢廢棄文王的善行，惟敏從文王任賢之法，所以就接受了這偉大的王業。

唉！年輕人，你現在已是王了！從今以後，我們要設立首長，設立普通官員，像準人、牧夫等官員，我們要明白了解他們的優點，這樣才能使他們去辦理各項事務。幫助我們的民眾，使我們那些訴訟事件、審判案件，都能夠公平適當。對於專門方面的事，不要代有關官員去處理，甚至一字一句都不要說。那我們周朝才會有品德優秀的人才，來治理我們所接受於天的老百姓。

唉！我且把前人的善言來勸告你。年輕人，你已是王了！從今以後，你這先王的子孫，可不要顧慮那些訴訟事件，以及判案子的事件，那些事都要聽法官的。從前代商朝人，到我周朝文王武王，設立首長，設立一般官員，像牧夫、準人等，他們都能慎審人才，繼而選拔人才，才能使有才者在位，各稱其職。如果不建立任官標準，那所用必然是些陰險諂佞的人，他們都不遵循美德去做，那天子就不能顯耀於當代了。從今以後設立官員，可不要用那些陰險諂佞小人，只有用善良的人，他們才會勉力地輔助我們的國家。

先王的子孫，你這年輕人，我的君王。可不要干預司法啊，那些都是主管官員的責任。你要謹慎地發展武備，才能真正地做天子，然後君臨天下，要走到每一角落，一直到達海外，使無人不服從你。用以表彰文王的光輝，和繼續武王的偉大功業。唉！從今以後，設立官員，可要唯才是用啊！」

周公如此說：「太史！司寇蘇公！要謹慎地來處理訟獄之事，俾使我們國運長久。對於刑罰之事要特別謹慎，要用比較適當的刑罰。」

顧命

【題解】〈書序〉云：「成王將崩，命召公、畢公率諸侯相康王，作〈顧命〉。」是〈顧命〉乃成王臨終之遺言也。鄭玄謂：「迴首曰顧，顧是將去之意。此言臨終之命曰顧命，言臨死將去，迴顧而為語也。」

然《史記・周本紀》云：「成王將崩，懼太子釗之不任，乃命召公、畢公率諸侯以相太子而立之。成王既崩，二公率諸侯以相太子而立之。成王既崩，二公率諸侯，以太子釗見於先王廟，申告以文王、武王所以為王業之不易，務在節儉，無多欲，以篤信臨之，作〈顧命〉。」則〈顧命〉非成王之遺言矣。

按：伏生以〈顧命〉及〈康王之誥〉為二篇，歐陽及大小夏侯本，則合〈顧命〉與〈康王之誥〉為一篇。馬融、鄭玄、王肅各家之本，亦皆作兩篇：自「無壞我高祖寡命」以上為〈顧命〉；「若曰」以下為〈康王之誥〉。《史記・周本紀》云：「太子釗立，是為康王。康王即位，徧告諸侯，宣告以文武之業以申之，作〈康王之誥〉。」是史公亦從此處分篇也。《偽孔傳》本則自「諸侯出廟門俟」以上為〈顧命〉；「王出在應門之內」以下為〈康王之誥〉。然此文明為康王答太保辭，截此分篇，似嫌割裂。不如說為同篇異序也，茲則合為一篇。

本篇乃成王臨終時之命令，及成王沒後之喪禮，與康王即位時之儀節。

惟四月，哉生魄❶，王不懌❷。甲子❸，王乃洮頮水，相被冕服，憑玉几❹。乃同召太保奭、芮伯、彤伯、畢公、衛侯、毛公、師氏、虎臣、百尹、御事❺。王曰：「嗚呼！疾大漸，惟幾；病日臻，既彌留，恐不獲誓言嗣，茲予審訓命汝❻。昔君文王、武王，宣重光，奠麗陳教則肄❼；肄不違，用克達殷集大命❽。在後之侗❾，敬迓天威❿，嗣守文武大訓，無敢昏逾⓫。今天降疾，殆，弗興弗悟⓬；爾尚明時朕言，用敬保元子釗，弘濟于艱難⓭，柔遠能邇，安勸小大庶邦⓮。思夫人自亂于威儀，爾無以釗冒貢于非幾⓯。」

茲既受命還⓰，出綴衣于庭⓱。越翼日乙丑，王崩。

太保命仲桓、南宮毛俾爰齊侯呂伋，以二千戈，虎賁百人，逆子釗於南門之外⓲。延入翼室，恤宅宗⓳。丁卯，命作冊度⓴。越七日癸酉，伯相命士須材㉑。

狄設黼扆、綴衣㉒。牖間南嚮，敷重篾席、黼純；華玉仍几㉓。西序東嚮，敷重厎席、綴純，文貝仍几㉔。東序西嚮，敷重豐席、畫純，彫玉仍几㉕。西夾南嚮，敷重筍席、玄紛純，漆仍几㉖。

越玉五重：陳寶、赤刀，大訓、弘璧，琬、琰，在西序；大玉、夷玉，天球、河圖，在東序㉗，胤之舞衣，大貝、鼖鼓，在西房，兌之戈、和之弓、垂之竹矢，在東房㉘。大輅在賓階面，綴輅在阼階面㉙，先輅在左塾之前，次輅在右塾之前㉚。

二人雀弁執惠，立于畢門之內㉛。四人綦弁，執戈上刃，夾兩階戺㉜。一人冕執劉，立于東堂㉝。一人冕執鉞，立于西堂㉞。一人冕執戣，立于東垂㉟。一人冕執瞿，立于西垂㊱。一人冕執銳，立于側階㊲。

王麻冕黼裳，由賓階隮㊳。卿士邦君，麻冕蟻裳，入即位㊴。太保、太史、太宗，皆麻冕彤裳㊵。太保承介圭，上宗奉同、瑁，由阼階隮㊶。太史秉書，由賓階隮，御王冊命㊷。曰：「皇后憑玉几，道揚末命，命汝嗣訓，臨君周邦，率循大卞，燮和天下，用答揚文武之光訓㊸。」王再拜，興[44]。答曰：「眇眇予末小子，其能而亂四方，以敬忌天威[45]？」乃受同、瑁，王三宿，三祭，三咤[46]。上宗曰：「饗。」太保受同，降，盥[47]。以異同，秉璋以酢[48]。授宗人同，拜；王答拜[49]。太保受同，祭、嚌、宅[50]。授宗人同，拜；王答拜。太保降，收。諸侯出廟門俟[51]。

王出在應門之內[52]。太保率西方諸侯，入應門左；畢公率東方諸侯，入應門右；皆布乘黃朱[53]。賓稱奉圭兼幣[54]，曰：「一二臣衛，敢執壤奠[55]。」皆再拜稽首。王義嗣德[56]，答拜。太保暨芮伯，咸進，相揖，皆再拜稽首[57]。曰：「敢敬告天子，皇天改大邦殷[58]之命，惟周文武，誕受羑若，克恤西土[59]。惟新陟王，畢協賞罰，戡定厥功，用敷遺後人休[60]。今王敬之哉！張皇六師！無壞我高祖寡命[61]。」

王若曰：「庶邦侯、甸、男、衛！惟予一人釗報誥[62]：昔君文武，丕平富，不務咎，厎至齊[63]，信用昭明于天下。則亦有熊羆之士、不二心之臣，保乂王家，用端[64]命于上帝，皇天用訓[65]厥道，付畀四方[66]。乃命建侯樹屏，在我後之人67。今予一二伯父，尚胥暨顧68，綏爾先公之臣服于先王69。雖爾身在外，乃心罔不在王室，用奉恤厥若，無遺鞠子羞70。」

群公既皆聽命，相揖趨出。王釋冕71，反，喪服72。

【注釋】❶哉生魄　謂月光始生也，指月初言（詳見〈康誥〉注❶）。❷懌　〈律曆志〉引〈顧命〉作豫，悅也。此謂成王有病，所以不悅也。❸甲子　劉歆《三統曆》以為乃成王三十年四月十五日。❹王乃洮頮水相被冕服憑玉几　洮，洮髮也。頮，乃沫之古文，《說文》云：「洒（洗）面也。」洮頮水，謂以水淨身也。相，鄭玄云：正王服位之臣，謂太僕也。被，披也；即加其身也。冕，袞冕也；袞冕之服，衣五章，裳四章。《正義》云：覲禮：王服袞冕而有玉几。此既憑玉几，明服袞冕也（見《尚書正讀》）。憑，依几也。❺乃同召太保奭芮伯彤伯畢公衛侯毛公師氏虎臣百尹御事　奭，召公名，其時為太保。芮伯，姬姓諸侯，其名未詳。彤伯、姒姓諸侯，其名未詳。畢公，名高；毛公，其名無考；二人皆文王庶子。衛侯，即康叔。師氏，掌兵之官；已見〈牧誓〉。虎臣，孫星衍謂：即虎賁。百尹，尹，正也；乃謂各官之長（參見屈先生《尚書今註今譯》）。御，治也；御事，即眾治事者；卜辭多見，皆作卸史（詳〈大誥〉）。❻疾大漸惟幾病日臻既彌留恐不獲誓言嗣茲予審訓命汝　漸，殷敬順《列子釋文》云：劇也。幾，〈釋詁〉謂：危也。病，《說文》云：「疾加也。」臻，〈釋詁〉謂至也。病日至，病加重也。彌，〈釋言〉謂：終也；彌留，謂已將終而暫留也。誓言嗣，嗣，《群經平議》謂：當作嗣，即籀文辭字。誓言辭，即遺言。審，詳盡也。謂：病情日重，已至彌留，要儘快留下遺言，所以詳盡地訓告你們。❼宣重光奠麗陳教則肄　宣，顯也。重光，《易・離卦》彖辭云：日月麗乎天；又曰：重明以麗乎中正，乃化成天下。此言：文武化成之德，比於日月也。奠，定也。麗，刑也，法也。陳，列也。肄，勞也。❽肆不違用克達殷集大命　違，棄而去之也。達，當讀為撻，即古撻字，猶云撻伐也（參見《說文》）。集，就也、成也。大命，即天命，猶國運。言文武繼世重光，宣昭令德，定法垂教，因克撻伐殷邦，承受天命。以見王業之艱難也。❾在後之侗　侗，僮也；猶言孺子、沖人。《論語》孔注謂：侗，未成器之人也。此乃成王自稱，言文武既歿，愚稚如予也。❿敬迓天威　敬，謹也。迓，迎也。謂：慎謹地接受老天的考驗。⓫嗣守文武大訓無敢昏逾　嗣，繼也。守，遵守。昏，讀為泯，蔑也；謂怠忽也。逾，于省吾謂：當讀為渝，變也。⓬今天降疾殆弗興弗悟　天降疾，謂天使其病也。殆，〈釋詁〉謂：危也。興，〈釋言〉謂：起也。悟，讀為寤，覺也；猶言清醒。謂：這場病，危險得很，怕是一病不起，不再清醒了。⓭爾尚明時朕言用敬保元子釗弘濟于艱難　尚，乃希冀之詞。明，勉也。時，是也。元子，太子也。釗，康王名。弘，大也。濟，渡也。⓮柔遠能邇安勸小大庶邦　柔遠能邇，謂：安定遠方，猶如安定近處（參見〈堯典〉注126）。安，屈先生謂：語詞。勸，《廣雅》謂：教也。安勉也。庶，眾也。⓯思夫人自亂于威儀爾無以釗冒貢于非幾　思，語詞。夫人，猶凡人。亂，治也；即整飭。謂人人皆當整飭威儀，奮發自勵也。冒，《說文》云：「冢而前也。」引申而有觸義。貢，馬融、鄭玄、王肅皆作贛。馬融謂：「陷也。」非幾，《尚書故》謂：非法也。⓰茲既受命還　謂官員們接受遺言後即退出。⓱出綴衣于庭　出，搬出也。綴，《大戴禮記》盧注云：飾也；即繪繡也。綴衣，即龍袞，即上文所被之冕服。出衣于庭者，供朝臣瞻拜也。⓲太保命仲桓南宮毛俾爰齊侯呂伋以二干戈虎賁百人逆子釗於南門之外　太保，即召公君奭。仲桓、南宮毛，二臣名。俾，使也。爰，與援同，引也。齊侯呂伋者，齊太公子，丁公也。二干戈，仲桓、南宮毛各執一干一戈也。虎賁，虎士也。逆，迎也。南門，曾運乾謂：皋門也。天子五門，皋門最南，故曰南門。江聲謂：王既崩，世子猶在外。世子蓋以王未疾時，奉使而出，比反而王崩。憂危之際，故以兵迎之于南門外云。按：據上文，王命群臣時，太子實不在左右也。是江說可信。⓳延入翼室恤宅宗　延，〈釋詁〉謂：進也。翼室，江聲謂：路寢旁室也。翼乃左右兩旁之名，此蓋東翼室也。恤，憂也。宅，居也。

宗，主也。謂：太子進入左寢房，憂戚地主持喪事。⑳命作冊度　作冊，官名。度，審議也。謂命冊祝之官制定喪儀之法則也。㉑伯相命士須材　伯相，蓋畢公也。時召公與畢公為左右二伯。召公為太保，則此伯相當為畢公也。孫星衍則謂：相王室之二伯；蓋謂召公及畢公。須，孫星衍謂需也。材，即下文禮器几席半輅戈鉞之類。㉒狄設黼扆綴衣　曾運乾謂：「狄，向來諸家皆據祭統言翟者樂吏之賤者以釋之。然喪大紀狄人設階，狄人出壺，及此文設黼扆綴衣，皆與樂事無涉。疑此所謂狄，即《周官》守祧之職。守祧注：故書祧作濯。翟與狄通，故夷狄亦作夷翟，翟服亦稱狄服，守祧亦作狄人矣。《周禮》守祧，掌守先王先公之廟祧，其遺衣服藏焉。此設黼扆，正在廟中。陳綴衣，正先王遺衣服也。黼衣者，黼與斧通。扆與依通。《禮．明堂位》注云：斧依，為斧文屏風於戶牖之間。按《爾雅》斧謂之黼，戶牖之間謂之扆。綴衣，龍袞也。設綴衣者，意猶中庸設其裳衣，事死如事生也。」又〈考工記〉云：白與黑謂之黼。《說文》云：戶牖之間謂之扆。是此乃謂：守祧狄人，於戶牖之間陳設了屏風。㉓牖間南嚮敷重篾席黼純華玉仍几　牖間，戶牖之間。嚮，與向同。敷，謂布置。重，雙層也。篾席，竹皮所製之席。黼，斧文也，或黑白相間也。純，緣也，即邊緣。華玉，五色玉。仍几，因仍生時所用之几。㉔西序東嚮敷重厎席綴純文貝仍几　序，堂上東西墻謂之序；在西者謂西序，在東者謂東序。厎席，細緻之竹席（參見孫星衍《尚書今古文注疏》）。綴，為畫飾也。文貝，貝之有花紋者。㉕豐席畫純彫玉仍几　豐席，刮光洗刷之竹席。畫，謂繪為雲氣。彫玉，即彫有花紋之玉。㉖西夾南嚮敷重筍席玄紛純漆仍几　西夾，西房西堂之間也。筍，鄭康成謂：析竹青皮也。玄紛純，以玄組為之緣也。漆，髹漆也。㉗越玉五重陳寶赤刀大訓弘璧琬琰在西序大玉夷玉天球河圖在東序　王氏〈顧命考〉云：「以下記陳宗器。」越，與粵通；語詞。王國維〈陳寶說〉以為：非一玉，故曰重。蓋陳寶、赤刀為一重，大訓、弘璧為一重，琬、琰為一重，大玉、夷玉為一重，天球、河圖為一重，合為五重。陳寶，玉器名。〈陳寶說〉以為其質在玉石之間。赤刀，蓋塗朱之玉刀。大訓，蓋玉上刻有先王訓戒之辭者。弘璧，大璧。琬，圓頂圭。琰，尖頂圭。鄭玄謂：大玉，華山之球；夷玉，東北所產之美玉；天球，雍州所貢之玉如天色者。河圖，疑自然成文之玉石，出於黃河者。㉘胤之舞衣大貝鼖鼓在西房兌之戈和之弓垂之竹矢在東房　胤，及下文之兌、和、垂，皆人名（鄭玄說）。胤之舞衣，謂胤所做之舞衣。大貝，大如車輪之貝。鼖，大鼓也。房，室兩旁之房。㉙大輅在賓階面綴輅在阼階面　輅，一作路，鄭康成謂大輅，玉輅；即以玉為飾之車。賓階，賓所升之階，即西階。面，前也。綴輅，或作贅輅；蔡沈謂：金輅也；即以金為飾之車。阼階，主人所升之階，即東階。㉚先輅在左塾之前次輅在右塾之前　先輅，鄭康成謂象輅，即以象骨為飾之車。塾，鄭康成云：門側之堂謂之塾，謂在路門內之西。左塾之前，謂畢門內之西。次輅，木輅也；即木質無飾之車。右塾之前，謂畢門內之東。㉛二人雀弁執惠立于畢門之內　王氏〈顧命考〉云：「以下記設兵衛。」雀弁，鄭玄謂：赤黑曰雀，言如爵頭色也。雀弁制如冕，黑色但無藻耳。即赤黑色似冕而無藻旒之冠。惠，鄭玄謂：狀蓋斜刃，宜芟刈。曾運乾謂：三隅矛。畢門，《尚書故》引姚鼐說謂：廟之內門，即祭門。㉜四人綦弁執戈上刃夾兩階戺　綦，青黑色。上刃，蔡沈謂刃向外。夾，謂夾階戺而立。戺，程瑤田謂：夾階之斜石。㉝一人冕執劉立于東堂　劉，鉞屬；尖銳之斧。東堂，東序之東。㉞一人冕執鉞立于西堂　鉞，《說文》云：「大斧也。」西堂，西序之西。㉟一人冕執戣立于東垂　戣，鄭玄謂：三鋒矛也。垂，堂側邊謂之垂。㊱一人冕執瞿立于西垂　瞿，亦三鋒矛。西垂，堂西側邊。㊲一人冕執銳立于側階　銳，《說文》作鈗，矛屬。側階，屈先生謂：東房後北向之階。㊳王麻冕黼裳由賓階隮　王氏〈顧命考〉云：「以下記冊命事。」麻冕，以最細之布所作之冕。裳，下衣也。黼裳，繡有黑白相間花紋之下裳。隮，與躋同，升也。㊴卿士邦君麻冕蟻裳入即位　卿士，指公卿大夫言。邦君，謂諸侯。玄色裳。入即位，鄭玄謂：卿西面，諸侯北面。按：即各就各位。因卿士等皆侍於中庭，故不言升也。㊵太保太史太宗皆麻冕彤裳　太保，即相伯，召公為之。太史，史官。太宗，即大宗伯；司禮之官。彤裳，絳色裳。㊶太保承介圭上宗奉同瑁由阼階隮　承，奉也。介圭，即大圭。上宗，即太宗。同，鄭玄謂：酒杯。瑁，指杯蓋。阼階隮，王氏〈顧命考〉謂：太保攝主（代理主人），故自阼階（東階）升。㊷太史秉書由賓階隮御王冊命　秉，執也。書，冊書也。御，訝（即迓）也；迎也。御王冊命，謂迎王而以顧命冊書授之也。㊸曰皇后憑玉几道揚末命命汝嗣訓臨君周邦率循大卞燮和天下用答揚文武之光訓　曰，謂冊命之辭。皇，大也。后，謂君。此指成王言。道，猶言也。揚，謂揚聲。道揚，猶言稱說，布宣也。末命，謂終命，即遺囑。嗣訓，嗣守文武大訓也。率，用也。循，謂遵循。卞，《說文》作弁，王肅云：法也。燮，和也。答，對也。答揚，猶金文屢見之對揚，報答顯揚也。光，顯明也。(44)王再拜興　興，起也。謂王拜了又拜，然後站起。(45)眇眇予末小子其能而亂四方以敬忌天威　眇眇，微小也。末，謂微末。其，《尚書故》引戴鈞衡說謂：豈也。而，《經傳釋詞》猶以也。亂，治也。敬忌，猶敬畏也。敬畏天威者，謂不敢承擔大任也。以上為王答命書之詞。(46)乃受同瑁王三宿三祭三咤　乃受同瑁，謂王受同於太宗也。蓋太保獻王酒，而由太宗授王。瑁，當為衍文（以上本王氏〈顧命考〉）。宿，讀為肅，〈釋詁〉謂：進也。祭，謂祭酒至地也。咤，鄭玄謂：卻行曰咤。謂王徐行前三次祭，又三卻復本位也。(47)上宗曰饗太保受同降盥　饗，本飲食也；此乃上宗侑王之辭，呼王飲酒也。受同，接王饗酒之同。降，謂下堂。盥，謂洗手。(48)以異同秉璋以酢　以異同，謂用另一杯子。秉，持也。璋，半圭；此指瓚（即同）柄而言。按：王氏〈顧命考〉謂：主人獻酒於賓曰獻，賓酌酒回敬主人曰酢。惟主人獻尊者酒，則不敢受尊者之酢，乃酌以自酢。故此言太保酌酒自酢。(49)授宗人同拜王答拜　宗人，佐大宗伯者，授宗人同，言太保以酢酒之同授予宗人。拜，謂拜王也。王回拜之。(50)太保受同祭嚌宅　太保受同，謂太保接受宗人所予之同。嚌，鄭注〈雜記〉云：嘗也。宅，咤之叚借字，卻行也。(51)太保降收諸侯出廟門俟　太保降，謂太保自堂上下來也。由是知太保自酢在堂上也。不言王與太宗、太史降者，略也。收，撤也；謂撤去各種陳設。俟，謂俟後命也。（《偽古文》本〈顧命〉止此。以下謂為〈康王之誥〉。曾運乾謂：上文云諸侯出廟門，下文云王出在應門之內，文意相接，不能分為異篇也。按：曾說是也。）(52)王出在應門之內　出，謂出廟門。應門，乃天子五門之一；周制，天子五門：其外為皐門，次為庫門，次為雉門，內為應門，最內為路門。《尚書故》云：「諸侯出廟，在應門外；王出廟，在應門內。」此云王出在應門之內，則出廟門而西，正當正朝之位，即兩階之間也。上云諸侯出廟門，則知王亦出朝門；此云王出在應門之內，則知諸侯出廟門為在應門之外也。以上行事在廟，以下行事在朝矣。(53)太保率西方諸侯入應門左畢公率東方諸侯入應門右皆布乘黃朱　曾運乾謂：「太保率西方諸侯，畢公率東方諸侯者；《公羊傳》云：自陝以東，周公主之；自陝以西，召公主之。是時周公既沒，畢公分釐東郊。則召公為西伯；畢公為東伯，分率諸侯。西方諸侯入門而左；東方諸侯入門而右者，各從其方也。」布，《廣雅・釋詁》謂：列也。乘，四馬也。黃朱，謂朱鬣之黃馬。(54)賓稱奉圭兼幣　賓，諸侯也。稱奉，猶言舉獻。幣，謂：玉、馬、皮、帛等物（參《周禮・小行人》）。(55)一二臣衛敢執壤奠　臣衛，謂蕃衛也。奠，謂禮獻也。壤奠，謂土壤所產也，猶言土貢。(56)王義嗣德　義，宜也。宜嗣，冢子宜為嗣者。《左傳》襄公十四年云：「君，義嗣也，誰敢奸君。」正用此文。此謂康王宜為嗣也。(57)太保暨芮伯咸進相揖皆再拜稽首　暨，與也。咸，皆也。進，謂前進。相揖，謂二人對揖。皆，謂二人都拜王也。(58)大邦殷　周初以之稱殷常如此。(59)誕受羑若克恤西土　誕、若皆語詞。羑，《說文》云：「進善也。」或作誘，謂受天之命也。恤，憂也，即顧念。西土，指周言。(60)惟新陟王畢協賞罰戡定厥功用敷遺後人休　陟，升也；新陟王，指成王。畢，盡也。協，和也。畢協，謂宜得，指賞罰言。戡，克也。敷，普也。休同庥；福祥。(61)張皇六師無壞我高祖寡命　皇，大也；張皇，謂張大、整齊也。六師，即六軍。壞，毀壞也。高祖，謂文王。寡，曾運乾謂大也；寡命，即大命（馬融、鄭玄等謂以上為〈顧命〉。自下文「王若曰」起為〈康王之誥〉。曾運乾謂：自「王若曰」以下，明為康王答太保辭，截此分篇，仍嫌割裂。不如說為同篇異序也。按：曾說是也）。(62)報誥　報，《周禮》鄭注云：復之言報也。誥，告也，上告下用誥。(63)丕平富不務咎厎至齊　丕，〈釋詁〉謂：大也。平，〈釋詁〉謂：成也。富，《說文》云：「備也。」丕平富，謂大成備也，即事業大成，王業周備也。咎，過也；意謂責罰。不務咎，猶《孟子》所謂省刑罰也。厎，〈釋詁〉謂：致也。齊，〈釋言〉謂：中也。厎至中，謂達於中正也。此謂：文武為政，一切周備，且寬猛得宜，止於至中也。(64)端　《說文》云：「直也。」即正也。(65)訓　順也。(66)付畀四方　付畀，並與也；乃同義連緜詞。四方，猶言天下。(67)乃命建侯樹屏在我後之人　建侯，謂封建諸侯。屏，蔽也；樹屏，謂樹立屏藩也。在，《經義述聞》謂：相顧在也。即照顧我們後人也。(68)尚胥暨顧　尚，庶幾也。胥，相也。暨，與也。顧，念也。謂：希望能相與照顧我。69綏爾先公之臣服于先王　綏，讀為綏，繼也。謂：繼爾先祖之臣服於先王也。70用奉恤厥若無遺鞠子羞　奉，行也。恤，屈先生謂：慎也。若，善也。鞠，〈釋言〉謂：稺也。稺子，乃康王自謙之辭。意謂：慎行其善，無遺我羞愧也。71釋冕　釋吉服也。72反喪服　此處依曾運乾句讀。彼謂：反，反於路寢之翼室也。受顧命於廟，見諸侯於朝，成服於殯宮。天子七日而殯，諸侯五日而殯，大夫士三日而殯，殯之明日成服。士四日而成服，天子八日而成服。癸酉成王崩後八日，故云反喪服。《白虎通》無反字，非也。

【語譯】這一年四月初，成王得病。甲子這天，王梳洗畢，侍奉官員們給王戴上冠冕，披上朝服，讓王靠著嵌玉的矮几。於是召來太保奭、芮伯、彤伯、畢公、衛侯、毛公、師氏、虎臣，和各單位首長以及有關官員人等。王說：「唉！我的病很危險，情況一天天地嚴重，好像已到了生命的盡頭，再遲點恐怕連遺囑都不能留了，所以現在我要詳盡地訓告你們。以往的君主文王武王，曾顯揚了其日月之光輝、制定法律，宣布教化，非常辛苦；雖然辛苦，但不逃避責任，因而滅了殷商而有天下。後來幼稚無知的我繼位，謹慎地迎接老天的懲罰，繼續遵守文王武王的偉大教訓，不敢有所怠忽，更不敢加以改變。現在老天給我這場病，非常危險，怕是不能再好了，你們應當勉遵我的話。謹慎地保護太子釗，渡過這艱難的時刻。安定遠方像安定近處一樣，勉勵那些大大小小的諸侯各國。希望人人都要奮發自勵，千萬不要使釗觸犯刑罰，陷入不法之境。」

官員們接受遺囑後退出，便把王的朝服搬出到庭院中來，供朝臣瞻拜。到了第二天乙丑，王就駕崩了。

召公於是命令仲桓和南宮毛二人，要他倆引導齊侯呂伋，各執干戈，和衛隊一百人，到南門外去迎接太子釗入朝。太子進入了左邊的寢房，憂愁地主持喪事。到了丁卯這天，命作冊官員訂定了喪禮的規則。又過了七天到癸酉日，輔佐王朝的二位大臣就命令官員們準備好發喪時所需一應各物。

守祧狄人陳設了飾有黑白相間花紋的屏風，和成王的朝服。在朝南的門窗間，鋪設著雙層的篾席，飾以黑白相間花邊；另擺著一個王生前所用的嵌著五色玉的矮几。靠西牆朝東，鋪設著雙層細緻的竹席，以雜色緣邊；另有嵌著花貝殼的矮几，也是王生前所用的。靠東牆朝西，鋪設著雙層光滑的豐席，畫著雲彩形的花邊；另外也擺一個王生前所用的嵌著彫花玉的矮几。在西邊的夾室中朝南，鋪設著雙層的筍席，邊緣是用黑青色的絲繩綴成的；另有王生前所用的髹漆的矮几。

陳設的玉器有五組：陳寶、赤刀，大訓、大璧，琬、琰，陳設在西廂房；大玉、夷玉、天球、河圖，陳設在東廂房。胤所作的舞衣，大貝殼、大鼓，陳設在西邊房中。兌所作的戈和所作的弓、垂所作的竹箭，陳設在東邊房中。大輅車安放在賓客所用的臺階前，綴輅車安放在主人所用的臺階前，先輅車放在左塾前面，次輅車放在右塾前面。

兩個人戴著紅黑色的帽子，拿著兵器站在畢門裏面。四個人戴著青黑色的帽子，拿著戈，戈刃向外，站在兩個臺階斜石的兩邊。一個人戴著冕，拿著劉，站在堂的東邊。一個人戴著冕，拿著鉞，站在堂的西邊，一個人戴著冕，拿著戣，站在東廂房的外邊。一個人戴著冕，拿著瞿，站在西廂房的外邊。還有一個人戴著冕，拿著銳，站在東房後朝北的臺階上。

王戴著麻冕，穿著繡有黑白相間花紋的下裳，從西邊的賓階上來。卿士和各國的國君們，戴著麻冕，穿著青黑色的下裳，進入庭院，各人依次站定。太保、太史、太宗等人，也都戴著麻冕，穿著絳色的下裳。太保捧著大圭，上宗捧著有蓋的酒杯，從主人的臺階走上來。太史拿著冊命天子的冊書，從西邊賓階走上來，迎著康王，宣讀冊命的文辭說：「偉大的君王，他曾靠著嵌玉的几子，宣布他的遺囑，命令你繼承先王們的教訓，來做周朝的君王；你要遵循法度，使天下人民都能和政府合作，以報答顯揚文王武王那光明的教訓。」王拜了又拜，站起來說：「渺小如我的年輕人，怎能治理天下，承擔大任呢？」他於是接過酒杯，前進三次，祭了三次，又退回來三次。上宗喊道：「請王喝酒。」然後太保把酒杯接過來，走下堂去。洗過手，用另外一個杯子，斟滿酒，喝了一口，又把酒杯交給宗人。對王拜了一拜，王也回一拜。太保又從宗人手中接過杯子，上前祭祀，嘗了酒，然後退回來，把杯子給了宗人。拜了王，王又回拜。太保就走下堂來，所有陳設就此撤去。諸侯卿士們也都走出廟門等待。

王走出祖廟，來到了朝堂的應門邊。太保領導著西方諸侯，進入朝堂應門的左邊；畢公領著東方諸侯，進入朝堂應門的右邊；他們都帶著四匹紅鬃黃馬。諸侯代表獻上大圭和幣帛等禮品說：「我們這些王朝護衛的臣下，膽敢奉獻點土產。」獻畢，都對王下拜叩頭。王感謝他們的擁戴，就接受了他們的獻禮，並加回拜。太保及芮伯都走向前來，相互作了揖，對王下拜，又叩頭說：「我們敢敬謹地報告天子，偉大的老天，革了殷命，我們的文王武王受老天的感召，處處都為我們西方各國著想。新崩的成王，對於賞罰也能處理得公平恰當，緊守著文武的功業，因此給後代帶來無盡的幸福。現在君王你要謹慎啊！要振興國家的六軍，不要毀壞了我們高祖的偉大天命。」

王如此說：「諸位侯、甸、男、衛等國君主們！我釗來告訴各位：像前代君主文王武王，事業大成，王業周備，一切皆能恰到好處，因而信譽昭明於天下。再加上像熊羆似的武官，以及忠貞不二的眾官員們，保護著國家，因而端正了上帝所給的國運，老天也就順著正道，把天下給了我們。於是先王就命令封建諸侯，樹立屏藩，來照顧我們後人。現在，我的伯父們，希望你們能好好照顧我，就像令先祖們服於先王一般。雖然你們身在外地，可是你們的心沒有不在王朝的。要謹慎地實行美德，不要給我這年輕人留下羞辱的事情。」

諸侯們都聽到了王的命令，相互作了個揖，就快步退出。王於是脫下冕服，回到殯宮，服喪服。

費誓

【題解】費，一作肸，一作鮮，一作獮，一作粊；地名。在今山東費縣境。

本篇乃魯僖公將伐淮夷，誓師於費而作，故曰〈費誓〉。〈書序〉及《史記・魯世家》，皆謂本篇乃伯禽伐淮夷時之誓辭。然由文體及史事證之，知其非是。詳參余永梁〈粊誓的時代考〉，及楊筠如《尚書覈詁》。屈先生謂：以〈魯頌〉、《左傳》及金文考之，此事當在魯僖公十六年十二月。

公曰：「嗟！人無譁，聽命！徂茲淮夷徐戎並興❶，善敹乃甲冑，敿乃干，無敢不弔❷。備乃弓矢，鍛乃戈矛，礪❸乃鋒刃，無敢不善。今惟淫舍牿牛馬，杜乃擭，敜乃穽，無敢傷牿❹。牿之傷，汝則有常刑❺。

馬牛其風，臣妾逋逃，無敢越逐❻；祗復之，我商賚爾❼。乃越逐不復，汝則有常刑。

無敢寇攘❽：踰垣牆，竊馬牛，誘臣妾，汝則有常刑。

甲戌⑨，我惟征徐戎。峙乃糗糧，無敢不逮⑩，汝則有大刑。魯人三郊三遂，峙乃楨榦⑪；甲戌，我惟築⑫。無敢不供；汝則有無餘刑，非殺⑬。魯人三郊三遂，峙乃芻茭⑭，無敢不多；汝則有大刑。」

【注釋】❶徂茲淮夷徐戎並興　徂，于省吾謂：即金文習見之虘或叡，語詞。淮夷，淮水下游一帶之夷人。徐戎，古徐州一帶之戎人。興，起也；起而作亂。❷善敹乃甲胄敿乃干無敢不弔　敹，《說文》云：「擇也。」乃，汝也。甲，衣也。胄，兜鍪也，即頭盔。敿，《說文》云：「繫連也。《周書》曰：敿乃干，讀若矯。」干，盾也；即擋箭牌。弔，善也。《史記・魯世家》正作善。❸礪　磨也。❹今惟淫舍牿牛馬杜乃擭斂乃穽無敢傷牿　淫，〈釋詁〉謂：大也。舍，〈釋詁〉謂：放置也。牿，《說文》云：「牛馬牢也。《周書》曰：今惟牿牛馬。」今惟淫舍牿牛馬，乃謂統統放出牢欄中之牛馬也。杜，《說文》作𢾅，閉也，讀若杜。擭，屈先生謂：捕野獸之機械。斂，《說文》云：「塞也。」穽，《說文》作阱，〈重文〉云：阱陷也。❺常刑　經常之刑，乃警之也。❻馬牛其風臣妾逋逃無敢越逐　風，猶《左傳》僖公四年云「惟是風馬牛不相及也」之風；服虔注云：「風，放也。牝牡相誘謂之風。」此乃謂馬牛因牝牡相誘而走失也。臣，男僕之賤者；妾，女僕之賤者。逋，逃也。越，逾也。逐，追也。❼祗復之我商賚爾　祗，只也，語詞。復，白也；即報告。商，《尚書便讀》訓為賞。按金文多如此用。賚，〈釋詁〉謂：賜也。❽無敢寇攘　寇，劫掠也；鄭玄謂強取曰寇。攘，有因而盜曰攘（《論語》周氏注）；即俗所謂順手牽羊也。❾甲戌　以曆法推之，當為魯僖公十六年十二月二日。❿峙乃糗糧無敢不逮　峙，當作庤，具也。糗，《說文》云：「熬米麥也。」此乃指煮熟後並經曬乾之米麥，旅行征戰所帶之食物。逮，及也。不逮，意謂不能及時供應。⓫三郊三遂峙乃楨榦　郊，〈釋地〉謂：邑外謂之郊。遂，〈王制〉鄭注云：遠郊之外曰遂。三郊三遂，當指魯東西南三面之郊遂言；魯北地遠故不供。峙，當作峙，具也。楨榦，皆築牆所用木版；楨在兩端，榦在兩邊。⓬築　謂築壁壘。⓭無餘刑非殺　《尚書故》引金履祥說，謂除殺之外，無不用之刑。⓮芻茭　芻，《說文》云：「刈草也。」茭，《說文》云：「乾芻也。」二者，皆牛馬之飼料。

【語　譯】魯僖公說：「大家靜下，聽我說！現在淮夷和徐戎聯合造反，好好地選擇你們的馬甲和頭盔，把你們的盾牌連起來，不可有所疏忽。準備好你們的弓箭，鍛鍊好你們的戈矛，還要磨好刀，一切都要作妥善的準備。

現在趕快把牢欄中的牛馬統統放出來，讓牠們自由吃草，收起捕獸的機械，塞起所有的陷阱，不可傷害那些從牢欄中放出的牛馬。

若是傷害了那些牛馬，那你們就會受到懲罰。若是牛馬走失了，男女奴隸逃跑了，不可離開崗位去追趕；只要來報告，我就會賞賜你們。如果你們擅自去追趕而不報告的話，那你們就會受到懲罰。

你們不可以搶劫，也不可以偷竊；像偷爬過人家的牆，偷人家的牛馬，或引誘別人家的男女奴隸，那都要受到應有的懲罰。

甲戌這天，我要去征伐徐戎。先準備好你們出行用的乾糧，誰敢不及時準備好，那就會受到嚴重的懲罰。

魯國東、西、南三面近郊和遠郊的人們，準備好築牆用的木版；甲戌那天，我要修築碉堡。誰敢不及時供應一應物品，那就會受到應有的懲罰，除了被殺之外。

罰。」

魯國三面近郊和遠郊的百姓們，準備好鮮草及乾草，數量要豐富；否則，就會受到嚴重的懲罰。」

呂刑

【題解】《史記・周本紀》云：「甫侯言于王，作修刑辟。」《詩・崧高》箋云：「甫侯相穆王，訓夏贖刑。」故〈書序〉謂：「呂命穆王訓夏贖刑，作〈呂刑〉。」《尚書便讀》云：「呂、甫同音通字。」故或作呂，或作甫。呂，國名。故地在今河南南陽西。本篇乃周穆王誥呂侯之辭。鄭玄謂：甫（呂）侯為穆王相，《偽孔傳》則謂呂侯為穆王司寇。兩說均未詳所本。

惟呂命❶：王享國百年，耄❷。荒度作刑以詰四方❸。王曰：「若古有訓，蚩尤惟始作亂，延及于平民❹；罔不寇賊，鴟義姦宄，奪攘矯虔❺。苗民弗用靈，制以刑❻，惟作五虐之刑曰法，殺戮無辜❼。爰始淫為劓、刵、椓、黥❽。越茲麗刑並制，罔差有辭❾。民興胥漸，泯泯棼棼❿，罔中于信，以覆詛盟⓫。虐威庶戮，方告無辜于上⓬。上帝監民，罔有馨香德，刑發聞惟腥⓭。皇帝哀矜庶戮之不辜，報虐以威，遏絕苗民，無世在下⑭。乃命重黎，絕地天通，罔有降格⑮。群后之逮在下，明明棐常，鰥寡無蓋⑯。皇帝清問下民，鰥寡有辭于苗⑰。德威惟畏，德明惟明⑱。

乃命三后，恤功于民⑲：伯夷降典，折民惟刑⑳；禹平水土，主名山川㉑；稷降播種，農殖嘉穀㉒；三后成功，惟殷㉓于民。士制百姓于刑之中，以教祗德㉔。穆穆在上，明明在下㉕；灼于四方，罔不惟德之勤㉖。故乃明于刑之中，率乂于民棐彝㉗。典獄非訖于威，惟訖于富㉘。敬忌，罔有擇言在身㉙。惟克天德，自作元命，配享在下㉚。」

王曰：「嗟！四方司政典獄。非爾惟作天牧㉛？今爾何監，非時伯夷播刑之迪㉜？其今爾何懲？惟時苗民匪察于獄之麗㉝；罔擇吉人，觀于五刑之中㉞；惟時庶威奪貨，斷制五刑，以亂無辜㉟。上帝不蠲，降咎于苗。苗民無辭于罰，乃絕厥世㊱。」

王曰：「嗚呼！念之哉！伯父、伯兄、仲叔、季弟、幼子、童孫，皆聽朕言，庶有格命[37]。今爾罔不由慰日勤，爾罔或戒不勤[38]。天齊于民，俾我一日；非終惟終，在人[39]。爾尚敬逆天命，以奉我一人[40]。雖畏勿畏，雖休勿休[41]。惟敬五刑，以成三德[42]。一人有慶，兆民賴之，其寧惟永[43]。」

王曰：「吁！來！有邦有土，告爾祥刑[44]。在今爾安百姓，何擇非人？何敬非刑？何度非及[45]？兩造具備，師聽五辭[46]；五辭簡孚，正于五刑[47]；五刑不簡，正于五罰[48]；五罰不服，正于五過[49]；五過之疵，惟官、惟反、惟內、惟貨、惟來[50]，其罪惟均，其審克之[51]。五刑之疑有赦，五罰之疑有赦[52]，其審克之。簡孚有眾，惟貌有稽[53]；無簡不聽，具嚴天威[54]。

墨辟疑赦，其罰百鍰；閱實其罪[55]。劓[56]辟疑赦，其罰惟倍[57]；閱實其罪。剕[58]辟疑赦，其罰倍差[59]；閱實其罪。宮[60]辟疑赦，其罰六百[61]鍰；閱實其罪。大辟[62]疑赦，其罰千鍰；閱實其罪。墨罰之屬千[63]，劓罰之屬千，剕罰之屬五百，宮罰之屬三百，大辟之罰，其屬二百。五刑之屬三千。

上下比罪，無僭亂辭，勿用不行[64]；惟察惟法[65]，其審克之。上刑適輕下服，下刑適重上服，輕重諸罰有權[66]。刑罰世輕世重，惟齊非齊，有倫有要[67]。罰懲非死，人極于病[68]。非佞折獄，惟良折獄，罔非在中[69]。察辭于差，非從惟從[70]。哀敬折獄，明啟刑書胥占，咸庶中正[71]。其刑其罰，其審克之[72]。獄成而孚，輸而孚[73]；其刑上備，有并兩刑[74]。」

王曰：「嗚呼！敬之哉！官伯族姓，朕言多懼[75]。朕敬于刑，有德惟刑[76]。今天相民，作配在下，明清于單辭[77]；民之亂，罔不中聽獄之兩辭；無或私家于獄之兩辭[78]。獄貨非寶，惟府辜功，報以庶尤[79]。永畏惟罰。非天不中，惟人在命[80]。天罰不極庶民，罔有令政在于天下[81]。」

王曰：「嗚呼！嗣孫[82]。今往何監，非德[83]？于民之中，尚明聽之哉[84]！哲人惟刑，無疆之辭，屬于五極，咸中有慶[85]。受王嘉師，監于茲祥刑[86]。」

【注釋】❶惟呂命　鄭康成：「呂侯受王命，入為三公。」此乃命令呂侯說。❷王享國百年耄　王，指穆王；〈周本紀〉云：穆王即位春秋已五十矣。又云：穆王立五十五年崩。是享國百年矣，此乃兼數未即位之年也。耄，〈曲禮〉曰：九十曰耄；言老也。謂王此時年已老矣。❸荒度作刑以詰四方　荒，大也。度，謂度量。此猶〈皋陶謨〉「予荒度土功」是也。詰，猶禁也。乃謂：大大地，慎重地，斟形酌勢，制定刑法，來禁止天下不法之徒。❹若古有訓蚩尤惟始作亂延及于平民　若，與越、粵通，語詞。訓，謂教訓。蚩尤，古苗族酋長，相傳為黃帝所戮（參見《周書・嘗麥解》及《史記・五帝本紀》）。延及，牽連累及也。平民，指一般民眾。❺鴟義姦宄奪攘矯虔　鴟，馬融謂：輕也。王念孫云：「鴟者，冒輕儳，義者，傾衺反側也。」姦宄，即邪亂。攘，鄭康成曰：「有因而盜曰攘。矯虔，謂撓擾。」❻苗民弗用靈制以刑　靈，《禮記・緇衣》引作命。按：靈、令音近相通。令與命通。弗用靈，謂不聽命。制，謂管制，即以刑罰來加以管制。❼惟作五虐之刑曰法殺戮無辜　五虐之刑，謂嚴峻之刑。曰，與越通，與也。辜，罪也。❽爰始淫為劓刵椓黥　爰，於是。淫，〈釋詁〉謂：大也，即過也，即作五種酷刑。劓、刵、椓、黥，鄭本作刵、劓、椓、黥；《說文・攴部》引作：刖、劓、斀、黥。劓，即劓鼻；刵，謂截耳；椓，即宮刑；黥，即墨刑。❾越茲麗刑並制罔差有辭　越茲，於是也。麗，謂罪網。刑，殺也。制，管制也。麗刑並制者，謂既罰金又加刑也；或既加刑，又籍其家也。差，擇也。有辭，有說辭。罔差有辭，謂不問其有說辭否。❿民興胥漸泯泯棼棼　民，指苗民。興，起也。胥，〈釋詁〉謂：相也。漸，猶詐也。亦猶〈盤庚〉篇「暫遇姦宄」之暫。暫，讀若漸。苗民相互欺詐者，《荀子・正論篇》云：「上幽險則下漸詐矣。」泯泯棼棼，紛亂貌。⓫罔中于信以覆詛盟　中，俞曲園謂：與忠通；若讀為仲，則猶合也，義皆可通。覆，反也。詛，謂詛祝。盟，謂盟誓。乃謂：無忠於信者，即於神前之詛盟亦未有不反覆者。⓬虐威庶戮方告無辜于上　虐，謂殘暴。威，謂懲罰。庶，眾也。方，孫星衍謂：與旁通，溥也。辜，罪也。上，謂上天。⓭上帝監民罔有馨香德刑發聞惟腥　監，視也。民，指苗民。馨香德，意謂美德善行。發，舉也。腥，謂腥臊之氣。⓮皇帝哀矜庶戮之不辜報虐以威遏絕苗民無世在下　皇帝，謂上帝。哀矜，即憐憫。不辜，指無罪。報虐以威，謂用懲罰報復暴虐者。遏，《尚書便讀》讀為竭，盡也。絕，殄滅也。世，嗣也。下，謂人間。注⓭⓮意謂：上帝下視苗民，罔有馨香之氣升聞於天，所升聞者惟刑戮之腥氣，上帝哀憐無辜之被戮，乃殄滅苗民，無嗣於後。⓯乃命重黎絕地天通罔有降格　乃命，皇帝命之也。重黎，相傳為顓頊時分司天地之官（見孫星衍《尚書今古文注疏》引）。絕地天通，斷絕天人之交通。降格，神降臨也。⓰群后之逮在下明明棐常鰥寡無蓋　群后之逮在下，猶言逮在下之群后，曾運乾謂高辛及堯舜也。明明，察也。棐，與非通；《墨子・尚賢》篇引作不。蓋，《尚書便讀》讀為害。⓱皇帝清問下民鰥寡有辭于苗　清問，馬融謂清訊也。下民，指苗民以外之民眾言。有辭，有微辭也。⓲德威惟畏德明惟明　德威，指懲罰。畏，謂懼怕。德明，即明德。明，顯揚也。此乃謂：德所威，則人皆畏之，言服罪也。德所明，則人皆尊之，言得人也。⓳乃命三后恤功于民　三后，謂伯夷、禹，及稷。恤，〈釋詁〉謂憂也，即謹慎也。功，指事功。⓴伯夷降典折民惟刑　伯夷，堯臣，見〈堯典〉。降，謂發布。典，謂法典。折，制也，即裁判。㉑禹平水土主名山川　謂禹治平水土後，為山川取了名字。㉒稷降播種農殖嘉穀　稷，堯臣，見〈堯典〉。謂稷教民稼穡，民皆能生產嘉穀。㉓殷　正也。《尚書便讀》謂：此使民正而不邪也。因國有常規，農有定業，生民樂利，故皆正而不邪也。㉔士制百姓于刑之中以教祇德　士，官名；主管獄政。按：皋陶曾為堯、舜之士；〈堯典〉云：皋陶作士。此言三后成功後，士師乃制止百姓於刑之中。制，裁制、裁判也。祇德，敬德也。此猶《論語・為政》篇：「導之以德，齊之以禮」。惟其如此，人民方能敬德謹行。㉕穆穆在上明明在下　穆穆，〈釋訓〉謂：美也。在上，指君長。言君王德馨遠播。明明，黽勉也。在下，指官員人等。㉖灼于四方罔不惟德之勤　灼，光也。謂君王德業光耀於四方也。之，是也。勤，謂奮勉。㉗故乃明于刑之中率乂于民棐彝　刑之中，言中道也。即用法量刑，要力求中道也。率，屈先生謂：用也。乂，〈釋詁〉謂：治也。棐彝，猶上文言「棐常」也；此乃指非法者言。㉘典獄非訖于威惟訖于富　典，敟之初文，《說文》云：「主也。」即掌管。訖，〈釋詁〉謂：迄，止也。威，曾運乾謂：如〈洪範〉威用六極之威。富，曾謂：如〈洪範〉嚮用五福之福。此乃謂：刑獄目的，非為懲罰，乃在於造福也。㉙敬忌罔有擇言在身　敬忌，言外敬而心戒慎也。擇，《經義述聞》讀為斁，敗也；敗言，亂德之言也。㉚惟克天德自作元命配享在下　克，《說文》云：「肩也。」即承擔。自作元命，猶言自求多福也。配享，言配天而享其祿。在下，此指人間。㉛四方司政典獄非爾惟作天牧　四方司政，指四方諸侯。典獄，謂主獄政之官員。天牧，為天治理民眾也。㉜今爾何監非時伯夷播刑之迪　監，屈先生謂取法。時，是也。播，布也。迪，道也。乃謂：今爾何所取法？不就是伯夷所傳布之法嗎？㉝其今爾何懲惟時苗民匪察于獄之麗　懲，戒也。何懲，如何懲戒，即懲戒的依據為何。麗，法也。㉞罔擇吉人觀于五刑之中　吉人，謂善士。觀，諦視也。中讀仲，謂適當。㉟惟時庶威奪貨斷制五刑以亂無辜　庶威，盛為威勢者。奪貨，指廣徵貨賄者。斷制五刑，專斷以五刑也。亂，謂亂罰；猶〈君奭〉篇之亂罰無辜也。㊱上帝不蠲降咎于苗苗民無辭于罰乃絕厥世　蠲，《尚書故》云：猶赦也。鄭康成曰：「天以苗民所行腥臊不潔，故下禍誅之。」無辭于罰，謂無辭以自辭於天也。乃絕厥世，猶上文言「遏絕苗民，無世在下」也。㊲庶有格命　格命，謂降福也，即賜予天下。㊳今爾罔不由慰日勤爾罔或戒不勤　由，《詩傳》云：用也。慰，屈先生謂勉也。日，與聿通，乃語詞。《偽孔傳》本作日。勤，謂奮勉。或，《詩箋》云：或之言有也。戒，讀為誡，勸勉也。謂：現在你們沒有不互相勉勵，你們沒有不相互勸勉的。㊴天齊于民俾我一日非終惟終在人　《後漢書・楊賜傳》，賜上封事曰：「夫善不妄來，災不空發，王者心有所惟，意有所想，雖未形顏色，而五星以之推移，陰陽為其變度，以此而觀天之與人，豈不符哉？《尚書》曰：天齊乎人，假我一日，是其明徵也。」意謂：天意欲整齊我民，必假於君也。非終惟終，在人者：非終，如〈康誥〉言「乃有大罪非終，乃惟眚災適爾」。惟終，如〈康誥〉言「人有小罪非眚，乃惟終，自作不典；式爾」。意猶〈堯典〉之「眚災肆赦，怙終賊刑」。不當終而終，亦在人之本身耳。〈中庸〉有云：天之生物，必因其材而篤，栽者培之，傾者覆之。正係此意。㊵爾尚敬逆天命以奉我一人　意謂：天命如是，爾等庶幾敬迎天命，來擁護我。㊶雖畏勿畏雖休勿休　休，喜也，美也。謂雖有可怕勿怕，雖有可喜勿喜，要保持靈明也。㊷惟敬五刑以成三德　敬，謹也，惟謹刑慎罰，始可成德。此正合明刑所以弼教也。㊸一人有慶兆民賴之其寧惟永　慶，《詩傳》云：善也。兆，鄭玄《禮記・內則》注謂萬億曰兆。賴，利也。寧，安也。惟，猶乃也。永，長久也。㊹有邦有土告爾祥刑　有邦，指畿內諸侯。有土，指畿內有采地之臣。祥，善也。祥刑，即善刑。㊺何擇非人何敬非刑何度非及　三句皆倒，猶言：非人何擇？非刑何敬？非服何度也。謂三者皆宜審慎也。按：度，審議也。及，《古書疑義舉例》謂，及為反之譌。《爾雅・釋詁》謂：服、宜，事也。《史記》正作：何度非其宜。㊻兩造具備師聽五辭　兩造，即兩曹，段注《說文》謂即原告被告雙方。具，俱也。師，士師，即獄官。聽五辭，猶《周禮・小司寇》云：以五聲聽獄訟，求民情，一曰辭聽，二曰色聽，三曰氣聽，四曰耳聽，五曰目聽。即從辭、色、氣、耳、目五方面去求取口供的真實性。㊼五辭簡孚正于五刑　簡，簡核也。孚，《尚書故》謂：驗也。正，定也。定于五刑，即以五刑定其罪。㊽五刑不簡正于五罰　不簡，謂核其罪與五刑不相應。五罰，五等罰金。㊾五罰不服正于五過　不服，謂其罪與五罰仍不相應。五過，謂：可能係於五刑、五罰中有了過失。㊿五過之疵惟官惟反惟內惟貨惟來　疵，瑕也；即毛病。五過之毛病不外乎是：官，仗勢欺人；反，報復恩怨；內，走內線；貨，行受賄賂；來，拜求請託。(51)其罪惟均其審克之　均，等也。審，察也。克，《漢書・刑法志》引作核，當讀為覈，《說文》云：「實也。攷事襾（音亞）笮，邀遮其辭，得實曰覈。」克覈聲相近。審克，猶言察實也。(52)五刑之疑有赦五罰之疑有赦　乃謂：刑疑有赦，正於五罰。罰疑有赦，正於五過也。蓋法皆須有補救之方也。(53)簡孚有眾惟貌有稽　簡，核也。孚，《尚書故》謂：驗也。貌，《史記》作訊。有，以也。稽，本字當為卟，考疑也。簡孚有眾者，謂核於大眾也。(54)無簡不聽具嚴天威　聽，謂受理。具，共也。嚴，謹也。天威，天之懲罰。乃謂：獄以核實為主，無實者不論罪，當謹於懲罰，無輕用刑也。(55)墨辟疑赦其罰百鍰閱實其罪　墨，黥也。辟，罪也。疑赦者，吳闓生《尚書大義》云：謂其罪疑于可赦，故擬罰鍰之數；而更閱實其罪，罪當則仍刑之，疑則罰而赦之也。罰者，金作贖刑也。鍰，古貨幣。閱實，猶言核實也。意乃謂：其罪有可疑時，則赦其肉刑，而易之以罰金，但要核實其罪。❺❻劓 《說文》云：「刖鼻也。」❺❼惟倍 謂倍於墨罰也。❺❽剕 〈釋詁〉謂：刖也。剕，當作䠊，《說文》云：「䠊，跀也。」又曰：「跀，斷足也。」❺❾倍差 謂不及劓罰之倍，意謂三百鍰。❻⓿宮 男子割勢，女子幽閉宮中。❻❶六百 《史記》一作五百。❻❷大辟 死刑也。❻❸墨罰之屬千 意謂墨罰之類凡千種。下文例此。❻❹上下比罪無僭亂辭勿用不行 比，例也。謂罪無正律，則以上下為比例。僭，差也。辭，謂因辭、獄辭也。不行，指已廢之律條。❻❺惟察惟法 察，詳審也。法，謂依法律也。❻❻上刑適輕下服下刑適重上服輕重諸罰有權 蔡沈謂：「事在上刑而情適輕，則服下刑；舜之宥過無大，〈康誥〉所謂大罪非終者是也。事在下刑而情適重，則服上刑。舜之刑故無小，〈康誥〉所謂小罪非眚者是也。若謂罰之輕重，亦皆有權焉。權者，進退推移，以求其輕重之宜也。刑罰世輕世重者。《周官》：刑新國用輕典，刑亂國用重典，刑平國用中典，隨世而為輕重者也。」其說得之。❻❼刑罰世輕世重惟齊非齊有倫有要 世，時也。《後漢書・應劭傳》引此正作時。時輕時重者，《荀子・正論篇》云：「刑稱罪則治，不稱罪則亂。」蓋刑期無刑，其輕重本當因時制宜也。惟齊非齊者，江聲云：「上刑適輕，下刑適重，非齊也。輕重有權，隨時制宜，齊非齊也。」倫，條理也。要，《便讀》謂：猶中也；即中正也。有倫有要，總該上文也。❻❽罰懲非死人極于病 極，猶言困阨也。乃謂：懲罰犯者，雖非至死，而人已困於病矣。❻❾非佞折獄惟良折獄罔非在中 佞，口才辯給者。良，善也；謂善人。中，公正也。乃謂：折獄者，非恃口才辯給，使困窮於辭。惟當大畏民志，使民輸其情，庶公正不偏，無不得中也。❼⓿察辭于差非從惟從 差，參差不齊一也。從，順也。惟，乃也。蓋辭非情實，必有參差矛盾處。聽獄者能察之於差，則不順者亦馴矣。❼❶哀敬折獄明啟刑書胥占咸庶中正 敬，當讀為矜，憐也；即哀憐。折獄，謂審判。胥，相也。占，揣度也。咸，皆也。庶，庶幾也。意謂：要以哀憐之心斷獄，明啟刑書相揣度之，庶幾咸協於中正也。❼❷其刑其罰其審克之 乃謂：刑罰之上下輕重，又當核實之而無忽也。❼❸獄成而孚輸而孚 成，定也。孚，謂得其實情。輸，與成相對為文。王引之謂：輸之言渝也；〈釋言〉謂：

變也。獄辭或有不實，又察其曲直而變更之，後世謂所平反也。(74)其刑上備有并兩刑　其刑上備者，謂輕重同犯，以輕罪并入重罪也。有并兩刑者，兩罪俱發，但科以一罪，不復責其餘，皆取其寬厚之意也。(75)敬之哉官伯族姓朕言多懼　敬，謹也。官伯，謂司政典獄之官。族姓，謂同姓之臣。多懼，謂我言刑多畏懼之辭。(76)有德惟刑　乃謂：惟有德者乃能主獄政。蓋慎刑則人被其德，濫刑則人蒙其禍，故不可不慎也。(77)今天相民作配在下明清于單辭　相，助也，佐也。配，謂配合天意也。單辭，片面之辭，明清，明察也。(78)民之亂罔不中聽獄之兩辭無或私家于獄之兩辭　亂，治也。中聽，以中正之態度聽之。兩辭，兩造之辭。家，屈先生謂：「金文家圂二字形近而誤；圂，亂也。」無或私家于獄之兩辭者，謂不可因偏聽而有所袒，不可因賄賂而有所私也。(79)獄貨非寶惟府辜功報以庶尤　獄貨非寶，謂聽獄受賄不足貴。府，《廣雅》謂：取也。辜功，怨事也，即犯罪之事。報，謂報復。庶尤，眾怨也。(80)非天不中惟人在命　中，均也；在，終也（見〈釋詁〉）。乃謂：天非不均，惟人自終厥命也。(81)天罰不極庶民罔有令政在于天下　天罰，猶言天威天討也。極，至也。令，善也。(82)嗣孫　指後嗣子孫，此乃指呂侯言。(83)今往何監非德　此與上文何擇非人，何敬非刑，何度非及語意同。今往，自今以往也。何監非德者，非德何監也。(84)于民之中尚明聽之哉　于，對於也。中，謂案情。尚，庶幾也。聽，指聽獄。(85)哲人惟刑無疆之辭屬于五極咸中有慶　哲人，指明哲之人。〈吳志．步隲傳〉，隲曰：明德慎罰，哲人維刑，《書傳》所美。正得其旨。疆，竟也。辭，即訟辭。屬，《周禮》鄭玄注謂：猶合也。五極，孫星衍謂：五刑之中也。慶，《詩傳》云：善也。謂惟此哲人，於無竟之訟，能審詳反覆，使合於五刑之中，皆中則有善慶矣。(86)受王嘉師監于茲祥刑　嘉，〈釋詁〉謂：善也。師，〈釋詁〉謂：眾也。監，視也。祥，吉也。乃謂：受王之善眾而治之，要正視哲人之善刑。

【語　譯】命令你呂侯：君王享國已百年有餘，王老了。慎重地斟酌情勢，制作刑法，來禁止天下不法之徒。王說：「古代有這樣的教訓，蚩尤開始作亂，連累到一般民眾；人們相互攻擊殺害，輕慢邪惡，到處作亂，以致搶奪偷竊，紛擾不安。九黎的苗民不服從命令，蚩尤就用刑罰來管制他們，作了五種酷刑，來屠殺無辜。於是制定了劓刑、刵刑、宮刑、墨刑等肉刑。既罰金又加刑，不問你有無說辭，一概罰之。苗民相互欺詐，紛紛擾擾，沒有合乎誠信之道的，以致連在神前禱告的盟誓都不顧。蚩尤殘暴地來殺害大眾，可憐的老百姓都向上天申訴說，他們是無罪而受罰。上帝下視眾民，沒有一點馨香之氣，只有刑戮的腥氣。偉大的上帝憐憫這些受殺害的無辜民眾，就用以暴治暴的手段，絕滅了苗人，使他們斷種絕代。於是命令重和黎二人，斷絕人間和天上的交通，天神就不再降臨。後代之高辛氏及堯舜，都能明察非常，以致孤苦無依的人也都沒有災害了。偉大的皇帝訊明百姓，孤苦無告的人都認為苗人有罪。於是皇帝的德威，人皆畏之，皇帝的明德，民皆尊之。

於是命令三位官員，謹慎於治民事誼：伯夷發布了律典，民眾刑案一律依法行事；禹平定了水土，也順便為山川取了名字；后稷傳授播種方法，農民都種植了穀物。三位官員成功後，民眾也都正直無邪了。法官斷獄，刑期無刑，希冀百姓們都能謹慎於德行。於是在上的君主德馨遠播，在下的官員人等也都能非常奮勉；因而功業光耀天下，無不惟德是勤。所以他們用法量刑，力求公正，用以治理那些不守法的民眾們。刑罰的最終目的，不是為了懲罰民眾，而是以造福民眾為目的。要能敬畏天命，不要敗德亂言。一切依照天意行事，自求多福，自然就會享天命於無窮。」

王說：「唉！你們四方管理行政和主持刑獄的官員們。你們不是替天管理民眾嗎？現在你們所要取法的不就是伯夷所傳布下來的刑法的道理嗎？現在你們要以甚麼作為懲戒的依據呢？就是這些苗民（指君言）不能詳察刑法的精意；不能選擇善良的人，讓他們仔細體會刑罰的精神；只是任用一些暴虐、貪殘的人，死板地以五刑去判案，因而亂罰無罪之人。上帝不能再赦免他們了，就降下了災殃給苗民（之君）。苗民對於上帝的懲罰也無話可說，所以就斷絕了他們的後代。」

王說：「唉！你們要多加考慮啊！伯父、伯兄、仲叔、季弟、年輕的孩子、幼稚的孫子們，你們都要聽我的話，那神靈才會降福給我們。現在你們都能互相勸勉，彼此鼓勵。天意欲整齊人民，必假借我君也。國運若還不應終了而竟終了了，那完全是人為的因素。你們可要謹慎地迎接上天的命令，來擁護我個人。縱然遇到可怕的事也不要怕，雖然逢到可喜的事，也不要太過喜悅。但是對於五刑，卻要謹之慎之，用以成就三種美德。天子如有喜慶，天下人都會因他而得福，國家也因此而可以長治久安。」

王說：「唉！過來！你們各諸侯大臣們，我來把善良的刑法告訴你們。你們要安定民眾，不選擇好官員還選擇甚麼？不謹慎刑法還謹慎甚麼？不作適宜的計劃還計劃甚麼？原被告兩方都齊全了，法官依照辭、色、氣、耳、目五方面來審問口供；口供與事實驗證了，就按照五等刑法來定罪；如犯罪不孚於五刑之罰，那就照章科以罰金；如果罪行與罰金不相應，不能使罪犯心服，那可能是量刑用罰有了過失；五種過失的毛病不外是：依仗權勢、報復恩怨、走內線、行賄賂、受請託，這五種過失的罪是相等的，可要仔細地考核啊。依照五刑所判的罪，如有可疑，則要有赦免的辦法，依照五罰如有可疑者，也要有赦免的辦法，可要仔細考核清楚。要眾皆誠信，只有用審問的方法來考核之；如果沒有辦法可以核實，那就不要受理這案子，我們要共同謹慎於老天的懲罰。

犯了墨刑之罪而有可疑時，可以赦免他，而罰款一百錢；但要核實他的罪過。犯了劓刑罪而有可疑時，可以赦免他，而罰款要比墨刑加倍；也要考核他的罪過。犯剕刑罪而有可疑時，可以赦免他，那罰款要比劓刑一倍差一點；也要核實他的罪過。犯了宮刑罪而有可疑時，也可以赦免，那罰款是六百錢；也要核實他的罪過。犯了死刑而有可疑時，也可赦免，那罰款是一千個錢；也要核實他的罪過。墨罰的種類共有一千條，劓罰的種類也有一千條，剕罰的種類有五百條，宮罰的種類有三百條，死刑之罰的種類有二百條。總計五刑的處罰種類共有三千條。

如遇法律上沒有明文規定的罪，就按照上下的比例來定罪，不要使犯人信口亂說而斷錯了案子；已廢止的法律不可再用，要合法合理，仔細考核清楚。假若犯了重刑而宜於減輕，那就減輕；若犯了輕刑而宜於加重，也可酌情加重；罰之輕重宜慎加衡量。刑罰輕重，要依時依地而不同，該輕則輕，該重則重，隨時制宜，因地制宜，一定要公正而有道理。懲罰縱然不是置人於死地，但受刑者都會為痛苦所困。不要用巧言善辯者審判案件，要用善良之士主審，目的在求得公正。要詳細考察口供的矛盾處，不馴服的人才會服從。要懷著憐憫的心情去審案，要明白地斟酌刑書，那庶幾乎所判的案件才可以得到公正。那對於刑或罰才可考核清楚。案子判定要有實情，如要改變判決，也要有實情；如輕重罪同犯，以輕罪并於重罪，不須科其輕；兩罪俱發，但科一罪，餘不罰。」

王說：「唉！要謹慎啊！眾刑官以及同姓官員們，我的話聽來可怕，乃是我慎重刑罰，只有有德的人才能主持刑罰。現在老天扶助我們，我們要配合上帝意旨，對片面之辭，要細加明察；社會大眾得以治理，在於能公正地聽取雙方供辭；可不要因偏私混亂雙方供辭。接受賄賂可不是好事，那是犯罪的事證，所得是眾人的怨恨。大罰可畏，並非老天不公，是人自尋死路。刑罰若不加諸民，那就難有善良的政治了。」

王說：「唉！後嗣子孫們，從今以後，不取法美德還取法甚麼？對於民眾案件，要明白審判。只有明智之士，方能主持獄政，審判無竟訟辭，要能合乎五刑之道，若皆能中道，那就有福了。接受王朝善良民眾，要正視這善良刑法。」

文侯之命

【題　解】《史記．晉世家》謂：晉文公五年五月丁未，獻俘于周，駟介百乘，徒兵千，天子使王子虎命侯為伯，賜大輅彤弓矢百，旅弓矢千，秬鬯一卣，珪瓚，晉侯三辭，然後稽首受之，因作〈晉文侯命〉。按：此與〈周本紀〉同謂為周襄王錫晉文公重耳之命。然〈書序〉云：「平王錫晉文侯秬鬯圭瓚，作〈文侯之命〉。」是乃周平王錫晉文侯仇之命。證之《左傳》僖公二十八年杜注。〈書序〉之說為是。

本篇乃述周幽王被弒於驪山之下，晉文侯、鄭武公助平王平定亂事，平王因得即位於東都。此乃平王念晉文侯之功，而錫命之辭也。（參見屈先生〈尚書文侯之命著成的時代〉）

王若曰：「父義和❶！丕顯文武❷，克慎明德，昭升于上，敷聞在下❸；惟時❹上帝集厥命于文王，亦惟先正，克左右昭事厥辟❺；越小大謀猷，罔不率從❻。肆先祖懷在位❼。

嗚呼！閔予小子嗣，造天丕愆❽；殄資澤于下民，侵戎，我國家純❾。

即我御事，罔或耆壽俊在厥服，予則罔克⑩。曰惟祖惟父，其伊恤朕躬⑪。嗚呼！有績⑫，予一人永綏⑬在位。父義和！汝克昭⑭乃顯祖；汝肇刑⑮文武，用會紹乃辟，追孝于前文人⑯。汝多修，扞我于艱；若汝，予嘉⑰。」

王曰：「父義和！其歸視爾師⑱，寧爾邦⑲。用賚爾秬鬯一卣；彤弓一，彤矢百；盧弓一，盧矢百⑳；馬四匹。父往哉！柔遠能邇，惠康小民，無荒寧㉑，簡恤爾都，用成爾顯德㉒。」

【注釋】❶父義和　父，《說文》云：「家長率教者。」諸侯之長，故以父稱之。義和，晉文侯名仇字義和。此乃周平王稱呼晉文侯者。❷丕顯文武　丕，《說文》云：「大也。」丕顯，偉大顯赫也。文，文王；武，武王。❸昭升于上敷聞在下　昭，見也。昭升于上，猶《詩‧文王》篇「文王在上，于昭于天」，謂德顯於上天也。敷，普也。聞，聲聞也。下，謂人間。❹惟時　於是也。❺亦惟先正克左右昭事厥辟　先正，鄭康成曰：先正先臣，謂公卿大夫也。即先王諸臣。左右，猶佐佑，即輔佐也。昭，與釗聲同，〈釋詁〉謂勉也。辟，君也。❻越小大謀猷罔不率從　越，與也。猷，謀也；謀猷，同義詞。率，〈釋詁〉謂循也。從，〈樂記〉鄭注云：順也。率從，循順，遵從也。❼肆先祖懷在位　肆，〈釋詁〉謂：故也。懷，安也。所以先祖們都能安然在位。❽閔予小子嗣造天丕愆　閔，猶言可憐。嗣，謂繼承王位。造，同遭。丕，大也。愆，〈釋詁〉謂過也。即災害。❾殄資澤于下民侵戎我國家純　殄，〈釋詁〉謂：絕也。資，財也。澤，《孟子》趙注云：祿也；即財產。下民，指百姓。

侵戎，謂為犬戎所侵。純，讀為屯，難也；即困難。❿即我御事罔或耆壽俊在厥服予則罔克　即，今也。御事，即卜辭常見之卸史，謂治事之臣也。耆壽，指老成人。俊，當讀為金文習見之畯，語詞。服，指職位言。克，能也。予則罔克，謂我就不能勝任了。⓫曰惟祖惟父其伊恤朕躬　曰，與聿通，語詞。祖、父，皆指同姓諸侯言。伊，曾運乾謂：庶也；希冀之詞。恤，憂也。其伊恤朕躬者，乃謂：庶幾可憐我這個人。⓬有績　績，功也，成也。意謂：你們能事功表現。⓭永綏　永，《詩傳》謂：久也。綏，〈釋詁〉謂：安也。久安者，久安於安也。⓮昭　《尚書故》謂同紹，繼也。⓯肇刑　肇，始也。刑，法也。⓰用會紹乃辟追孝于前文人　用，以也。會，謂會合諸侯。紹，繼也。乃辟，爾君也。追孝，《經義述聞》謂：追善德于前文人。非也。按：《禮記・祭統》云：「祭者，所以追養繼孝。」追，追弔也；孝猶祀也。金文多見。⓱汝多修扞我于艱若汝予嘉　多，《周禮》鄭注云：戰功曰多。修，美也，敬也。扞，衛也。嘉，美也。若汝，予嘉，謂：如汝之功，我所嘉也。意謂：你的戰功值得稱揚，捍衛我於艱難。予是以深嘉汝也。此言晉文侯與鄭武公夾輔周室之功。⓲師　指民眾言。⓳寧爾邦　即安定你的國家。⓴用賚爾秬鬯一卣彤弓一彤矢百盧弓一盧矢百　賚，《說文》云：「賜也。《周書》曰：賚尒秬鬯。」秬鬯一卣，謂黑黍酒一尊也，參見〈洛誥〉注。彤，赤色。天子以弓矢賜有功之諸侯，使專征伐也。盧，黑色。金文及他書盧字或作旅，或作玈。《左傳》僖公二十八年載周襄王賜晉文公之物，與本篇所載者不同；即此亦可知本篇非襄王命晉文公之書。㉑柔遠能邇惠康小民無荒寧　柔遠能邇，謂安定遠方，猶如安定近處。參見〈堯典〉注126。惠，愛也。康，安也。荒寧者，荒廢安逸也。㉒簡恤爾都用成爾顯德　簡，〈釋詁〉謂：大也。即多也。恤，憂也。爾都，汝國也。成，謂成就。顯，明也、光也。

【語　譯】王如此說：「義和尊長！偉大顯赫的文王和武王，都能謹慎於光明的美德，他們的美德光明顯耀，上達天聽，也普遍地為人間所知；於是上帝就把國運降到文王身上。也因為過去的長官們能輔導侍奉他們的君王，不論大小計劃，沒有不遵從的。所以先祖們都能安然在位。

唉！自從我這個無知的可憐人繼承了帝業，就遭逢了老天賜給的嚴重災禍，內而民窮財盡，外又遭受犬戎侵略，國家處境是如此的困難。現在我的治事官員們，如果沒有老成人堅守崗位，我是無法擔負起這個任務。因此，祖輩父輩們！你們要可憐我！照顧我！唉！你們有事功的表現，我這個天子才能安然長遠地做下去。義和尊長啊！你要能繼承你顯赫祖先的事功，效法文王武王，以會合諸侯，繼君王業，來追補孝道於你有文德的祖先。你的戰功值得稱揚，在我艱險的時期來保衛我，像你這樣的人，是我所讚美的。」

王說：「義和尊長！請回吧！請回去照顧你的民眾，安定你的國家。我賞賜你黑黍酒一壺；紅色弓一支，紅色箭一百支；黑色弓一支，黑色箭一百支；以及四匹馬。尊長！你回去吧！要使遠方和近處都能安定，要愛護安定那些小百姓們，不要過度享樂，多為國家政事著想，來成就你那光明顯耀的德行。」

秦誓

【題解】〈書序〉云：「秦穆公伐鄭，晉襄公帥師敗諸崤，還歸，作〈秦誓〉。」則是謂於殘兵敗將還歸秦時所作也。

《史記・秦本紀》云：「三十六年，繆公復益厚孟明等，使將兵伐晉，渡河焚船，大敗晉人，取王官及鄗，以報殽之役。晉人皆城守不敢出。於是繆公乃自茅津渡河，封殽中尸，為發喪，哭之三日，乃誓於軍。」此則謂作於報晉之辱之後。

證諸僖公三十二及三十三年《左氏傳》，則〈書序〉之說可信。蓋秦繆公三十三年，因聽信杞子襲鄭之言，命孟明視、西乞術、白乙丙率師襲鄭。蹇叔諫之不聽。師行至滑，為鄭國商人弦高識破；師返至殽，為晉襄公伏擊，全軍覆沒，三帥被虜。因文嬴設計，三帥得歸，秦繆公素服郊次，向師而哭。是本篇乃秦因殽之敗，繆公悔恨之辭也。

公❶曰：「嗟！我士！聽無譁！予誓告汝群言之首❷。古人有言曰：『民訖自若是多盤❸。責人斯無難；惟受責俾如流，是惟艱哉❹。』我心之憂：日月逾邁，若弗云來❺。惟古之謀人，則曰未就予忌；惟今之謀人，姑將以為親❻。雖則云然，尚猷詢茲黃髮，則罔所愆❼。番番良士，旅力既愆，我尚有之❽。仡仡勇夫，射御不違，我尚不欲❾。惟截截善諞言，俾君子易辭，我皇多有之❿！

昧昧⓫我思之：如有一介⓬臣，斷斷猗⓭，無他技；其心休休⓮焉，其如有容。人之有技，若己有之；人之彥聖⓯，其心好之，不啻如自其口出，是能容之⓰。以保我子孫黎民，亦職有利哉⓱。人之有技，冒疾⓲以惡之；人之彥聖，而違之俾不達⓳；是不能容。以不能保我子孫黎民，亦曰殆⓴哉。邦之杌隉，曰由一人㉑；邦之榮懷，亦尚一人之慶㉒。」

【注釋】❶公　秦穆公也。❷我士聽無譁予誓告汝群言之首　士，謂群臣。誓於軍中，故呼我士。譁，諠譁，吵鬧也。首，本也。猶言開宗明義第一章，亦猶今語所謂要點。❸民訖自若是多盤　訖，止也，盡也。若，順也。盤，〈釋詁〉謂：樂也。謂：民冥無知，止知自順多所享樂。❹責人斯無難惟受責俾如流是惟艱哉　孫星衍謂：責人此無難，惟受責于人如流之順，是惟難也。❺日月逾邁若弗云來　逾，過也。邁，行也。若，乃也。云，語詞。意謂時間一去乃不來。❻惟古之謀人則曰未就予忌惟今之謀人姑將以為親　惟古之謀人，此緬想古人也。則曰，語詞。就，接近也。忌，《尚書駢枝》謂：語詞。意即古人未可接近。姑將，姑且也。意謂：姑且接近今之謀士。❼尚猷詢茲黃髮則罔所愆　尚，〈釋言〉謂：庶幾也。猷，語詞。詢，〈釋詁〉謂：謀也。黃髮，〈釋詁〉謂：壽也；老人髮白復黃，是此謂老者。愆，同諐，《說文》云：「過也。」意謂：雖則言親今之謀人，庶幾謀諸老者，則無所過矣。❽番番良士旅力既愆我尚有之　番，讀為皤，《說文》云：「老人白也。」皤皤，指老人髮白貌。良，善也。旅，讀為膂，《說文．呂部》云：「膂，篆文从肉旅聲。」《廣雅》謂：膂，力也。王念孫云：膂、力一聲之轉。愆，讀為騫，《詩傳》云：虧也。有之，王念孫謂：親之也。《左傳》昭公二十年注云：有，相親有也。我尚有之，我尚且親之。❾仡仡勇夫射御不違我尚不欲　仡，當作仡（魚訖切），《說文》云：「仡，勇壯也。《周書》曰：仡仡勇夫。」違，失也；即差錯。意謂：壯勇之夫，射御不違失，我尚不欲如是也。蓋此誓乃追悔《左傳》僖公三十三年成鄭過周免冑超乘，後遭晉敗之事。❿截截善諞言俾君子易辭我皇多有之　截截，《說文》引作戔戔，曰：「《周書》曰：戔戔，巧言也。」諞，《說文》云：「便巧言也。《周書》曰：截截善諞言。」俾，使也。君子，指君主言。易辭，《公羊傳》引作易怠；猶輕惰也。皇，暇也。有之，即上文「我尚有之」，親也。⓫昧昧　《廣雅．釋訓》謂：暗也；猶默默也。⓬一介　介，〈大學〉引作个，即介之別體。一介，馬融謂：耿介一心端慤者。⓭斷斷猗　《說文》謂：斷，古文作㫁，引《周書》曰：㫁猗無它技。又曰：㫁亦古文。《廣雅．釋詁》云：斷斷，誠也。猗，〈大學〉引作兮。⓮休休　鄭康成曰：寬容也。《公羊》何休注云：休休，美大貌。⓯彥聖　〈釋訓〉謂：美士曰彥；猶賢也。聖，謂明哲。⓰不啻如自其口出是能容之　不啻，猶不但也。自，從也。是，〈大學〉作寔；〈釋詁〉謂：是也。是能者，真能也。⓱亦職有利哉　亦，語詞。職，〈釋詁〉謂：主也；〈大學〉引作尚，《淮南子》高誘注云：尚，主也。主有利者，真有利也。⓲冒疾　冒，讀為媢，鄭玄謂：妒也。疾，與嫉通，《說文》云：「妎也。」又云：「妎，妬也。」（按：妒、妬乃一字之別體。）⓳違之俾不達　違，鄭玄謂：猶戾也。按：猶言乖隔也，即壓抑、抵制也。俾，使也。達，〈大學〉作通；通達乃同義詞。⓴殆　危也。㉑邦之杌隉曰由一人　杌，乃阢之俗字。隉，《說文》云：「危也。《周書》曰：邦之阢隉。」曾運乾謂：阢隉，疊韻連語，危也。曰，語詞。一人，秦穆公自謂也。㉒邦之榮懷

亦尚一人之慶 榮，樂也。懷，安也。曾運乾謂：榮懷，古雙聲連語，安也。尚，庶幾也。慶，善也。此乃謂：國家危險，乃由我所用非人。國家安定，庶幾所任得人。此舉以自責，亦兼戒後世也。

【語譯】秦穆公說：「唉！官員們！你們聽著，不要喧嘩吵鬧。現在讓我把許多話的要點告訴你們。古人有句話說：『人們多是恣情享樂的。責斥別人沒難處，可是受人指責能順暢接受就很難了。』我內心憂愁的是：日子一天天的過去，是一去不回頭。古代謀士早已遠逝不可親，對於現今謀士，姑且當作親近人。雖說如此，我還要諮詢老成，庶幾無過。白髮皤皤的良士，體力雖差，我還是親近他。那英勇武士，能騎善射，則非我所欲也。至於巧言詭譎，使君主鬆弛怠忽的人，我那裏有功夫去親近他們！

我默默地在想：要是有一個臣子，看來是那樣誠實專一，除此像是別無他技；但他內心卻虛懷樂善，有著容人的雅量。看到別人有技能有特長，就像自己有的一樣；看到人家的美才聖道，內心由衷地喜歡；人家的善言，無異於是從自己嘴裏說出，這是真正地能寬容人啊！用這樣的人來治理國家，那一定能夠保護我們的子孫百姓，那實在是有利於國家人民啊！看到別人有本領，就忌妒人家，討厭人家，看到別人有好品德，好本事，就故意阻撓人家，壓制人家，使他沒有顯達的機會，這真叫做不能容人。如用這樣人來治理國家，那不但不能保護我子孫百姓，還會把國家帶到危險的路上。所以說，國家如果不安定，那是由於我個人糊塗不明；國家若能繁榮安寧，那庶幾乎是我任用得人。」

古籍今注新譯叢書

【哲學類】

新譯四書讀本　謝冰瑩、邱燮友等編譯
新譯學庸讀本　王澤應注譯
新譯論語新編解義　胡楚生編著
新譯孝經讀本　賴炎元、黃俊郎注譯
新譯易經讀本　郭建勳注譯　黃俊郎校閱
新譯周易六十四卦經傳通釋　黃慶萱注譯
新譯乾坤經傳通釋　黃慶萱注譯
新譯易經繫辭傳解義　吳　怡著
新譯禮記讀本　姜義華注譯　黃俊郎校閱
新譯儀禮讀本　顧寶田、鄭淑媛注譯　黃俊郎校閱
新譯孔子家語　羊春秋注譯　周鳳五校閱
新譯老子讀本　余培林注譯
新譯帛書老子　趙　鋒注譯
新譯老子解義　吳　怡著
新譯莊子讀本　黃錦鋐注譯
新譯莊子讀本　張松輝注譯
新譯莊子本義　水渭松注譯
新譯莊子內篇解義　吳　怡著
新譯列子讀本　莊萬壽注譯

新譯管子讀本　湯孝純注譯　李振興校閱
新譯墨子讀本　李生龍注譯　李振興校閱
新譯公孫龍子　丁成泉注譯　黃志民校閱
新譯晏子春秋　陶梅生注譯　葉國良校閱
新譯鄧析子　徐忠良注譯　劉福增校閱
新譯荀子讀本　王忠林注譯
新譯尹文子　徐忠良注譯　黃俊郎校閱
新譯尸子讀本　水渭松注譯　陳滿銘校閱
新譯鶡冠子　趙鵬團注譯
新譯鬼谷子　王德華等注譯
新譯韓非子　賴炎元、傅武光注譯
新譯呂氏春秋　朱永嘉、蕭　木注譯　黃志民校閱
新譯韓詩外傳　孫立堯注譯
新譯淮南子　熊禮匯注譯　侯迺慧校閱
新譯春秋繁露　朱永嘉、王知常注譯
新譯新書讀本　饒東原注譯　黃沛榮校閱
新譯新語讀本　王　毅注譯　黃俊郎校閱
新譯潛夫論　彭丙成注譯　陳滿銘校閱
新譯論衡讀本　蔡鎮楚注譯　周鳳五校閱
新譯申鑒讀本　林家驪、周明初注譯　周鳳五校閱
新譯人物志　吳家駒注譯　黃志民校閱
新譯張載文選　張金泉注譯
新譯近思錄　張京華注譯
新譯傳習錄　李生龍注譯
新譯呻吟語摘　鄧子勉注譯

新譯明夷待訪錄　李廣柏注譯　李振興校閱

【文學類】

新譯詩經讀本　滕志賢注譯
新譯楚辭讀本　林家驪注譯
新譯楚辭讀本　傅錫壬注譯
新譯文心雕龍　羅立乾注譯
新譯六朝文絜　蔣遠橋注譯
新譯世說新語　劉正浩、邱燮友等注譯
新譯昭明文選　周啟成等注譯
新譯古文觀止　謝冰瑩、邱燮友等注譯
新譯古文辭類纂　黃　鈞、葉幼明等注譯
新譯樂府詩選　溫洪隆、溫　強注譯
新譯古詩源　馮保善注譯
新譯千家詩　邱燮友、劉正浩注譯
新譯詩品讀本　程章燦、成　林注譯
新譯花間集　朱恒夫注譯
新譯南唐詞　劉慶雲注譯
新譯絕妙好詞　聶安福注譯
新譯唐詩三百首　邱燮友注譯
新譯宋詩三百首　陶文鵬注譯
新譯宋詞三百首　汪　中注譯
新譯宋詞三百首　劉慶雲注譯
新譯元曲三百首　賴橋本、林玫儀注譯
新譯明詩三百首　趙伯陶注譯
新譯清詩三百首　王英志注譯
新譯清詞三百首　陳水雲等注譯
新譯唐人絕句選　卞孝萱、朱崇才注譯　齊益壽校閱
新譯唐才子傳　戴揚本注譯
新譯拾遺記　石　磊注譯
新譯搜神記　黃　鈞注譯
新譯唐傳奇選　東　忱、張宏生注譯　侯迺慧校閱
新譯宋傳奇小說選　東　忱注譯
新譯明傳奇小說選　陳美林、皋于厚注譯
新譯容齋隨筆選　朱永嘉等注譯
新譯明散文選　周明初注譯
新譯明清小品文選　鄭　婷注譯
新譯人間詞話　馬自毅注譯
新譯白香詞譜　劉慶雲注譯
新譯幽夢影　馮保善注譯
新譯菜根譚　吳家駒注譯
新譯小窗幽記　馬美信注譯
新譯圍爐夜話　馬美信注譯
新譯郁離子　吳家駒注譯
新譯歷代寓言選　黃瑞雲注譯
新譯賈長沙集　林家驪注譯
新譯揚子雲集　葉幼明注譯
新譯曹子建集　曹海東注譯　蕭麗華校閱
新譯建安七子詩文集　韓格平注譯
新譯阮籍詩文集　林家驪注譯　簡宗梧、李清筠校閱

新譯嵇中散集　崔富章注譯　莊耀郎校閱
新譯陸機詩文集　王德華注譯
新譯陶淵明集　溫洪隆注譯　齊益壽校閱
新譯江淹集　羅立乾、李開金注譯
新譯庾信詩文選　歸　青注譯
新譯初唐四傑詩集　李福標注譯
新譯駱賓王文集　黃清泉注譯　陳全得校閱
新譯王維詩文集　陳鐵民注譯
新譯孟浩然詩集　楊　軍注譯
新譯李白詩全集　郁賢皓注譯
新譯李白文集　郁賢皓注譯
新譯杜甫詩選　張忠綱、趙睿才、綦　維注譯
新譯杜詩菁華　林繼中注譯
新譯高適岑參詩選　孫欽善、陳鐵民注譯
新譯昌黎先生文集　周啟成等注譯　陳滿銘等校閱
新譯劉禹錫詩文選　閻　琦注譯
新譯柳宗元文選　卞孝萱、朱崇才注譯
新譯白居易詩文選　陶　敏、魯　茜注譯
新譯元稹詩文選　郭自虎注譯
新譯李賀詩集　彭國忠注譯
新譯杜牧詩文集　張松輝注譯　陳全得校閱
新譯李商隱詩選　朱恒夫、姚　蓉等注譯
新譯范文正公選集　沈松勤、王興華注譯　葉國良校閱
新譯蘇洵文選　羅立剛注譯
新譯蘇軾文選　滕志賢注譯

新譯蘇軾詞選　鄧子勉注譯
新譯蘇轍文選　朱　剛注譯
新譯曾鞏文選　高克勤注譯
新譯王安石文選　沈松勤注譯
新譯唐宋八大家文選　鄧子勉注譯
新譯柳永詞集　侯孝瓊注譯
新譯李清照集　姜漢椿等注譯
新譯陸游詩文集　韓立平注譯　彭國忠校閱
新譯辛棄疾詞選　聶安福注譯
新譯歸有光文選　鄔國平注譯
新譯唐順之詩文選　馬美信注譯
新譯徐渭詩文選　周　群等注譯
新譯薑齋文集　平慧善注譯　周鳳五校閱
新譯顧亭林文集　劉九洲注譯　黃俊郎校閱
新譯納蘭性德詞　馮　乾注譯
新譯方苞文選　鄔國平等注譯
新譯鄭板橋集　朱崇才注譯
新譯袁枚詩文選　王英志注譯
新譯李慈銘詩文選　潘靜如注譯
新譯聊齋誌異選　任篤行等注譯　袁世碩校閱
新譯閱微草堂筆記　嚴文儒注譯
新譯浮生六記　馬美信注譯
新譯弘一大師詩詞全編　徐正綸編著

【歷史類】

新譯史記　韓兆琦注譯
新譯漢書　吳榮曾等注譯
新譯後漢書　魏連科等注譯
新譯三國志　吳樹平等注譯
新譯資治通鑑　張大可、韓兆琦等注譯
新譯史記—名篇精選　韓兆琦注譯
新譯尚書讀本　吳璵注譯
新譯尚書讀本　郭建勳注譯
新譯周禮讀本　賀友齡注譯
新譯逸周書　牛鴻恩注譯
新譯左傳讀本　郁賢皓等注譯　傅武光校閱
新譯公羊傳　雪克注譯　周鳳五校閱
新譯穀梁傳　顧寶田注譯　葉國良校閱
新譯春秋穀梁傳　周何注譯
新譯戰國策　溫洪隆注譯　陳滿銘校閱
新譯國語讀本　易中天注譯　侯迺慧校閱
新譯說苑讀本　左松超注譯
新譯說苑讀本　羅少卿注譯　周鳳五校閱
新譯新序讀本　葉幼明注譯　黃沛榮校閱
新譯吳越春秋　黃仁生注譯　李振興校閱
新譯西京雜記　曹海東注譯　李振興校閱
新譯列女傳　黃清泉注譯　陳滿銘校閱
新譯越絕書　劉建國注譯　黃俊郎校閱
新譯燕丹子　曹海東注譯　李振興校閱
新譯東萊博議　李振興、簡宗梧注譯
新譯唐六典　朱永嘉、蕭木注譯
新譯唐摭言　姜漢椿注譯

宗教類

新譯金剛經　徐興無注譯　侯迺慧校閱
新譯高僧傳　朱恒夫、王學均等注譯　潘栢世校閱
新譯碧巖集　吳平注譯
新譯百喻經　顧寶田注譯
新譯楞嚴經　賴永海、楊維中注譯
新譯梵網經　王建光注譯
新譯圓覺經　商海鋒注譯
新譯法句經　劉學軍注譯
新譯六祖壇經　李中華注譯　丁敏校閱
新譯禪林寶訓　李中華注譯　潘栢世校閱
新譯維摩詰經　陳引馳、林曉光注譯
新譯經律異相　顏洽茂注譯
新譯阿彌陀經　蘇樹華注譯
新譯無量壽經　邱高興注譯
新譯無量壽經　蘇樹華注譯
新譯妙法蓮華經　張松輝注譯　丁敏校閱
新譯景德傳燈錄　顧宏義注譯
新譯大乘起信論　韓廷傑注譯　潘栢世校閱
新譯釋禪波羅蜜　蘇樹華注譯
新譯八識規矩頌　倪梁康注譯
新譯永嘉大師證道歌　蔣九愚注譯
新譯華嚴經入法界品　楊維中注譯
新譯地藏菩薩本願經　李承貴注譯

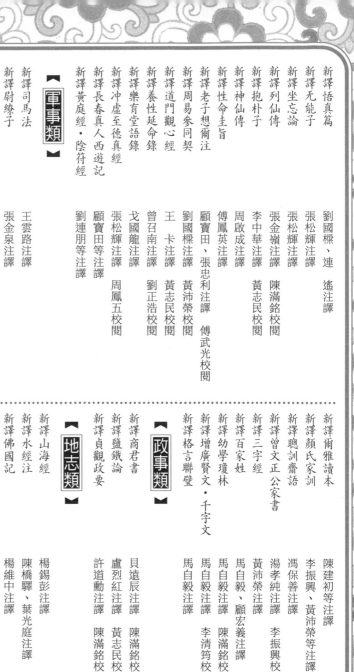

◎新譯孝經讀本

賴炎元、黃俊郎／注譯

《孝經》是儒家闡發孝道的主要典籍，由於文簡義淺、人人易懂，因此流傳廣遠，對中國社會的影響至深且鉅。本書除了針對本文作詳盡的注釋及語譯外，在書後更蒐集了《尚書》、《詩經》、《左傳》、《國語》、《禮記》等古籍中有關孝道的篇章，讓讀者可以對儒家孝道思想產生的淵源及其發展的概況，以及上古孝道精神能有更深入的認識。